Ringel / Kirchmayr
RELIGIONSVERLUST

W0178184

ERWIN RINGEL
Alfred Kirchmayr

Religionsverlust durch religiöse Erziehung

Tiefenpsychologische Ursachen und Folgerungen

Herder Wien – Freiburg – Basel

© Herder & Co., Wien 1985
Alle Rechte vorbehalten / Printed in Austria
Satz und Druck: Salzburger Druckerei
Umschlaggestaltung: Herbert Schiefer
Bestellnummer: ISBN 3-210-24.779-X

Inhalt

1. Kapitel
Die Krise und „Krankheit" der Kirche 7

2. Kapitel
Der Einfluß der Neurose auf die Religion 27

3. Kapitel
Christentum und menschliche Entfaltung 39

4. Kapitel
„Gottesvergiftung" durch neurotisierende religiöse Erziehung – religionspädagogische Überlegungen zum ersten
und vierten Gebot 77

5. Kapitel
Sexualität und christliche Religion 117

6. Kapitel
Tiefenpsychologische und theologische Erwägungen zum
fünften und siebten Gebot oder: Das Verhältnis des
Christentums zu Krieg und Frieden 147

7. Kapitel
Tiefenpsychologische Erwägungen zum Religionsunterricht 191

8. Kapitel
Konsequenzen für die Erneuerung des kirchlichen Lebens 221

Literatur zum Thema 239

Erstes Kapitel
Die Krise und „Krankheit" der Kirche

„Weil sie nicht die Kraft und Gnade haben, der Natur
anzugehören, glauben sie, daß sie der Gnade angehören.
Weil sie nicht den Mut haben, von der Welt zu sein, glauben sie, daß sie Gottes seien. Weil sie nicht den Mut haben, einer der Parteien der Menschen anzugehören, glauben sie, daß sie von der Partei Gottes seien. . . . Weil sie
nicht des Menschen sind, glauben sie, Gottes zu sein. . . .
Weil sie niemanden lieben, glauben sie, Gott zu lieben. –
Aber Christus selbst ist des Menschen gewesen."
(Charles Péguy über die „Partei der Frommen")

Die katholische Kirche befindet sich geschichtlich gesehen in
einer ihrer größten Krisen. Obwohl sie ein enormes Potential in
sich trägt, kommt sie zunehmend bei vielen Menschen nicht
mehr an. Sie kann ihre Möglichkeiten, zum Heil der Menschen
zu wirken, immer weniger erfüllen. Obwohl gerade heute in vielen Menschen eine neue Sehnsucht nach Religiosität, eine neue
Suche nach Sinn und Orientierung aufbricht und die Kirche
diesbezüglich einen reichen Schatz in sich birgt, erscheint sie
immer mehr Menschen als unzugänglich, unzulänglich, unglaubwürdig, ja, nicht selten als unmenschlich. Der Abbau an
Kirchlichkeit, der Verlust an lebendiger Religiosität im Rahmen dieser Kirche nehmen weiter in einem erschreckenden Ausmaß zu. Immer mehr Menschen treten aus dieser Kirche aus,
verzichten auf die Taufe ihrer Kinder, auf die kirchliche Trau-
ung und auf sakramentale Feiern. Der Religionsunterricht erweist sich weithin als wirkungslos, wie viele Umfragen nachweisen. Die Ausstrahlungskraft der Kirche als ethische Instanz und
als Wegweiser für die Lebensgestaltung ist zurückgegangen. Es
scheint, daß die abendländische Kirche „verdunstet".

In der Zeitschrift „Der Entschluß" (7/8 1984), die von P. Georg Sporschill SJ geleitet wird, hat der Wiener Erzbischof Kardinal Franz König unter dem Titel „Die Kirche ist krank, sie kämpft ums Überleben" einen Artikel veröffentlicht, der auf einer Ansprache an die Jugend beruht und den wir für so wichtig halten, daß wir ihn einleitend in den wesentlichsten Passagen abdrucken möchten:

„Ein Bischof in einem kleinen Land, das zum großen Europa gehört, hat es heute nicht leicht. Wo er hinschaut, muß er neben vielem Guten doch weithin einen Abbau im religiösen kirchlichen Leben zur Kenntnis nehmen. Er weiß, daß es in vielen Ländern der Dritten Welt einen Aufbruch gibt; aber die Kirche in Europa – das ist in mehreren westeuropäischen Ländern – scheint in sich zusammenzusinken . . .

Wenn man in unsere Gemeinden schaut, mag auch der Vorwurf Jesu zutreffen: ‚Ihr seid wie die Gräber, die außen weiß angestrichen sind und schön aussehen; innen aber sind sie voll Knochen, Schmutz und Verwesung' (Mt 23, 27). Wer sich zur Kirche bekennt und sie liebt, spürt ihre Wunden und die Schwäche am eigenen Leib. Sie ist krank, sie kämpft ums Überleben.

Wer ist schuld?

Wer ist daran schuld? Diese harte Frage ist zu stellen. Sich auf die Veränderungen unserer Gesellschaft hinauszureden und nur auf bessere Zeiten zu warten, in denen die Menschen wieder ruhig leben können, genügt nicht. Die Schuldfrage nur denen zuzuschieben, die in der Kirche ein Amt haben, ist heute auch nicht mehr möglich. Das seit dem Zweiten Vatikanischen Konzil gewonnene Selbstbewußtsein des ganzen christlichen Volkes steht dagegen. Kirche sind nicht nur die Amtsträger, wir alle sind die Kirche. Jeder einzelne gehört dazu und ist verantwortlich. Trotzdem muß eine Gemeinschaft, die krank ist, nach kranken Organen suchen. Wer ist schuld an der Misere? Wen soll ich anklagen?

Die Priester, weil sie zu wenig Mut zur Mission haben, weil sie wegen ihres Mißerfolges auf Arbeitsgebiete ausweichen, die eigentlich nicht in der Mitte ihrer Berufung stehen, weil sie aus der Überforderung heraus schimpfen, sich also verschließen und nicht die Menschen gewinnen?

Meine Mitarbeiter im Ordinariat, weil sie – wie Ihr meint – den Pfarrern und Verantwortlichen zu wenig helfen, die Gemeinden aufzubauen, obwohl die Bürokratie immer perfekter wird und Massenaussendungen und Medien alles überfluten?

Soll ich meine Mitbrüder im Bischofsamt anklagen, weil sie – wie Ihr sagt – keinen Blick für Ideen haben und nur auf Ausgewogenheit Wert legen, weil sie zu ängstlich sind und Entwicklungen eher bremsen als fördern, weil sie zu wenig Zeichen der Solidarität und Einfachheit setzen, so daß das Gerücht vom Reichtum der Kirche immer noch grassiert?

Soll ich die Kurie in Rom oder gar den Papst beschuldigen, weil auch von Rom aus nicht alle Mentalitäten in den verschiedenen Ländern und Kontinenten mit rechtlichen Regelungen und Lehraussagen getroffen werden, weil Rom am Übergang von der abendländischen Kirche zur Weltkirche leidet?

Oder soll ich die vielen Laiengremien anklagen, weil es dort auch Leute gibt, die ohne genügende Ausbildung und Einsicht eine Hausmacht mit Apparat und Sitzungen aufbauen, die sich selbst streßt, aber nicht missionarisch in die Menschen hineinwirkt, zu wenig Zeugnis vom eigenen Glauben ablegt?

Soll ich eine Generation anklagen, die Jungen, weil sie nur nach Lust und Laune in die Kirche gehen oder kirchliche Normen beachten, die Alten, weil sie das kirchliche Leben zu sehr nach Äußerlichkeiten beurteilen und in überholten Formen erstarren?

Sind Schule und Unterricht schuld an der zunehmenden religiösen Unwissenheit?

Natürlich muß ich vor allem mich selbst fragen: woran bin ich schuld, weil ich als Hirte der Erzdiözese Wien nach bald dreißig Jahren auf so viele Fragen keine Antwort weiß und vielen Problemen hilflos gegenüberstehe?

Als der Vater schwach wurde

Ich mache die Gewissenserforschung, ich stelle die Frage der Schuld an Not und Krankheit der Kirche im Blick auf die Jugend. Einerseits schmerzt mich das Leiden der Kirche dort am meisten, wo es die Jugend und unsere Jugendarbeit betrifft, andererseits haben mich in der letzten Zeit gerade Begegnungen mit Jugendlichen und Jugendseelsorgern ermutigt, die Wunden und Schwächen dieser Kirche offen auszusprechen. Diese Begegnungen haben mich bei aller Ehrlichkeit oder gerade durch die Ehrlichkeit mit Hoffnung erfüllt, die mich mit dem heiligen Paulus sagen läßt: ‚Wenn ich schwach bin, dann bin ich stark‘ (2 Kor 12, 10). Die Macht der Gnade dürfen wir in dieser Notsituation sehr konkret erleben. . . . Die Kirche ist machtlos geworden und gerade darin Jesus ähnlich, der barfuß das Kreuz nach Golgatha getragen hat. Man könnte sogar fragen, ob sich die Jugend von diesem Herrn und seiner Kirche nicht eher berühren läßt als von einer pompösen und perfekt funktionierenden Kirche. Deshalb wage ich es, mit der Jugend so offen über die Situation der Kirche zu sprechen. Nach solchen Gesprächen habe ich den Eindruck, daß es nicht mehr lange dauern kann, bis die junge Generation diese Kirche annimmt und zu ihrer Sache macht; dann ist die Krankheit der Kirche überwunden. Dessen bin ich sicher.“

Zu diesen Aussagen des Kardinals möchten wir einige Bemerkungen machen.

10

Es handelt sich zweifellos um eine sehr ehrliche und mutige Stellungnahme, wie man sie von führenden kirchlichen Würdenträgern eher selten findet. Die Äußerungen des Kardinals sind weit entfernt von der sonst so beliebten Selbstbeweihräucherung. Der Kardinal ruft damit zu einer ebenso Not-wendigen wie liebevollen Kritik und Selbstkritik auf. Denn wer diese „Krankheit" der Kirche nicht sieht, der „liebt sie nicht"! Für diese Ermutigung zur Kritik sind wir deshalb sehr dankbar, weil in kirchenamtlichen Kreisen ansonsten ein enorm gestörtes Verhältnis zur Selbst- und Kirchenkritik herrscht. Allzuschnell werden Kritiker als Nestbeschmutzer bezeichnet, als Feinde der Kirche, die nur das Negative sehen. Wir hoffen, daß unsere Ausführungen ebenfalls als liebevolle, besorgte Kritik an der Kirche verstanden werden können und daß uns keine destruktive Tendenz unterstellt wird, daß wir also zum durchaus schmerzlichen „Selbstheilungsprozeß" der Kirche einen kleinen Beitrag leisten können.

Der Kardinal deutet zwar durch seine Fragestellung mögliche Ursachen für die „Krankheit" der Kirche an, aber eine Analyse der Ursachen für die Krise, eine genauere Diagnose dieser „Krankheit" der Kirche wird nicht gegeben. Außerdem wäre die bloße Suche nach den „Schuldigen" deswegen nicht unproblematisch, weil ja so viel „unschuldiges" und unbewußtes Schuldigwerden mitspielt. Es kann nicht darum gehen, die „Schuldigen" zu suchen, sondern darum, nüchtern den Ursachen nachzugehen, die die Lebendigkeit und Ausstrahlungskraft der Kirche derart stark beeinträchtigen. Damit wären konkrete Anhaltspunkte für die radikale Reform und Veränderung gefunden. Wie die Behandlung einer Krankheit nur aufgrund einer genauen Diagnose möglich ist, so kann die Krise der Kirche ohne genaue Kenntnis der Ursachen für dieses Versagen nicht überwunden werden.

Da bereits mehrfach von der „Krankheit" der Kirche die Rede war, müssen wir kurz klären, wie diese Aussage gemeint ist. Sicherlich kann man nicht sagen, daß die Gesellschaft Zahnweh hat, das kann man sinnvollerweise nur von einzelnen Menschen aussagen. Man kann dagegen durchaus sagen, daß die Ernährungsgewohnheiten einer Gesellschaft dazu führen, daß viele ihrer Mitglieder schlechte Zähne bekommen. Wenn wir von der „Krankheit der Kirche" sprechen, so meinen wir dies in einem analogen Sinn. Dasselbe gilt auch für die Verwendung der Begriffe Neurose und Neurotisierung. Neurotisch erkranken kann an sich nur ein konkreter Mensch. Wenn aber viele Glieder einer Gemeinschaft neurotisch sind, dann stellt sich die Frage, welche institutionellen und emotionalen Einflüsse zu diesem Zustand geführt haben und führen. In diesem analogen Sinn behaupten wir, daß die Kirche als Institution in weiten Bereichen selbst neurotisch ist, besser: neurotisiert ist, und daher viele Menschen in ihrem Einflußbereich ihrerseits neurotisiert. Wir sagen das nicht aus einer psychologisierenden Tendenz heraus, denn es sind sehr konkrete gesellschaftliche und institutionelle Bedingungen und Strukturen, die viele Menschen in neurotisches Elend hineinzwingen und ihre Lebensentfaltung hemmen.

An dieser Stelle sei uns noch ein zweiter Vergleich gestattet: Niemand wird heute bezweifeln, daß der Befehl, ja selbst auch nur der Wunsch, ein Kapitän solle mit seinem sinkenden Schiff mituntergehen, einer neurotischen Gesellschaftsstruktur entspringt. Und doch sind dadurch ungezählte Menschen völlig sinnlos zugrunde gegangen, die sich mit diesen Gesellschaftsstrukturen so sehr identifiziert hatten, daß sie dadurch selber neurotisch infiziert wurden.

Wir behaupten also – und dies wird in den weiteren Ausführungen des Buches genauer und anschaulich behandelt werden –, daß die Kirche als Institution ausgesprochen starke krankmachende Tendenzen im Sinne der Neurotisierung aufweist, daß viele ihrer maßgeblichen Einflüsse neurotisierend wirken und daher dazu führen, Menschen in ihrem Einflußbereich zu Neurotikern zu machen. Anders gesagt: Vielfach und auf mannigfaltige Weise wirkt die Kirche auf ihre Mitglieder nicht nur nicht befreiend, begeisternd und lebensentfaltend, sondern le-

12

benshemmend, verknechtend und unterdrückend. Diese negativen Einflüsse können dann sowohl zum Religionsverlust als auch zur Vergiftung und Entartung des religiösen Lebens führen.

Wie vollzieht sich ein solcher Prozeß der Neurotisierung? Was ist das Wesen einer Neurose? Wie entsteht sie und wie wirkt sie sich auf das menschliche Leben aus? Gegenüber dieser zweifellos sehr verbreiteten, aber in ihrer Schwere doch recht unterschiedlich ausgeprägten Zivilisationskrankheit gibt es allerdings immer noch recht unterschiedliche Stellungnahmen. Die einen verharmlosen sie, indem sie behaupten, daß alle Menschen neurotisch seien, wodurch eine solche Diagnose bedeutungslos wäre. Andere wieder rücken sie in die Nähe einer Geisteskrankheit, verteufeln sie damit und machen sie zu einem Stigma. Wieder andere halten sie aus jenem „Rest" von antisemitischen Motiven heraus, die bis zum heutigen Tage gerade auch in „christlichen" Kreisen weiter existieren, für „eine jüdische Erfindung". In Wahrheit handelt es sich um eine folgenschwere seelische Erkrankung, deren Symptome wir kurz zusammengefaßt darstellen wollen.

Das Wesen der Neurose

Die Neurose können wir beschreiben als einen Konflikt zwischen bewußten und unbewußten Tendenzen, was voraussetzt, daß der Mensch nicht nur von Gefühlsfakten beeinflußt wird, die er kennt, sondern auch von „ungewußten", die er weggeschoben, „vergessen", aus dem Bewußtsein „verdrängt" hat, vor allem deswegen, weil sie ihm peinlich, unangenehm, oft „verboten" sind und ihn mit besonderen Schwierigkeiten konfrontieren.

Die entscheidenden krankmachenden Verdrängungen finden in den ersten sechs Lebensjahren statt; sie erzeugen die Neurose. Selbstverständlich kann der Mensch auch später und solan-

13

ge er lebt, wenn er mit unangenehmen und unerlaubten Tendenzen in seinem Inneren konfrontiert wird, diese ins Unbewußte abschieben; dies ist aber eine *Kann-* und nicht eine *Muß*-Lösung (die daraus entstehenden Symptome beschreibt man als „neurotische Reaktionen"). Das Kind aber ist in dieser Zeit ganz auf seine Eltern angewiesen, *muß*, wenn sie in ihm Aggressionen erzeugen, diese Gefühle verdrängen, weil sie nicht bewußtseinsfähig sind und das Kind mit Aggressionen gegen die Eltern nicht leben kann. Im Gegensatz zum Erwachsenen ist das Kind noch nicht imstande, die Aggressionen zu verarbeiten oder zu überwinden. Wer also in seinem Kind unnötige Aggressionen erzeugt, der treibt es praktisch in die Verdrängung hinein und damit in die Neurotisierung: Hier liegt die ungeheure Verantwortung der Eltern dafür, ob die nächste Generation seelisch gesund oder krank sein wird. Es ist längst nachgewiesen worden, daß eine Neurose keine erbliche Erkrankung ist: niemand kommt neurotisch zur Welt.

Nun stellt sich aber die wichtige Frage: Wodurch erzeugt man im Kind die krankmachenden Aggressionen und Haßgefühle? Wir werden auf diese zentrale Frage im Verlauf unserer Ausführung wiederholt intensiv eingehen. Keineswegs geschieht dies durch jene Gebote und Verbote, die wir alle haben lernen müssen, um das Lustprinzip mit dem Realitätsprinzip zu versöhnen, was nur durch vielfachen Verzicht möglich ist. Wir haben die daraus resultierenden Unlustgefühle und Aggressionen schließlich doch überwunden, weil wir dafür als Gegenleistung die Liebe der Eltern bekommen haben. Damit sind wir beim entscheidenden Punkt: Was im Kinde wirklich bleibende Aggressionen erzeugt, ist fehlende Liebe (Ablehnung), halbe Liebe (teilweise ja, teilweise nein) und falsche Liebe, vor allem jene Form, die man als possessive, besitzergreifende Liebe bezeichnet, wenn Eltern z. B. nicht bereit sind, von allem Anfang an das Kind als eigenständiges Lebewesen anzuerkennen, das sich von den Eltern abgrenzt und immer mehr unabhängig macht. Dazu kommt heute immer häufiger die Erfahrung, daß Eltern für das Kind keine Zeit haben.

14

Wird gegen diese Prinzipien verstoßen (und das Kind empfindet ein solches Manko sofort; es läßt sich diesbezüglich viel schwerer täuschen als ein Erwachsener), so entstehen die krankmachenden Aggressionen. Diese müssen, wie wir gesehen haben, verdrängt werden, und damit ist der erste Tatbestand der Neurose, nämlich das Symptom der *Ambivalenz*, gegeben, in dem einer bewußten Zuneigung eine unbewußte Feindseligkeit, ein unbewußter Haß gegenübersteht. (Man könnte auch sagen, daß damit der erste Zwiespalt in den kleinen Menschen gelegt und seine gefühlsmäßige Einheit, seine Ganzheit, seine Harmonie verlorengegangen ist; er ist ein „Zerrissener" geworden, wird von zwei Tendenzen bedrängt, die Entgegengesetztes wollen.)

Aus der Verdrängung der nichtintegrierbaren Aggressionen resultiert neben der Ambivalenz ein weiteres neurotisches Kardinalsymptom: die *Angst*. Wenn man etwas ins Unbewußte abschiebt, so entwickelt es verständlicherweise die Tendenz, wieder ins Bewußtsein eindringen zu wollen; auf diese Weise bedroht es die Intaktheit der Persönlichkeit und erzeugt eine tiefe Beunruhigung. Diese Angst ist irrational; das heißt, sie hat mit verstandesmäßigen Dingen nicht das geringste zu tun, weil sie ja durch verdrängte Gefühlsregungen bedingt ist. (Wenn V. Frankl versucht, den Begriff der „Noogenen Neurose" zu prägen, also die Verdrängung von geistigen Problemen als neurosekonstellierend bezeichnet, so mag das gelegentlich bei den neurotischen Reaktionen des Erwachsenen zutreffen; die Verdrängung des Kindes aber bezieht sich immer auf *Emotionen,* die nicht bewußtseinsfähig sind. Mit anderen Worten: Die Neurose des Kindes ist ein Problem krankhafter und krankmachender Gefühle.)

Ein nächstes Symptom kommt hinzu: Das Kind, welches sich nicht geliebt fühlt, fühlt sich schlecht; man denke nur an den Rückertschen Vers: „Daß Du mich liebst, macht mich mir wert." So entsteht die neurotische Reduktion des Selbstwertgefühls, welche Adler erstmals als *Minderwertigkeitskomplex* beschrieben hat.

Ein weiteres Hauptsymptom der kindlichen Neurose: Wer jemals begonnen hat, seine Eltern aufgrund von unnötigen Aggressionen zu hassen, und gezwungen war, diese Aggressionen zu verdrängen, bei dem entwickelt sich ein *Schuldgefühl*, das ebenso unbewußt bleibt wie seine Quelle, die Aggression. (Ein sehr interessantes, aufregendes menschliches Phänomen: Obwohl in der Realität nichts Böses geschieht, weil das Kind ja seine Aggressionen nicht auslebt, genügt die Tatsache, daß der unbewußte Hintergrund von Haß besetzt ist, ein Schuldgefühl zu erzeugen. Man bedenke ferner, daß ein Kind ja nichts dafür kann, wenn diese Aggressionen als Reaktion auf das falsche Verhalten der Eltern in ihm entstehen. Dieses aber kann das Kind wiederum nicht erfassen: Es fühlt sich also schuldig, ohne schuldig zu sein; ein unbeschreiblich tragischer Tatbestand.) Dieses Schuldgefühl drängt nun seinerseits nach Sühne, nach Bestrafung, und auf diese Weise wird der Neurotiker unbewußt zu seinem eigenen Feind: sein ganzer Lebensweg bleibt dann gekennzeichnet durch *Selbstbestrafung,* durch Aggression gegen die eigene Person. (Alfred Adler: „Der Neurotiker läuft ständig seinen eigenen Ohrfeigen nach.") Man müßte endlich zur Kenntnis nehmen, daß eine bestimmte Form des von Mißerfolg zu Mißerfolg Eilens – ohne dabei die Fähigkeit zu entwickeln, aus Schaden klug zu werden, aus der Vergangenheit also für die Zukunft zu lernen – nicht Folge von Zufall, Schicksal, Dummheit oder mangelndem gutem Willen, sondern vielmehr ein Symptom der sehr ernst zu nehmenden Krankheit Neurose ist. Die Lebenssituation solcher Menschen wird auf diese Weise immer schlechter und eingeengter, immer auswegloser, bis unter Umständen sogar die äußerste Einengung eintritt, die in den Selbstmord drängt.

Jeder neurotisierte Mensch hat eine mehr oder weniger problematische Kindheit hinter sich, in der er frustriert wurde. Dementsprechend bleibt in ihm, auch wenn er äußerlich schon ganz erwachsen ist, innerlich ein Kind erhalten, das unter allen Umständen das nachholen will, was es seinerzeit versäumt hat. Diesen starken Wunsch, in die Kindheit zurückzukehren, be-

16

zeichnen wir als *Regression*. Durch sie entstehen für den Neurotiker immer wieder einander ähnliche Situationen, die man als *Wiederholungstendenz* beschreibt. Die Sehnsucht, einen neuen Vater oder eine neue Mutter zu finden, kommt aber für den Kranken niemals zu einem guten Ende, weil er durch die Anwendung der in der Kindheit erworbenen protestierenden Verhaltensweisen jede Korrektur verhindert und die Vater- und Mutterfiguren dazu bringt, letztlich sich so ähnlich zu verhalten wie einst die eigenen Eltern („Übertragungsproblem").

Bisher haben wir also folgende Symptome kennengelernt: Verdrängung, Ambivalenz, Angst, Minderwertigkeitsgefühle, unbewußte Schuldgefühle, unbewußte Selbstbestrafung, Regression und Wiederholungstendenz. Nun kommt noch hinzu, daß der *Konflikt*, welcher der Verdrängung zugrunde liegt und durch die Verdrängung nur unzulänglich gelöst wurde, in der betroffenen Person während des ganzen Lebens das Bedürfnis entwickelt, sich *symbolhaft durch Symptome darzustellen*.

Die Neurose entsteht im Kind aus einem Konflikt zwischen Gewissen und bestimmten verbotenen Triebtendenzen, vor allem durch Aggressionen, die durch ein falsches Verhalten der Eltern hervorgerufen wurden. Die Verdrängung führt nur zu einer Pseudolösung: Denn weder die Triebwünsche noch die Gewissensforderungen werden durch sie *voll* befriedigt. Daher werden in den neurotischen Symptomen die beiden Kräfte, deren Aufeinanderprallen die Neurose bedingt haben, symbolisch dargestellt und gleichzeitig befriedigt. In jedem neurotischen Symptom findet man dementsprechend eine aggressive Tendenz (z. B. im Bettnässen die Auflehnung, die Verunreinigung) und gleichzeitig auch eine Befriedigung des Gewissens eben in der Form der bereits erwähnten Selbstbestrafungstendenz. Daher macht der Mensch, der ein neurotisches Symptom entwickkelt, andere (als Ausdruck seiner Aggression) leiden, leidet aber unter diesen Symptomen als Ausdruck der Selbstbestrafung auch selbst enorm. Zurecht spricht man deshalb vom „Januskopf" jeder neurotischen Symptomatik, der nur allzu oft übersehen wird, weil die Umwelt gewöhnlich nur geneigt ist, sich selbst als betroffen zu empfinden und beharrlich zu ignorieren, daß jedes neurotische Symptom auch tiefste Selbstquälung bedeutet. Um bei dem Beispiel des Bettnässens zu bleiben: Wenn die Umwelt wütend wird und den Neurotiker noch zusätzlich bestraft – und schon die Herabsetzung und Bloßstellung ist eine fürchterliche Strafe –, so kann dies nur zu einer wesentlichen Verschlechterung seiner Situation und natürlich auch zu einer Intensivierung seiner neurotischen Symptomatik führen. Wir sollten die Maxime von A. Adler nie vergessen. „Wer Schwierigkeiten *macht, hat* welche!"

Wie entsteht die neurotisierende Wirkung der Kirche?

Wir sprachen schon in einem analogen Sinn davon, daß die Kirche „krank" ist, daß wesentliche strukturelle und spirituelle Einflüsse das „Volk Gottes" neurotisieren. Es stellt sich nun die Frage, ob dies schon seit Beginn des Christentums der Fall war oder ob es erst später zu dieser schrecklichen Fehlentwicklung kam.

Wir sind keine Historiker sondern Psychotherapeuten, die gewohnt sind, im Prozeß der Psychotherapie gemeinsam mit dem Patienten dessen Leidens- und Lebensgeschichte durchzuarbeiten, um sie korrigieren zu können. Diese intensive Anteilnahme und das Miterleben des schrecklichen Elends vieler solcher Menschen sind für uns ein ganz entscheidendes Motiv für die Herausgabe dieses Buches. Wir stimmen diesbezüglich mit der ehrlichen und energischen Äußerung des Psychoanalytikers Alfred Lorenzer völlig überein: „Die ‚sinnliche' Erfahrung eigenen Leidens und die betroffene Teilnahme an der Beschädigung der anderen wendet sich zur politischen Aktivität; das ‚Durcharbeiten des Konfliktes' entbindet notwendig den Impuls, dessen Ursachen – werden sie nur erst zutreffend begriffen – zu beseitigen."

Es wäre also zweifellos aufschlußreich, geschichtlich genauer zu untersuchen, warum und wie es dazu kam, daß die Kirche zunehmend unterdrückend und neurotisierend wurde. Wir wollen nur auf einen ganz entscheidenden Aspekt hinweisen. In dem Ausmaß, in dem die Kirche an Macht, an politischer, wirtschaftlicher und geistig-kultureller Macht zunahm, indem sie sich mit den politisch Mächtigen verbündete, in dem Ausmaß wurde sie in ihrem Wesen weithin destruiert und in ihrer Auswirkung neurotisierend. Im wesentlichen begann dies im 4. Jahrhundert, in der sogenannten „Konstantinischen Wende", als die ersten Kriege „im Zeichen des Kreuzes" geführt wurden, das Christentum innerhalb weniger Jahrzehnte zur Staatsreligion avancierte und die Kirche sich der schrecklichen Gefahr des Machtmißbrauchs keineswegs gewachsen zeigte. Seit dieser Zeit hat sich die Kirche in wesentlichen Punkten von *Christus entfernt*. Wir wollen sie im folgenden zusammenfassen (selbstverständlich ohne Anspruch auf Vollständigkeit zu erheben):

– Aus Ohnmächtigen wurden Mächtige, die diese Macht zum eigenen Vorteil mißbraucht haben;
– aus Armen wurden Reiche, die nicht mehr die Sache der Unterprivilegierten zu ihrer eigenen erklärten;
– aus Verfolgten wurden Verfolger;
– aus Gerichteten wurden Richter;
– aus Demütigen wurden Hochmütige;
– aus Friedfertigen wurden fanatische Krieger und Segner von Waffen;
– aus Verkündern des ganzen Menschen wurden Apostel der Leib- und Lustfeindlichkeit;
– aus Inhalt wurden Form und Formalismus;
– aus emotionaler Religion und engagiertem Glauben wurde rationalistische Theologie.

Alle diese Abirrungen, ja Pervertierungen der Frohbotschaft Jesu sind schon schrecklich genug. Dazu kommt vielfach noch die Tendenz, dieses peinliche Versagen abzuleugnen, zu rationalisieren und zu verdrängen. Durch diese Verdrängung kam es zu einer verhängnisvollen Kettenreaktion, wobei ein Irrtum den nächsten heraufbeschwor. Dem Vernehmen nach soll z. B. Kardinal Ottaviani, als die entscheidende Konferenz bereits den Gebrauch der „Pille" zulassen wollte, mit folgender Bemerkung einen jähen Meinungsumschwung erzielt haben: „Dann würden wir zugeben, daß wir uns durch Jahrhunderte geirrt haben." Der Gipfelpunkt der Verdrängungstendenz ist jedenfalls in dem Versuch zu sehen, Unfehlbarkeit in Anspruch zu nehmen, also eigene Irrtümer nicht nur zu leugnen, sondern für etwas Unmögliches zu halten. Gemäß unserer früheren Ausführungen (Januskopf!) hat die „neurotisierte" Kirche sowohl viele andere leiden lassen (Lotte Ingrisch in „Jesu Hochzeit": „Das Leiden, das sie in Deinem Namen über die Menschheit bringen wird, wird größer sein als jedes andere.") als auch selbst unter ihrer „Neurose" unendlich gelitten.

Eine unbewußte Selbstschädigungs-, ja Selbstzerstörungstendenz ist nicht zuletzt in den vielen Glaubensspaltungen festzustellen. Es ist keine Frage, daß dieses Problem auch heute noch höchst aktuell ist, wie wir in den späteren Ausführungen noch zeigen werden.

Hier möchten wir nur einen unverdächtigen Zeugen, den verstorbenen Kardinal Wyschiński, zitieren: „Wir müssen wieder die Pharisäer und die Schriftgelehrten aus dem Tempel vertreiben, Abschied nehmen von theoretischen theologischen Spielereien, wieder zu einem Glauben finden, der nicht von der Ratio beherrscht ist, sondern von der Liebe Gottes zu den Menschen, die zur Liebe der Menschen untereinander werden soll." Dieses Wort beweist auch die ungeheuer regressive Tendenz der Kirche, denn damit ist doch eigentlich eine Situation beschrieben, die der jüdischen Umwelt, in der Jesus Christus auftrat, fatal ähnlich ist.

Es liegt nun aber im Wesen einer „neurotisierten" Institution, *daß sie unwillkürlich ihre einzelnen Mitglieder zu neurotisieren vermag.* Durch ihren Einfluß werden bestimmte Eigenschaften und Charakterzüge von den Menschen, die ihr angehören, im Prozeß der Sozialisation übernommen. So entstehen im Falle der Kirche oft emotional verarmte, formalistisch denkende, enge, strenge, vielen wichtigen Gebieten gegenüber befangene Persönlichkeiten, die dann z. B. als Eltern ihrerseits ein Familienklima formen, welches ihre Kinder nur allzuleicht neurotisiert. Dies geschieht nicht zuletzt durch die Erzeugung eines engen, überstrengen und vor allem starren Gewissens, welches sich im Verlauf des weiteren Lebens nicht mehr entwickeln kann. (Siehe Kapitel 4.)

Das gilt besonders für den wichtigen Bereich des Umganges mit Autoritäten. Der Unterschied zwischen echter Autorität (die für das Kind unentbehrlich ist und auf liebevoller Vorbilds- und Beispielfunktion beruht) und angemaßter, die in bloßem Mächtigsein begründet ist, wird dann oft übersehen. Mit dieser falschen Legitimation ausgestattet, kommt es dann zu körperlicher und seelischer Machtausübung gegenüber den Kindern, das heißt zu neurotisierendem Machtmißbrauch. Daß sich solche Eltern dabei immer wieder zu Unrecht auf die Gebote und auf Gott berufen, werden wir in diesem Buch intensiv abhandeln, umso mehr, als sich diese Mechanismen ganz fatal auf die Beziehung der Kinder zu Gott und zur Religion auswirken können. Schätzing spricht im Zusammenhang, den wir hier beschrieben haben, von „ekklesiogenen Neurosen", also von Neurosen, die durch die Kirche verursacht werden.

Wir wollen jetzt den bedeutenden Religionspädagogen Adolf Exeler zum angesprochenen Phänomen einer neurotisierenden Religiosität und deren kirchlichen Ursachen zu Wort kommen lassen – er spricht uns aus der Seele:

„Es gibt nun leider einmal eine Religiosität, früher wohl noch stärker als heute, die mit vielen Ängsten und Zwängen, mit Depressionen, Skrupulosität und systematischer Drosselung der Vitalität verbunden ist. Wiederholt haben verschiedene Zeitgenossen darauf aufmerksam gemacht, daß intensive religiöse Erziehung oft auffallend leidenschaftslose Menschen hervorbringt. Wo aber die Leidenschaftlichkeit verschwindet, da verarmt das Leben; es verliert an Dynamik. Es hat keine Kraft mehr, große aber schwierige Probleme anzugehen. Wo die Leidenschaftlichkeit verschwindet, da verliert das Gute seinen Glanz und seinen Schwung; . . . Menschen, die sich sehr intensiv auf die Kirche eingelassen haben, werden oft als besonders brav und zugleich als besonders uninteressant und langweilig empfunden. Es gibt tatsächlich eine Art von Gläubigkeit und eine entsprechende religiöse Erziehung, durch die die Fülle menschlicher Existenz reduziert wird. . . . Die entscheidende Ursache sehe ich darin, daß die Kirche leider immer wieder ihrer eigenen Botschaft von der Menschenfreundlichkeit Gottes im Wege steht, und zwar dadurch, daß sie nicht ernsthaft genug fragt, ob das, was sie vertritt, den Menschen gut tut. Immer wieder gewinne ich den schmerzlichen Eindruck, daß für vieles von dem, was in der Kirche geschieht, das harte Wort gilt, das Jesus über die Pharisäer gesagt hat: ‚Sie schnüren schwere Lasten zusammen und legen sie den Menschen auf die Schultern, wollen aber selbst keinen Finger anrühren, um die Lasten zu tragen . . .‘ Jesus fährt fort: ‚Wehe euch, ihr Schriftgelehrten und Pharisäer, ihr Heuchler! Ihr verschließt den Menschen das Himmelreich. Ihr selbst geht nicht hinein, aber ihr laßt auch die nicht hinein, die hineingehen wollen‘ (Mt 23, 4. 13f.). Ist es berechtigt, diese harten Worte Jesu auf die konkrete Kirche zu beziehen? Ich meine, ja. . . . Jesus ist daran zugrunde gegangen, daß er sich entschieden gegen eine den Menschen deformierende Religiosität wandte. Man sollte nie vergessen, daß er nicht von irgendwelchen Schurken, sondern von durchaus frommen Leuten ums Leben gebracht wurde, im Namen Gottes und im Namen der Religion!"

In diesem Zusammenhang müssen wir auf die besondere Gefährdung von „Berufschristen" hinweisen. Denn die neurotisierenden Eigenschaften einer Institution können sich verständlicherweise leichter und intensiver auf Personen übertragen, die

22

dieser Institution nahestehen. So sind Menschen, die im Dienste der Kirche arbeiten, besonders gefährdet, an einer ekklesiogenen Neurose zu erkranken. Hier droht ein schlimmer Circulus vitiosus, denn es ist dann von solchen Persönlichkeiten kaum zu erwarten, daß sie ein gesundes religiöses Klima erzeugen helfen bzw. ein solches den ihnen Anvertrauten vermitteln können. Umso anerkennenswerter erscheint es, daß gerade von der Basis der Kirche in unserer Zeit so bewundernswerte Erneuerungs- und Entneurotisierungsbestrebungen ausgehen (vgl. 6. Kapitel).

Wir sehen es daher auch als ein wesentliches Ziel unserer Ausführungen an, mitzuhelfen, Voraussetzungen dafür zu schaffen, die noch immer vielfach neurotisierend wirkende Erziehung der werdenden Priester grundlegend zu ändern.

Bevor wir im 2. Kapitel genauer auf die Folgen einer Neurotisierung im religiösen Bereich eingehen, wenden wir uns nun nochmals den Ausführungen Kardinal Königs zu. Eine Krankheit kann ja nur geheilt werden, wenn man ihre Ursache(n) kennt. Diesbezüglich stellt der Kardinal zwar viele Fragen, vermeidet aber eine Diagnose der Ursachen.

Bei der Beleuchtung der Verantwortung der einzelnen „Gruppen" innerhalb der Kirche tritt eine gewisse Hemmung zutage, eine „zögernde Attitüde", ja vielleicht sogar eine Ratlosigkeit, die letztlich zu dem Schluß führen könnte, daß eigentlich niemand an der gegenwärtigen Krise der Kirche schuld sei. Wir glauben, vom tiefenpsychologischen und vom theologischen Standpunkt her gesehen, daß wir alle zusammen die Kirche formen und daher alle zusammen, wenn auch in unterschiedlicher Weise, schuld an der Degenerierung der Kirche sind. Die einen, weil sie die Entfernung von Christus durchführten, die anderen, weil sie sie zugelassen haben.

Ansätze einer Therapie

Wie befreit man sich nun von seiner Neurose? Wie kann man die neurotische Lebenshemmung überwinden und so lernen, sein Leben zu entfalten und aktiv am gemeinschaftlichen Leben teilzunehmen? Selten (aber gelegentlich doch) schafft man es aus eigener Kraft, mitunter durch die Hilfe eines geliebten Menschen. Der „Königsweg" bleibt aber – selbstverständlich mit allen Einschränkungen, denen menschliches Handeln unterliegt – eine Psychotherapie. In der Kirche haben es einzelne Persönlichkeiten immer wieder versucht; wir denken hier vor allem an Franz von Assisi, an die Reformatoren und Gegenformatoren. Sie konnten sich allesamt nicht durchsetzen. Außerdem kann man einer Institution schwerlich eine „Psychotherapie" verordnen. Das Zweite Vatikanische Konzil könnte man allerdings in analogem Sinn als eine kirchliche Selbsttherapie bezeichnen. Wie das Erste Vatikanische Konzil (1870/71) die Einzementierung der „Neurose" symbolisiert, so das Zweite Vatikanum einen psychotherapeutischen Befreiungsprozeß. Hier wagte es eine weltweite Organisation, sich mit sich selbst zu konfrontieren, Verdrängungen aufzuheben, Fehler einzugestehen, Reue zu erwecken, Wege der Wiedergutmachung zu suchen – es war ein einmaliges und wunderbares Geschehen. Folgerichtig ergaben sich genau jene Konsequenzen, die bei einer guten Therapie immer eintreten: Bewußtseinserweiterung, Annahme des eigenen Versagens, besseres Selbstverständnis, vertiefte Demut und Offenheit, größere innere Sicherheit im Sinne von Identitätsfindung und daraus resultierend die Bereitschaft, auch andere besser zu verstehen; an die Stelle von Aggressivität trat Toleranz, Brüderlichkeit an die Stelle von Herrschsucht, der Geist der Freiheit wehte, und das Gespräch mit den Brüdern begann zu blühen. Dieser Aufbruch wird für immer mit dem Namen eines Mannes verbunden bleiben, bei dessen Nennung noch heute ein Leuchten in den Augen unzähliger Menschen festzustellen ist: Johannes XXIII.

Wir schreiben dieses Buch in einer unserer Meinung nach schicksalhaften Periode, denn es kann einfach nicht übersehen werden, selbst wenn man den „besten Willen" dazu hätte (den man wahrlich nicht haben darf, denn es wäre ein schlechter neurotisierender Wille), daß die Tendenz unserer derzeitigen

Kirchenführung dahin geht, die gewonnenen Erkenntnisse und ihre Früchte wieder rückgängig zu machen und in eine vorkonziliäre Zeit zurückzukehren. Das Klima wird wieder verschlossener, selbstgefälliger, intoleranter, unbarmherziger, es wird verstärkt Macht ausgeübt und gerichtet. Man muß schon wieder fürchten, dieses und jenes offen zu sagen. Verbote und Maßregelungen werden ohne Zögern ausgesprochen, der Geist des Dialoges und der Kollegialität wird unterdrückt. Mit anderen Worten: Wir befinden uns in einer kritischen und sehr entscheidenden Situation. In dieser wollen wir nicht zögern, mit dem vorliegenden Buch einen Beitrag dazu zu leisten, *daß die Verdrängungen, die das Konzil beseitigte, aufgehoben bleiben,* daß die so notwendige Reform der Kirche weitergeführt wird, damit sie mehr das sein kann, was sie gemäß der Botschaft Jesu sein soll: „Die Kirche ist ja in Christus gleichsam das Sakrament, das heißt Z e i c h e n und W e r k z e u g für die innigste Vereinigung mit Gott wie für die Einheit der ganzen Menschheit." Aus diesem Wesen der Kirche ergibt sich ihre Aufgabe, wieder mit den Worten dieses Konzils: „Freude und Hoffnung, Trauer und Angst der Menschen von heute, besonders der Armen und Bedrängten aller Art (!), sind auch Freude und Hoffnung, Trauer und Angst der Jünger Christi." Diese umfassende Solidaritätserklärung muß für uns maßgebend werden und bleiben.

Mit den besorgten und offenen Worten von A. Exeler möchten wir unser Anliegen noch einmal zusammenfassen:

„Es geht hier keineswegs um ekklesiale Nestbeschmutzung, sondern um eine Kirche, die mehr das ist, was sie sein soll. Es geht um Selbstkritik, die getragen ist von einer leidenschaftlichen Grundbejahung. Die Kirche kann es sich nicht leisten, an ihren eigenen Degenerationserscheinungen die Menschen leiden zu lassen, während die Menschheit in steigendem Maße darauf angewiesen ist, daß die humanisierende Kraft des Glaubens zur vollen Auswirkung kommt. Wer überzeugt ist, daß religiöse Erziehung für die Menschwerdung des Menschen, nicht nur des einzelnen, eine entscheidende Bedeutung haben kann und soll, der muß umso allergischer werden gegenüber allen Fehlformen religiöser Erziehung und Sozialisation. Es ist jedenfalls besser, die Schwierigkeiten einzugestehen, als sie zu verdrängen. Es läßt sich nun einmal nicht übersehen, daß vielen Menschen im Namen des Christentums Schlimmes angetan wurde und noch wird. Je ehrlicher die Deformierungen aufgedeckt werden, umso dringlicher stellt sich die Frage nach einem Glauben, der deutlich erfahrbar den Menschen guttut. Diese Frage ist nicht nur binnenkirchlich bedeutsam. Angesichts der zahlreichen inhumanen Züge unserer heutigen Weltgesellschaft erhält sie eine zusätzliche Dringlichkeit."

Zweites Kapitel
Der Einfluß der Neurose auf die Religion

„Seelsorger ohne tiefenpsychologische Ausbildung sind oft bereit, selbst in der verkrampftesten neurotischen Symptomatik einen religiösen Fortschritt zu sehen."

(Gallus Jud)

Wir haben besprochen, daß ein durch Machtmißbrauch entstelltes Christentum auf verschiedene menschliche Verhaltensweisen einen neurotisierenden Einfluß ausübt. Nun schließt sich tragischerweise dieser Kreis insofern, als diese Neurotisierung auch zu einer Beeinflussung des religiösen Lebens der Betroffenen führen kann. Hier sind vor allem drei Möglichkeiten in Erwägung zu ziehen:

1. Der Strom des Lebens entspringt am Berg unserer Kindheit und gewinnt dort seine entscheidende Richtung. Eine der wichtigsten Einsichten der Tiefenpsychologie besteht ja, wie bereits gezeigt, darin, daß sie die große Bedeutung der ersten Lebensjahre für das gesamte weitere Leben entdeckt und nachgewiesen hat: hier bilden sich die Grundzüge des Charakters aus. In diese Zeit fällt die Entscheidung, ob ein Mensch Grundvertrauen in sich und die Welt gewinnen kann oder ob er von Mißtrauen beherrscht wird; ob er Autonomie und Initiative für die Inangriffnahme der Aufgaben und Herausforderungen des Lebens entfalten kann oder aber ob er, von Selbstzweifel und Unsicherheit gequält, übermäßig auf Fremdbestimmung angewiesen bleibt und mit mehr oder weniger gebrochenem Eigenwillen im Leben dahintreiben wird. Hier wird entschieden, ob sich eine Persönlichkeit gesund entwickeln kann oder einer neurotischen Lebenshemmung verfällt. Dabei kann man die *gesunde Entwicklung mit einem Sich-ständig-Ausweiten gleichsetzen,*

gemäß dem Satz Goethes: „Willst Du ins Unendliche schreiten, geh' nur im Endlichen nach allen Seiten." Auch Rilke wäre hier zu zitieren, und zwar gleich doppelt: „Und dann, meine Seele, sei weit, sei weit, daß Dir das Leben gelinge" und: „Ich lebe mein Leben in wachsenden Ringen." Bei dieser gesunden Entwicklung werden wir an das Lebensziel erinnert, die Fülle des Lebens zu gewinnen. Der Neurotiker hingegen wird schon in der Kindheit auf sich selber zurückgeworfen; entmutigt verzichtet er auf die lustvolle Durchdringung des Lebensraumes. Seine bereits im 1. Kapitel erwähnten Symptome führen dazu, daß ihm die persönlichen Beziehungen mißlingen und er eine immer größere Isolation verspürt. Schließlich fühlt er sich von immer höher werdenden Wänden bedroht, erlebt ihnen gegenüber Ohnmacht und eigenes „Schrumpfen"; sehr oft entsteht das Gefühl, in einem symbolischen Gefängnis eingesperrt zu sein, aus dem kein Weg herausführt. Schrecklich treffend hat das im vorigen Jahrhundert ein Opfer eines solchen Geschehens wie folgt ausgedrückt:

„Immer enger wird mein Denken,
immer blinder wird mein Blick,
mehr und mehr erfüllt sich täglich
mein entsetzliches Geschick.
Kraftlos schlepp ich mich durchs Leben,
jeder Lebenslust beraubt,
habe keinen, der die Größe
meines Elends kennt und glaubt."

Wir müssen uns nun fragen: Wie wird die religiöse Entwicklung eines solchen Menschen aussehen? Es sei unbestritten, daß auch solche Menschen über *eine „heile" Religiosität verfügen können,* die ihnen dann vielleicht sogar helfen mag, ihre Neurose, so gut es eben möglich ist, zu ertragen. Aber eine Ideallösung ist dies auf gar keinen Fall; ganz abgesehen davon, daß sie sich selten genug ereignen wird. Wir dürfen hier den Satz nicht vergessen: „Gratia supponit naturam", das heißt: Die Gnade baut auf die Natur auf. Es hat zwar Versuche gegeben, diese Sentenz dahingehend zu deuten, daß die Gnade auf die „geopferte Natur" aufbaut (Soukop), daß wir also sozusagen auf die Natur verzichten müßten, um der Gnade teilhaftig zu werden. Überblickt man aber die Situation, kann man sich des Eindrucks nicht erwehren, daß es sich bei dieser Deutung bereits wieder um ein neurotisches Symptom handelt, welches aus der Not eine Tugend machen wollte. Alles spricht dafür, daß die Gnade umso besser wirksam sein kann, je mehr sich die Natur des Menschen entfalten konnte.

In der Regel werden aus der neurotischen Lebensverengung und -verunstaltung die Gefühle der Depression, der Ratlosigkeit, der Erbitterung und der Verzweiflung resultieren, und es ist dann mit einer hohen Wahrscheinlichkeit anzunehmen, daß diese Empfindungen auch das religiöse Leben beeinflussen. Das Vertrauen zu Gott geht verloren, ja, noch mehr: Da man ja als verstandesbegabter Mensch versuchen muß, die Schuld für das Mißlingen irgendwo zu suchen, und man im allgemeinen nicht weiß, daß man selbst der unglückselige (unbewußte) Steuermann des eigenen Scheiterns ist, wird die Versuchung sehr groß sein, sich als das Stiefkind Gottes zu erleben und ihn anzuklagen, daß er einen im Stich gelassen und alles Unheil auf die eigene Person abgeladen habe. Vom seelsorglichen Standpunkt aus erscheint es daher absolut notwendig, nicht kritiklos allzu rasch zu verlangen, dies alles müsse um Gottes willen ertragen werden, sondern zuerst zu prüfen, ob sich nicht therapeutische Möglichkeiten für die Heilung oder Besserung der Neurose ergeben.

2. Im ersten Kapitel haben wir die Grundsymptome der Neurose besprochen. Wir wollen nun zeigen, wie sich dieselben im religiösen Leben auszuwirken pflegen:

a) Beginnen wir mit der *Ambivalenz:* Wenn unsere Beziehungen zu den Eltern im Sinne der Ambivalenz vergiftet werden, so wird diese Elternproblematik natürlich auch auf die Gottesbe-

ziehung übertragen werden. Gott wird dann meist bewußt geliebt, aber unbewußt gehaßt und abgelehnt; es kann aber spä-
terhin auch umgekehrt kommen in dem Sinn, daß Gott im Bewußtsein gehaßt, aber im Unbewußten ersehnt wird; ein Vorgang, der in unserer Zeit immer häufiger festzustellen ist. In
allen Fällen wird jedoch durch dieses Geschehen eine gesunde
Gottesbeziehung verunmöglicht, und der Ambivalenz entsprechend wird Gott als gut und böse zugleich erlebt. Besonders
gefährlich sind diese Tendenzen bei „Berufschristen", zum Beispiel bei Religionslehrern, Theologen und Priestern, denn natürlich werden durch eine unbewußte Ambivalenz die Verkündigung der Botschaft und die Pastoral neurotisch entstellt, was
sich auf das religiöse Leben vieler Menschen schädlich auswirkt. Deshalb hebt auch das Zweite Vatikanum im Dekret
über die Priesterausbildung die Charakterbildung besonders
hervor: „Die Grundsätze christlicher Erziehung sollen hochge-
halten und durch die neueren Erkenntnisse einer gesunden Psychologie und Pädagogik ergänzt werden . . . Die Alumnen sollen zu geistiger Entschlossenheit erzogen werden und überhaupt jene Tugenden schätzen lernen, auf die die Menschen
Wert legen. Dazu gehören Aufrichtigkeit, wacher Gerechtig-
keitssinn, Bescheidenheit und Liebenswürdigkeit im Gespräch.
Überhaupt sollen die Eigenschaften ausgebildet werden, die am
meisten dem Dialog mit dem Menschen dienen, wie die Freiheit, anderen zuzuhören und im Geiste der Liebe sich seelisch
den verschiedenen menschlichen Situationen zu öffnen."
Wir können nur hoffen, daß hier mit dem Ausdruck „gesunde Psychologie" die Tiefenpsychologie gemeint ist, denn alle
diese Ziele lassen sich ohne die Berücksichtigung der unbewußten Dimension nicht erreichen. Außerdem ist es klar, daß ohne
tiefenpsychologische Ausbildung der Seelsorger gar nicht imstande sein wird, die neurotische Symptomatik zu entdecken.

b) Wir haben darauf hingewiesen, daß der Neurotiker oft von
irrationaler Angst bedrängt wird, die darauf beruht, daß das
mühsam Verdrängte versucht, wieder ins Bewußtsein ein-

zudringen. Solange aber dem Leidenden die Ursache dieser Angst nicht bekannt ist (und ohne Therapie kaum bekannt sein kann), wird er durch den Abwehrmechanismus der Rationalisierung Scheinbegründungen für diese Angst suchen. Die große Gefahr solcher Rationalisierungen liegt darin, daß sie nicht nur den Neurotiker, sondern auch seine Umgebung auf eine falsche Spur locken. Wenn man den fälschlich vorgegebenen Ursachen Glauben schenkt, beginnt ein Kampf mit Windmühlenflügeln, der außer sinnlosem Kräfteraub keine ersprießliche Wirkung  zeitigen kann. Was die Angst betrifft, so kann sie eben plötzlich auch zu einer Angst vor Gott, ferner vor bestimmten religiösen Forderungen usw. werden.

c) Als weiteres klassisches Symptom der Neurose haben wir das *Minderwertigkeitsgefühl* erwähnt. Selbstverständlich kann dasselbe im religiösen Bereich eine übertriebene Demut, ja eine kriecherische Haltung veranlassen, die bei Außenstehenden oft einen sehr schlechten Eindruck, vor allem der Heuchelei, erweckt, obwohl der Begriff Heuchelei hier nicht ganz zutrifft, weil man ja einen Menschen für unbewußte Vorgänge nicht verantwortlich machen kann. Es steht aber fest, daß sich solche Verhaltensweisen auf die kirchliche, religiöse Imagebildung sehr belastend ausgewirkt haben. Norbert Scholl analysiert diesen Vorgang und seinen Mißbrauch durch kirchliche Stellen wie folgt: „Man spricht im Christentum nicht selten von Demut und verdeckt damit einen habituellen Minderwertigkeitskomplex. Man erwartet Gehorsam und meint damit Entmündigung."

Im Zusammenhang mit dem Minderwertigkeitskomplex dürfen wir den Begriff der *Überkompensation* nicht vergessen. Es kommt ja immer wieder vor, daß sich ein Minderwertigkeitsgefühl durch Überkompensation in eine Art „Größenwahnsinn" verwandelt. Dies wirkt sich sehr oft auch gegenüber Gott aus, kann dann plötzlich zu einer Gottesverachtung und zu prometheischem Hochmut führen, als brauche man Gott nicht, als könne man alles auch ohne Gott erreichen.

In diesem Zusammenhang möchten wir zwei Ausschnitte aus dem bekannten Prometheus-Gedicht von Johann Wolfgang von Goethe zitieren:

„Ich dich ehren? Wofür?
Hast du die Schmerzen gelindert
Je des Beladenen?
Hast du die Tränen gestillet
Je des Geängsteten?
Hat nicht mich zum Manne geschmiedet
Die allmächtige Zeit
Und das ewige Schicksal,
Meine Herren und deine?
. . .
Hier sitz' ich, forme Menschen
Nach meinem Bilde,
Ein Geschlecht, das mir gleich sei,
Zu leiden, zu weinen,
Zu genießen und zu freuen sich
Und dein nicht zu achten,
Wie ich!"

Und auch die letzte Strophe der Schubertschen „Winterreise", Text von Wilhelm Müller, paßt hierher:

„Lustig in die Welt hinein
Gegen Wind und Wetter!
Will kein Gott auf Erden sein,
Sind wir selber Götter!"

d) Es ist nun nötig, daß wir auf das Kardinalsymptom der Neurose zurückkommen, nämlich auf die *unbewußten Schuldgefühle* und die daraus resultierende unbewußte *Selbstbestrafungstendenz*. Hier scheint die Formulierung ganz besonders berechtigt: „Viele Neurotiker mißbrauchen einfach die Religion masochistisch, indem sie sie in den Dienst ihrer Selbstbestrafung stellen." Sie neigen dazu, ihre religiösen Überzeugungen und Übungen zu einer einzigen Selbstkasteiung und -bestra-

32

fung umzufunktionieren. Das Gottesbild und die Gotteserfahrung werden verzerrt, der Erlöser wird zum Richter und die Frohbotschaft entartet zur erdrückenden und überfordernden Drohbotschaft. (Hier kommen auch die unbewußten sadistischen Aggressionen zur Darstellung.) Begleitet wird dieses Geschehen von einer entsprechenden christlichen Ideologiebildung. Darunter verstehen wir den Mißbrauch des Glaubens und Wissens zur Erzeugung eines falschen Bewußtseins und einer starren Persönlichkeitsstruktur. Durch Ideologisierung werden die adäquate Wahrnehmung und die Auseinandersetzung mit der Wirklichkeit verhindert und durch fixierte Vorurteilsbildung ersetzt. In solch einem Zerrbild christlicher Religiosität kommen die wesentlichen Dimensionen und Erfahrungen, etwa die Erfahrung von Gnade, Erlösung, Vergebung und vor allem die Erfahrung der Barmherzigkeit Gottes – insbesondere emotional –, nicht zum Tragen, dagegen spielen ein zürnender, strafender Gott, das Schuldigsein-Problem, selbstzerstörende Askese und permanentes Opfer-bringen-Müssen eine übersteigerte Rolle. Hierher gehören vor allem auch die zwangsneurotischen Symptome mit immer wieder erneuerten Selbstanklagen und der Überzeugung, niemals entsühnt werden zu können (Skrupulantentum).

Es ist klar, daß solche Verzerrungen religiöser Einstellungen, Verhaltensweisen und Übungen mit dem ursprünglichen Sinn der Botschaft Jesu wenig zu tun haben. Für den Seelsorger wird es also ganz entscheidend sein, den Mißbrauch der Religion in der Neurose zu erkennen, zwischen realer Schuld und neurotischem Schuldgefühl zu unterscheiden (eine ganz wesentliche Aufgabe!) und dann die richtigen Schritte zu unternehmen. So, wie die wirklichen Schuldgefühle „mehr des Beichtigers bedürfen als des Arztes" (um Shakespeares Lady Macbeth zu zitieren), so gehören neurotische Schuldgefühle in den Bereich des Psychotherapeuten.

e) Ein weiteres Charakteristikum neurotischen Verhaltens ist die Tendenz des Neurotikers, immer *wieder in ein kindliches*

Verdammungen gibt es gerade genug.

Verhalten zurückzuflüchten; einerseits, um die mißglückte Kindheit zu korrigieren, andererseits, um Schwierigkeiten auszuweichen. Das Kennzeichen des Kindes ist es, nicht selbst wesentliche Entscheidungen treffen zu müssen, sondern diese an andere, nämlich die Eltern, delegieren zu können. Die regressive Charakteristik der neurotischen Religiosität zeigt sich dementsprechend darin, daß man nicht fähig und bereit ist, selbständig zu denken und zu handeln, nicht bereit ist, die Verantwortung für seine Lebensgestaltung selbst zu übernehmen, und daher krampfhaft nach religiösen Vorschriften, Rezepten und Personen sucht, die einem dies alles abnehmen. Das Problem einer solchen „Kleingläubigkeit" wurde durch den Aufbruch des Zweiten Vatikanischen Konzils für viele Gläubige akut, weil sie auf die Verwandlung von einem unmündigen Glauben hin zu einem mündigen Christsein nicht vorbereitet wurden. Die damit gegebene Überforderung führte nicht selten zu reaktionären Entwicklungen.

Diejenigen, die heute versuchen, die Reformen des Zweiten Vatikanums rückgängig zu machen, berufen sich nicht zuletzt auf diese Gruppe der durch die Reformen zutiefst Verunsicherten, statt zu erkennen, daß diese Menschen eben das Resultat der jahrhundertelangen falschen Behandlung durch die Kirche sind, die sie eben in diese Regression hineingetrieben hat. Somit wird gerade diese Personengruppe nicht zu einem Beweis dafür, daß das Zweite Vatikanum falsch handelte, sondern ganz im Gegenteil dafür, daß es allerhöchste Zeit war, hier rettend einzugreifen.

Die Regression kann noch tiefere Formen annehmen; sie kann so weit gehen, daß man sozusagen diese Welt überhaupt ignoriert, sie entwertet und unbewußt den Lebensaufgaben ausweicht. Ein einseitiger und verabsolutierender Jenseitsglaube dient eben diesen Zielen, und es ist daher höchste Zeit, mit der kirchlichen Förderung solcher Befindlichkeiten aufzuhören. Menschen wurden oft absichtlich in einem Status der Unsicherheit gehalten, um sie besser regieren zu können! Sie wurden auf das Jenseits vertröstet, damit sie mit den Zuständen, die hier und jetzt herrschen und die dringend verbessert gehören, halbwegs zufrieden seien und den Mund hielten! Diesbezüglich helfen uns tiefenpsychologische Einsichten in die Fehlformen kirchlicher Religionsvermittlung zur Umkehr und zur Überwindung der verschiedenen Façetten infantilen Glaubens.

f) Wir haben schließlich darauf hingewiesen, daß sich der neurotische Konflikt in vielen *neurotischen Symptomen* auswirken wird, welche die Auseinandersetzung zwischen Trieb und Gewissen darstellen. Außer Zweifel kann nun jedes einzelne dieser Symptome auch zum scheinbar unlösbaren religiösen Problem werden. Wir haben erkannt, daß im neurotischen Symptom einerseits Protest (Aggression) ausgedrückt, gleichzeitig aber auch Bestrafung, eben für diese Aggression, durchgeführt wird – als getreues Abbild des frühkindlichen, durch Verdrängung nur unzulänglich „gelösten" Konfliktes. Wenn sich solche Verhaltensmuster einschleifen, fast zwanghaft wiederholt werden und fixiert erscheinen, so werden sie unweigerlich zum persönlichen Versagen auf ganz bestimmten religiösen Gebieten führen. Der Kranke wird weder – trotz bester Vorsätze – von seinem Versagen loskommen noch eine Verzeihung annehmen (dies würde ja seinem Bestrafungswunsch widersprechen). Wir finden jenen pathologischen Tatbestand, den der heilige Augustinus in seinen „Confessiones", lange vor der Entdeckung der Neurose, beschrieb:

> „Zum Teil wollen und zum Teil nicht wollen ist kein unbegreiflicher Sachverhalt, sondern eine Krankheit der Seele ... es gibt dann zwei Willen, und keiner ist ganz, sondern der eine besitzt, was dem anderen fehlt. Weder wollte ich völlig, noch wollte ich völlig nicht. Daher lag ich mit mir im Streite und war in mir gespalten. Auch der Zwiespalt geschah gegen meinen Willen, aber er bekundete nicht das Vorhandensein eines fremden Geistes in mir ... ein und dieselbe Seele ist es, die mit halbem Willen das eine und mit halbem Willen das andere will."

Heute wissen wir, daß all diese „Halbheiten" durch unbewußte Widerstände verursacht sind; wissen ferner, daß dadurch
das religiöse Leben, zuerst auf umschriebenen Gebieten, später
aber oft auch insgesamt schwer geschädigt wird. (Die Betreffen-
den halten das Pendeln zwischen guten Vorsätzen und Versagen, die einförmige Wiederholung nicht aus und wählen die
„Lösung", sich von der Religion zu distanzieren.)

In solchen Fällen ist die Psychotherapie wirklich die einzige
menschliche und religiöse Hilfe. Alfred Adler, der Begründer
der Individualpsychologie, hat das diesbezügliche Vorgehen
einmal mit den klassischen Worten beschrieben: „Wenn ein Patient mich fragt, warum er der Hüter seines Bruders sein muß,
so kann ich ihm keine Antwort darauf geben. Ich kann ihm aber
erklären, warum er gerade diese Frage an mich stellt." Hier
finden wir geradezu die Quintessenz der richtigen psychotherapeutischen Einstellung zum religiösen Bereich: Ob das stimmt,
was eine bestimmte Religion lehrt, dazu können wir als Psychotherapeuten keine Stellung nehmen, aber wir können, ja sollen
sehr wohl den neurotischen Mißbrauch eines religiösen Inhal-
tes, das neurotische Versagen auf einem bestimmten Gebiet erklären.

3. Man kann darüber diskutieren, ob die neurotische Verun-
staltung der Religiosität bzw. die Benützung der Religion für
die Neurose einen *Religionsverlust* darstellt oder nicht. Daß es
dabei in der Regel zu einem beträchtlichen Verlust an religiöser
Substanz kommt, wird aber kaum jemand bezweifeln.

Wir müssen aber jetzt noch von einer anderen Beziehung zwischen Religion und Neurose sprechen, bei der es aus eindeutig
neurotischen Gründen zum direkten Glaubensverlust kommt;
ein Vorgang, der gerade in unserer Zeit sehr häufig festzustellen
ist. Selbstverständlich würde man uns völlig mißverstehen,
wollte man aus unseren Ausführungen den Schluß ziehen, daß
wir *jeden* Glaubensverlust für ein Symptom der Neurose und
jeden Agnostiker für einen Neurotiker halten. Worüber wir
aber tief bestürzt sind, ist die Tatsache, daß die Kirche diesem

Phänomen so wenig Beachtung schenkt! Sie verhält sich geradezu so, als würde sie den Glaubensverlust für ein unvermeidbares
Schicksal halten, was z. B. in der supranaturalistisch mißver-
ständlichen These, der Glaube sei allein ein Geschenk der göttlichen Gnade, zum Ausdruck kommt. Eine weitere Fehleinschät-
zung folgt aus einem einseitig rationalistischen Glaubensver-
ständnis. Dieses unterstellt, daß die Glaubensentscheidung wesentlich vom Verstand her geleitet wird und aufgrund von „Beweisen" erfolgt. Immer noch wird die seelsorgerische Arbeit zu
sehr auf rationalistische Argumentation ausgerichtet. Dadurch
wird übersehen, daß es sich, auch wenn wir es nur mühsam
wahrnehmen können, bei jeder Weltanschauung auch um eine
„Rationalisierung" von dahinterliegenden Gefühlen und Wünschen handelt. Die wahren Entscheidungen erfolgen also sowohl im weltanschaulichen als auch im religiösen Bereich unter
dem Einfluß von positiven oder negativen Gefühlen. Hier geht
das Wort von Theodor Fontane in Erfüllung: „O lerne denken
mit dem Herzen, o lerne fühlen mit dem Geist", nur ist uns
dieser Zusammenhang gewöhnlich unbekannt, weil unbewußt,
während wir bewußt glauben, auf Grund von verstandesmäßigen Argumenten zu bestimmten weltanschaulichen bzw. religiösen Schlüssen zu kommen. So, wie es in diesem Sinne keine
wertfreie Wissenschaft gibt, sondern in jeder Wissenschaft die
Weltanschauung und damit das Gefühlsleben des Wissenschaf-
ters eine entscheidende Rolle spielt, so gilt das auch für die
Religion. Die emotionalen Erfahrungen und Auseinandersetzungen mit anderen Menschen, vor allem natürlich mit den Eltern, sind auch grundlegend für die Gestaltung oder Ablehnung
des religiösen Lebens. Wäre die Kirche endlich bereit, diesen
ganz wichtigen roten Faden der Ariadne in der Persönlichkeits-
und Glaubensentwicklung zu verfolgen, dann wüßte sie, wo die
Pastoral entscheidend anzusetzen hätte.

Die Kirche glaubt zum Beispiel, wenn das Kind von den El-
tern nur gut religiös ernährt werde, dann sei eine entscheidende
Grundlage für sein zukünftiges religiöses Leben gelegt. In
Wirklichkeit kommt es dabei aber sehr auf die Beziehung des

Kindes zu diesen Eltern an, denn wenn das Kind die Eltern ablehnt, dann wird es nur auf den Moment warten, wo es dieser Ablehnung durch Abwerfen des Glaubens Ausdruck geben kann. Bei einer gestörten Eltern-Kind-Beziehung wäre es vielleicht sogar besser, die Eltern wären nicht religiös, denn dadurch könnte zumindest eine negative Besetzung der Religion beim Kind vermieden werden.

Diese Erkenntnisse haben auch eine große Bedeutung für das Vorgehen der Seelsorger, denn sie hätten sicherlich eine Chance, in die Auseinandersetzung des Kindes mit den Eltern eine neue Komponente einzubringen, nämlich sich selber. Voraussetzung dafür, daß diese gewünschte Komponente eintritt, wäre eine positive emotionale Beziehung zwischen dem Seelsorger und dem Kind bzw. dem heranwachsenden Jugendlichen (vgl. Kap. 7).

Wenn wir unsere Überlegungen zum Einfluß der Neurose auf das religiöse Leben zusammenfassen, wird ein zentraler Moment besonders deutlich bewußt: die Unfähigkeit, Verantwortung für das eigene Tun und Lassen zu übernehmen. Denn auf Grund der emotionalen Zerrissenheit und Unreife, der bewußten bzw. unbewußten Angst und der daraus resultierenden Einengung, begleitet von Gefühlen der Minderwertigkeit und des Schuldigseins, kann ein solcher Mensch nicht wirklich zur Freiheit eines Christenmenschen gelangen. Es fehlt seinem Glauben die Vitalität, die Risikofreudigkeit, die expansive Kraft, sich für die Entfaltung des eigenen Lebens wie auch für die bessere Gestaltung des Zusammenlebens einsetzen zu können. Im folgenden Kapitel sollen deshalb die Ursachen und Folgen einer solchen Entwicklung ausführlich und anschaulich dargestellt werden.

Drittes Kapitel
Christentum und menschliche Entfaltung

„Du kennst die Christen nicht, willst sie nicht kennen.
Ihr Stolz ist: Christen sein; nicht Menschen.
Denn selbst das, was, noch von ihrem Stifter her,
Mit Menschlichkeit den Glauben würzt,
Das lieben sie, nicht weil es menschlich ist:
Weil's Christus lehrt; weil's Christus hat getan."

(Lessing, Nathan der Weise)

Daß menschliche Entfaltung ein guter Nährboden für das Christentum ist, wurde bereits erläutert. Nun gilt es aber umgekehrt zu prüfen, ob das Christentum auch die menschliche Entfaltung fördert. Zuerst muß man jedoch klarstellen, wie wir die „menschliche Entfaltung" definieren. Es gibt sicher Menschen, die darunter vor allem ein Leben verstehen, das sich durch Glück, Erfolg und Reichtum auszeichnet. Wir meinen aber, daß die menschliche Entfaltung mit der Selbstverwirklichung in engstem Zusammenhang steht. Jeder von uns hat nämlich in sich ein Potential, das er entwickeln soll. Jeder von uns hat ein Bild in bzw. vor sich, dem entsprechend er sich bilden, dem er ähnlich werden will, wohl im Bewußtsein dessen, daß kein Mensch sein Idealbild – in der Psychoanalyse spricht man vom Ideal-Ich – je völlig erreichen wird. Es bleibt zwischen dem, was wir sind, und dem, was wir sein wollen und sollen, immer eine ernüchternde Diskrepanz. Dennoch kann jeder Mensch seine ganz persönliche Eigenart grundsätzlich verwirklichen oder aber verfehlen. Wir wollen nun in neun Punkten einige wichtige Voraussetzungen für die menschliche Entfaltung zusammenfassen und gleichzeitig jedesmal prüfen, wieweit sich das Christentum in dieser Hinsicht als förderlich oder hemmend erweist.

1. Die Bedeutung der Startbedingungen unseres Daseins beachten lernen

Hier möchten wir mit einem Grundsatz grimmig ins Gericht gehen, den man besonders in christlichen Kreisen vorfindet, nämlich mit der Feststellung: „Ein jeder steht dort, wo er es verdient." Das glauben wir absolut nicht. Erfolg und Mißerfolg als Grundlage für die Beurteilung eines menschlichen Lebens zu nehmen, ist äußerst problematisch, denn es gibt viele Menschen, die Mißerfolg haben und im Grunde ein gutes Leben führen, und es gibt Menschen, die unendlich viel tun, denen aber der Erfolg z. B. infolge zu geringer Protektion nicht gegönnt ist. Wir müssen mit der hochmütigen Feststellung: „Ein jeder ist seines Glückes Schmied" sehr vorsichtig umgehen! Sicherlich zeigt gerade die Tiefenpsychologie auf, daß der Mensch in vielen Bereichen der geheime Steuermann seines Lebens ist. Sie erhebt somit einen hohen Anspruch bezüglich der Eigenverantwortung des Menschen für das Gelingen und Gestalten seines Lebens. Aber wir dürfen diese Verantwortlichkeit nicht ins Unermeßliche steigern, das Unbewußte entzieht sich ihr ja. Es gibt Lebenssituationen, die eine eigenverantwortliche Lebensentfaltung zumindest sehr erschweren, nicht selten auch unmöglich machen.

So gibt es zum Beispiel Menschen, denen man nicht erlaubt, das Licht der Welt zu erblicken, die schon im Mutterleib ums Leben gebracht werden. Wir müssen zur Kenntnis nehmen, daß das faktisch immer so gewesen ist und noch lange so sein wird. Solche Menschen bekommen keine Chance zu leben. An dieser Stelle möchten wir mit Respekt die große Leistung hervorheben, welche die Kirche vollbringt, um vielen Ungeborenen zu ermöglichen, das Licht der Welt doch zu erblicken. Dazu müssen wir aber noch etwas anderes sagen und damit unsere Kritik an der Kirche beginnen: Es geht nicht an, sich zwar um die Erhaltung des menschlichen Lebens im Mutterleib zu kümmern – wenn auch in einer oft rührenden Weise –, dann aber, sobald das Kind geboren ist, diesen absoluten Schutz des Lebens nicht

mehr zu forcieren. Hierin sehen wir eine große kirchliche Un-
wahrhaftigkeit und Heuchelei. Wir werden diese unsere Kritik
gleich eingehend darlegen und begründen. Jetzt nur soviel:
Wenn sich die Kirche um das geborene Leben ebenso energisch
kümmern würde wie um das ungeborene, dann sähe das Leben
vieler Menschen anders aus.

Wir möchten dazu ein Beispiel anführen: Professor Andreas
Rett kümmert sich in einer sehr menschlichen Weise um mißgebildete Kinder in Wien. Im Rahmen einer Vorlesung für Medi-
zinstudenten sagte er: „Was Hitler mit den mißgebildeten Kindern gemacht hat – bekanntlich wurden sie umgebracht –, das
war ein ungeheures Verbrechen. Aber wenn wir diese Kinder
nur ‚leben‘ lassen und uns nicht wirklich um sie kümmern, sie
vielmehr abschieben, dann begehen wir eigentlich dasselbe Verbrechen wie Hitler." Auch für nicht mißgebildete Kinder gelten
leider mitunter die Verse Eugen Roths:

> „Ein Mensch erblickt das Licht der Welt.
> Doch oft hat sich herausgestellt
> nach manchem trüb verbrachtem Jahr,
> daß dies der einz'ge Lichtblick war."

Die Startbedingungen für das Leben, die Situationen, in welche wir hineingeboren werden, sind unerhört unterschiedlich.
Von Chancengleichheit kann keine Rede sein. In weiten Teilen
der Erde muß man darauf gefaßt sein, daß Kinder verhungern,
daß sie verelenden und, falls sie überleben, mit einem schrecklichen Dasein rechnen müssen. Dies betrifft Hunderte Millionen
Menschen in unserer sogenannten Menschheitsfamilie. Diesbezüglich kann man kaum von der Chance zu einer echten
Lebensbewältigung sprechen.

Peter Handke hat in seinem Buch „Wunschloses Unglück"
ein entscheidendes Thema aufgegriffen. Er beschreibt die Chan-
cenlosigkeit des Lebens seiner Mutter, die in einen kleinen Ort
hineingeboren wurde und mit Menschen lebte, die nach Jahren
besitzloser Knechtschaft zu Kleinbauern und Handwerkern ge-

41

worden waren und die mittellos, bedürfnislos und sprachlos waren, folgendermaßen:

„Als Frau in diese Umstände geboren zu werden, ist von vornherein schon tödlich gewesen. Man kann es aber auch beruhigend nennen: jedenfalls keine Zukunftsangst. Die Wahrsagerinnen auf den Kirchtagen lasen nur den Burschen ernsthaft die Zukunft aus den Händen; bei den Frauen war die Zukunft ohnehin nichts als ein Witz. Keine Möglichkeit, alles schon vorgesehen: kleine Schäkereien, ein Kichern, eine kurze Fassungslosigkeit, dann zum ersten Mal die fremde gefaßte Miene, mit der man schon wieder abzuhausen begann, die ersten Kinder, ein bißchen noch Dabeisein nach dem Hantieren in der Küche, von Anfang an überhört werden, selber immer mehr weghören, Selbstgespräche, dann schlecht auf den Beinen, Krampfadern, nur noch ein Murmeln im Schlaf, Unterleibskrebs, und mit dem Tod ist die Vorsehung schließlich erfüllt . . . Keine Angst, außer die kreatürliche im Dunkeln und im Gewitter; der Wechsel zwischen Wärme und Kälte, Nässe und Trockenheit, Behaglichkeit und Unbehagen. Die Zeit verging zwischen den kirchlichen Festen, Ohrfeigen für einen heimlichen Tanzbodenbesuch, Neid auf die Brüder, Freude am Singen im Chor. Was in der Welt sonst passierte, blieb schleierhaft; es wurden keine Zeitungen gelesen als das Sonntagsblatt der Diözese, und darin nur der Fortsetzungsroman. Die Sonntage: das gekochte Rindfleisch mit Meerrettichsoße, das Kartenspiel, das demütige Dabeihocken der Frauen, ein Foto der Familie mit dem ersten Radioapparat . . . Sie war also nichts geworden, konnte auch nichts mehr werden, das hatte man ihr nicht einmal vorauszusagen brauchen. Schon erzählte sie von ‚meiner Zeit damals‘, obwohl sie noch nicht einmal dreißig Jahre alt war.“

Wunschloses Unglück, das heißt unglücklich sein, aber trotzdem wunschlos . . . Es heißt, das Unglück still und demütig zur

Kenntnis nehmen! Hat man uns nicht allzu oft im Namen des Christentums dazu erzogen, Unglück anzunehmen, ja es als einen Segen aufzufassen? (Siehe später in diesem Kapitel.) War es nicht ein Teil der christlichen Erziehung, daß man gesagt hat: Du mußt der von Gott eingesetzten Obrigkeit auf alle Fälle gehorsam sein! Du darfst gegen Unrecht und Unglück nicht protestieren! Du mußt wunschlos sein! Hier müssen wir mit aller Deutlichkeit sagen: Es ist eine elementare christliche Aufgabe, in dieser unserer Zeit nach den Unglücklichen zu suchen! Es ist gar nicht so schwer, sie zu finden. Wir wissen, daß sich zum Beispiel im letzten Jahrzehnt eine neue Armut entwickelt hat, eine seltsame Armut, die sich zutiefst darüber schämt, die sich verbirgt und oft mit allen Mitteln verleugnet. Solche Menschen gehen in aller Stille zugrunde, ähnlich jenen, die am Ganges dahinsterben, ohne Protest, ohne Aufruhr.

Unter den Bedingungen wahren christlichen Denkens sind wir aufgerufen, uns von jener Denkweise zu distanzieren, die immer wieder zu finden ist, und die im fatalen Spruch: „Hilf Dir selbst, dann hilft Dir Gott", zum Ausdruck kommt. Das ist wirklich ein niederträchtiger Satz, zumindest in dem Sinn, in welchem er oft gebraucht wird. Wenn man wenigstens (z. B. den von Ärzten oft alleingelassenen Krebspatienten) sagen würde: „Helft Euch selber, und ich helfe Euch dabei!" Aber der angeführte Satz heißt ja allzu oft: „Hilf Dir selber, denn mit meiner Hilfe kannst Du jedenfalls *nicht* rechnen. Du mußt allein zurechtkommen!" Das aber ist ein zutiefst unchristliches und unmenschliches Verhalten.

2. Die elterliche Erziehungsaufgabe besser wahrnehmen lernen

Wir kommen zu einer zweiten sehr wichtigen Bedingung für die Persönlichkeitsentfaltung, nämlich zu den Eltern. Kein Mensch kann sich auf der Erde seine Eltern aussuchen, jeder von uns muß sie einfach zur Kenntnis nehmen, sie sind für uns in mehrfacher Hinsicht schicksalhaft. Bevor wir aber auf die Analyse der Bedeutung der Eltern eingehen, möchten wir allen, die in der Elternsituation sind, versichern, *daß es nicht darum geht, sie anzuklagen*. Denn unser Interesse besteht nicht darin zu verurteilen, sondern darin, auf die unerhörte Verantwortlichkeit, die wir als Eltern haben, aufmerksam zu machen. Außerdem besteht immer die Möglichkeit, aus Fehlern zu lernen und Dinge, die man falsch gemacht hat, wieder gutzumachen bzw. zu korrigieren. Es ist nie zu spät! Oder, wie Franz Theodor Csokor sagte: „Immer ist Anfang!" Das scheint uns als Grundlage auch gegenüber Irrtümern und Fehlern ganz entscheidend zu sein, ist doch unser Leben in vielfacher Hinsicht immer wieder ein Neubeginn. Die folgenden Überlegungen sollen in diesem Sinn verstanden werden.

Unsere gesamte Lebensentwicklung ist wesentlich vom Verhalten der Eltern abhängig. Während sicher nur sehr wenige Eltern ihre Kinder direkt ablehnen, gibt es viele Formen elterlicher Liebe, die der kindlichen Entwicklung hinderlich sind. Es ist sehr schwer, Kinder richtig zu lieben! Franz Kafka bezeichnete sogar den Eigennutz als den tiefsten Kern der Elternliebe; zweifellos eine sehr harte Feststellung. Eltern brauchen bzw. benützen ihre Kinder aber oft wirklich für sich selber: zur Ablenkung von eigenen Problemen, als Kitt für eine unglückliche Beziehung, als Wunscherfüllungsgehilfen, als „Sündenbock" und zur Projektion eigener Wünsche. Kinder können zum Lebenssinn der Eltern werden – das klingt zwar positiv, kann aber sehr negative Folgen haben, denn *Kinder haben einen eigenen Sinn,* sie haben das Recht auf die Entfaltung ihrer eigenen Existenz. Sie haben das Recht, von uns nicht ununterbrochen geformt und „erzogen" zu werden. *Es ist unvermeidbar,* daß die Eltern durch ihre eigene Persönlichkeit, durch ihre Wünsche und Ängste ihr Kind vom ersten Tag der Existenz an bewußt und unbewußt beeinflussen, formen und verformen, aber es kommt auf den Grad dieser Beeinflussung an. Was im Extremfall herauskommt, drückt Kafka pointiert so aus: „Erst stampfen sie das Kind aus dem Boden heraus und dann stampfen sie es in den Boden hinein", weil sie das Kind nicht so lassen können, wie es sich aus sich selbst entwickeln will; weil sie es unentwegt in ihre Systeme und Zwänge hineinfügen. Nicht selten ist Erziehung die Abwehr der Eltern gegen die Kinder. Deshalb sollten wir immer wieder damit beginnen, gegenüber dem Kind umdenken zu lernen.

Das Geheimnis einer gelingenden Eltern-Kind-Beziehung heißt wohl Partnerschaft, also Achtung der Würde des Kindes vom ersten Moment an. Statt dessen aber herrscht oft eine Oben-Unten-, Groß-Klein-, Macht-Ohnmacht-Relation, welche die Kinder den Erwachsenen ausliefert und zum Machtmißbrauch verführt. Wie oft machen wir mit Kindern, was *wir* wollen?! . . . und reden uns dann durch einen recht perfiden Verdrängungsprozeß noch ein, daß wir damit ja nur das Beste für unser Kind wollten. Man müßte sich also dessen bewußt werden, daß das Beste für uns und das Beste für das Kind sehr oft keineswegs identisch sind.

Das „Machthaben" führt aber für das Kind zu einer weiteren Katastrophe. Es wird nicht nur oft willkürlich behandelt, sondern es muß mit den bestehenden Zuständen auch noch zufrieden sein, darf seine Verzweiflung nicht ausdrücken, keine wie immer geartete Kritik äußern, muß gute Miene zum bösen Spiel machen. „Wenn Du nicht brav und folgsam bist, verlierst Du unsere Liebe", lautet der Zaubersatz, mit dem Eltern jeden Widerstand, ja jede Unzufriedenheit im Keime zu ersticken vermögen, denn die Liebe der Eltern zu verlieren, bedeutet für das kleine Lebewesen das Fallen in einen bodenlosen Abgrund. Und zu schlechter Letzt verlangen die Eltern dann noch, daß das Kind all den Kummer, der ihm zugefügt wurde, vergessen muß (vgl. Alice Miller: „Du sollst nicht merken"), damit dann später das Phantom einer „märchenhaften" Kindheit entsteht, wobei wohl übersehen wird, daß ja auch die Märchen nicht „wahr" sind.

Das Besitzergreifen und Machthaben, das Nicht-ausdrücken-Lassen der eigenen Wünsche der „Kleinen", ihrer Freuden und Schmerzen, sondern deren Unterdrückung sind die Ursachen für allzuviel neurotisches Elend in unserer Zeit. Durch die Unterdrückung des kindlichen Eigenlebens und seiner vitalen Äußerungen kommt es zur Entstehung massiver Aggressionen, die das Kind aber verdrängen und in sich hineinfressen muß, wodurch die Neurotisierung entsteht. Damit beginnt jene neurotische Kettenreaktion, die wir bereits im ersten Kapitel besprochen haben und die konsequent dazu führt, daß der Mensch sein unbarmherziger eigener Feind wird und Selbstschädigung sowie Lebensverunstaltung betreibt.

Auf diese Weise werden viele Kinder geradezu vernichtet. Es wird in diesem Zusammenhang immer wieder gefragt, wie viele Menschen dies betrifft, wie hoch der Prozentsatz ist. Wir meinen, daß das Problem zu ernst ist, um mit Zahlen herumzuspielen! Ist nicht jedes neurotisierte Kind schon um eines zuviel? Es steht aber fest, daß unbeschreiblich viele kleine Lebewesen diesem Prozeß zum Opfer fallen. Wir wollen das nicht wahrhaben, weil es uns so peinlich ist; auch wird dieses Geschehen, wie wir bereits gezeigt haben, durch erzwungene Maskierung nach außen hin geschickt getarnt. Den nach Zahlen Fragenden können wir nur ein Zitat J. P. Sartres entgegenhalten, das unserer Meinung nach den Tatbestand völlig richtig wiedergibt: ,,Das Unbehagen beginnt dann, wenn kaum geliebte Kinder, *das heißt die Mehrzahl,* verblüfft feststellen, daß sie ohne Grund existieren. Der Ursprung ist die Verlassenheit des Säuglings."

Das Elend einer solchen unterdrückten Kindheit faßte Peter Turrini in folgende Worte:

> ,,Wie lange noch werde ich alles hinunterschlucken und so tun, als sei nichts gewesen?
> Wie lange noch werde ich auf alle eingehen und mich selbst mit freundlicher Miene vergessen?
> Wie lange müssen sie mich noch schlagen, bis dieses lächerliche Grinsen aus meinem Gesicht fällt?
> Wie lange noch müssen sie mir ins Gesicht spucken, bis ich mein wahres Gesicht zeige?
> Wie lange kann ein Mensch sich selbst nicht lieben?

Es ist so schwer, die Wahrheit zu sagen, wenn man gelernt hat, mit der Freundlichkeit zu überleben.''

Sehen wir uns doch das Heer der sich selbst schädigenden und zerstörenden Menschen in unseren Tagen unbeschönigt an. Denken wir an die vielen Menschen, die Selbstmord begehen mit Messer und Gabel, die sich zu Tode essen; denken wir an die vielen Menschen, die sich einen Lebensstil (= Arbeitswut, Unfähigkeit zur Entspannung) wählen, der sie alsbald ins Grab bringt; denken wir an die vielen Menschen, die alles in sich hineinschlucken und dann psychosomatisch erkranken; denken wir an die vielen kriminellen Entgleisungen mit ihren schweren subjektiven und objektiven Folgen; denken wir an die vielen Opfer von Verkehrsunfällen, die nicht selten durch lebenszerstörende Aggression und Rücksichtslosigkeit gegen sich selbst und andere verursacht werden; denken wir an die Menschen, die in den Alkoholismus und in den Drogenkonsum flüchten. Schließlich gibt es noch die Menschen, die keinen indirekten, sondern einen direkten Selbstmord begehen.

Es existieren also viele, allzuviele Menschen, deren Lebensgestaltung eine einzige Lebensverunstaltung ist. Und die größte Tragödie des Menschen besteht darin, nicht wirklich gelebt, am Leben nicht teilgenommen zu haben. Es ist ganz schrecklich, wenn man dies an sich entdecken muß, wie dies im Gedicht eines dieser gefährdeten Menschen zum Ausdruck kommt:

„Mein Tagwerk ist: mich zu begraben.
Geduldig erlernen meine Hände das Handwerk,
Stein um Stein auf meine Wünsche zu häufen,
bis die Seele erstickt ist . . .
So wächst von Stunde zu Stunde
der Hügel über mir,
bis alles nur mehr ein Denkmal ist
für ein Leben,
das nie stattgefunden hat.''

Wenden wir uns diesbezüglich nun auch der Religion zu und fragen wir uns, was sie leistet, um das Schicksal der Kinder zu verbessern.

Eigentlich sollte es da gar nichts zu fragen geben, denn Jesus von Nazareth ist immer auf der Seite der Kinder gestanden, und man könnte sogar sagen: einen größeren Kinderfreund hat es weder vor- noch nachher gegeben. Daraus müßte sich von selbst doch die Schlußfolgerung ergeben, daß auch die Kirche auf der Seite dieser Kleinen steht, „denen kein Ärgernis zugefügt werden darf". Leider ist es aber in der kirchlichen Praxis ganz anders gekommen. Diese Problematik scheint uns vom Standpunkt unseres Themas so wichtig, daß wir ihr ein eigenes Kapitel (das 4.) widmen werden.

3. Das Selbstwertgefühl pflegen

Wir brauchen zum Gelingen des Lebens vor allem ein gesundes Selbstwertgefühl. Darauf hat, wie bereits erwähnt, besonders der Tiefenpsychologe Alfred Adler aufmerksam gemacht. Wir müssen an uns selber glauben, uns selber mögen können, damit sich unsere Persönlichkeit entfalten kann. Es ist übrigens ein merkwürdiges Phänomen in unserem Sprachgebrauch, daß viele Worte, die mit „selbst" beginnen, einen negativen Beigeschmack haben. Denken wir zum Beispiel an den Gebrauch der Worte selbstgefällig, selbstherrlich, selbstbewußt, Selbstbefriedigung, Selbstbehauptung. In diesen Wortkombinationen hat das Wort „Selbst" einen eher negativen Charakter. Dagegen wird selbst-los als besonders positiv bewertet, obwohl das eine sehr problematische Sache sein kann.

Wir möchten dazu aus einem Brief eines Priesters zitieren, der die Aufgabe der christlichen Selbstverwirklichung offensichtlich völlig mißversteht: „Der Mensch ist ein Geschöpf (nicht aus sich selbst entstanden, durch Eltern nur gezeugt), abhängig von der Luft, von dem Licht und von der Wärme der Sonne, von der Nahrung, Wasser, und als solcher hat er den Plan seines Schöpfers und nicht sich selbst zu verwirklichen. Für die Mehrheit der Menschen in Österreich sind die Worte Christi maßgebend. Und Christus sagte: „Jeder Mensch muß sich selbst verleugnen (ignorieren), siehe: Mt 16, 24, und nicht jeder Mensch muß sich selbst verwirklichen.' Jeder Mensch muß den Plan Gottes verwirklichen, das Reich Gottes, die neue Welt Gottes und nicht seine Wünsche. Weil der Mensch nicht aus sich selbst existiert und lebt, darf er auch nicht nur für sich selbst rücksichtslos leben. Weil er aus sich selbst nichts ist, macht er sich lächerlich, wenn er dieses Nichts verwirklichen will." (Siehe auch unter Punkt 4.)

Es ist entscheidend, daß wir in der Kindheit lernen können, uns selbst zu bejahen, daß wir eine positive emotionale Beziehung zu uns selber bekommen. Das können uns die Eltern ermöglichen, aber auch sehr schwermachen. Wenn zum Beispiel Eltern dem Kind immer wieder direkt oder indirekt mitteilen: „Du kannst nichts, aus Dir wird nichts, Du bist ein Versager, Du bist dumm, aber Deine Geschwister sind tüchtig!" usw., dann kann schwerlich Selbstvertrauen entstehen. Solche Eltern tun oft alles, um das Selbstwertgefühl eines Kindes herabzusetzen. Sie untergraben dadurch den Glauben des Kindes an sich selbst und seine Fähigkeiten, und es steht dann oft zutiefst entmutigt im Leben.

Sehen wir uns doch Menschen an, die sich ihr Leben nehmen, die Selbsttötungshandlungen als letzten Ausweg aus einem unerträglich erscheinenden Leben wählen: Sie haben das Grundgefühl, daß ihr Sein oder Nicht-Sein der Umwelt egal ist. Nicht selten sind sie davon überzeugt, daß sie niemand liebt, niemand braucht, niemand schätzt, daß sie völlig überflüssig sind. Es ist unendlich wichtig, daß wir einem Kind und später dem Erwachsenen das Gefühl vermitteln können: Du bist wichtig für mich, ich brauche und schätze dich, du bist wertvoll. Bert Brecht hat dies in seinem Liebesgedicht „Morgens und abends zu lesen" wunderschön ausgedrückt:

„Der, den ich liebe,
hat mir gesagt
Daß er mich braucht.
Darum
Gebe ich auf mich acht,
Sehe auf meinen Weg und
Fürchte von jedem Regentropfen,
Daß er mich erschlagen könnte."

Ein Mensch, der in einer derartigen Beziehung lebt, ist sicher nicht selbstmordgefährdet! Der eine von uns hat sich jahrzehntelang mit dem Problem des Selbstmords und der Selbstmordverhütung beschäftigt; es ist ihm ein besonderes Anliegen gewesen. Er hat in diesem Zusammenhang mit vielen Eltern gesprochen, deren Kinder Selbsttötungshandlungen durchführten. Diese Eltern berichteten manchmal ehrlich, daß sie ihre Kinder auch abgelehnt haben, daß sie in Streitsituationen gesagt hätten, es wäre für das Kind und sie selber besser, wenn das betreffende Kind nicht geboren worden wäre, usw. Sie hätten diese Äußerungen natürlich nicht ernst gemeint, es „nur so" im Zorn gesagt, und eigentlich liebten sie ihr Kind doch. Das ist zwar als Ausrede und Erklärung verständlich, aber die Wirkung der sprachlichen Äußerung der situationsbedingten Ablehnung wurde von den Eltern maßlos unterschätzt! Schon im Alten Testament heißt es so richtig: „Leben und Tod stehen in der Zunge Gewalt!" Zwar ist jede Aussage widerruflich, und es ist ein Segen, daß es die Möglichkeit gibt, eine unglückliche Äußerung korrigieren und widerrufen zu können („Denn ihre Worte sind gesegnet mit dem Segen der Widerruflichkeit", dichtete Hofmannsthal in der „Frau ohne Schatten"), aber manche Aussagen bleiben doch ein Leben lang ungeheuer maßgebend; sie sitzen uns sozusagen in den Knochen; wir werden sie nicht los.

Es ist also wichtig, daß wir lernen, an uns selber zu glauben. Treffend hat R. D. Laing im folgenden „Knoten" den Prozeß des Entstehens des Selbstwertgefühls beschrieben:

50

„Meine Mutter liebt mich.
Ich fühle mich gut.
Ich fühle mich gut, weil sie mich liebt.
Ich bin gut, weil ich mich gut fühle.
Ich fühle mich gut, weil ich gut bin.
Meine Mutter liebt mich, weil ich gut bin.
Meine Mutter liebt mich nicht.
Ich fühle mich schlecht.
Ich fühle mich schlecht, weil sie mich nicht liebt.
Ich bin schlecht, weil ich mich schlecht fühle.
Ich fühle mich schlecht, weil ich schlecht bin.
Ich bin schlecht, weil sie mich nicht liebt.
Sie liebt mich nicht, weil ich schlecht bin."

Durch die Liebe, die wir erfahren, entsteht unser Selbstwertgefühl bzw. durch mangelnde Liebe entwickelt sich ein entsprechendes Minderwertigkeitsgefühl. Die Erfahrung des Geliebtwerdens führt zu Selbstvertrauen und zu einem guten Selbstgefühl; Nichtgeliebtwerden bewirkt eine Selbstablehnung. Das Gefühl, selber nichts wert zu sein, zu nichts zu taugen, ist ein schrecklicher Zustand. Er führt zu einer entsprechenden Lebensverunstaltung, deren Leitlinie der Minderwertigkeitskomplex bildet.

Damit kommen wir zu einer sehr wichtigen Aufgabe. Es gibt besonders in katholischen Kreisen immer noch die Einstellung, daß es für ein Kind nicht gut ist, gelobt zu werden. Man fürchtet, daß es dadurch hochmütig und stolz und deshalb kein bescheidener und demütiger Mensch werden könnte. Doch mit Hochmut hat es überhaupt nichts zu tun, wenn wir einen gesunden Stolz entwickeln, an uns selber glauben und ein gutes Selbstwertgefühl bekommen. Wir wissen genau, daß man nur durch die Liebe, das Lob und die Anerkennung anderer Selbstvertrauen und eine gesunde Eigenliebe erwerben kann.

Wer aber in seinem Selbstwertgefühl Schaden erleidet, wer gedemütigt und entmutigt wird, wer herabgesetzt und für dumm erklärt wird, der wird einen Minderwertigkeitskomplex entwickeln *und eben dadurch überwertig selbstbezogen sein.* Ein Mensch mit einem gesunden Selbstwertgefühl hat es nicht nötig, egozentrisch im Leben zu stehen. Er wird sich nämlich insofern auf sich selbst verlassen, als er Begegnungen mit anderen erleben kann, ohne dabei immer wieder allzuviel für sich fordern zu müssen. Wer selbstsicher ist, kann anderen Menschen aufgeschlossen entgegenkommen, kann tolerant sein, kann Kritik annehmen und großzügig sein. Wer aber unsicher ist und ein schwaches Selbstwertgefühl hat, der beginnt, egoistisch zu werden, denn er bedarf ja andauernd einer Stärkung seines Ichs. Diese Selbstunsicherheit ist somit, wie Adler nachweisen konnte, die Voraussetzung dafür, daß man ein starkes Geltungs- und Machtstreben entwickelt. Alle Menschen mit einem übertriebenen Geltungsbedürfnis sind im Tiefsten ihrer Seele verunsicherte Menschen, die nicht wirklich an sich glauben können, die nicht in sich selbst ruhen, weil sie sich minderwertig fühlen. Sie machen in der zwischenmenschlichen Begegnung den anderen meist unbewußt zum Objekt. Sie benützen ihn zur eigenen Aufrichtung und Selbsterhöhung. Die Egozentrizität ist also mit Macht- und Geltungsstreben verbunden und Ausdruck einer oft unbewußten Ich-Unsicherheit, die dadurch überkompensiert wird. Nur das Minderwertigkeitsgefühl verleitet paradoxerweise dazu, hoffärtig, überheblich und stolz zu werden.

4. Selbsterkenntnis als Voraussetzung der Gemeinschaftsfähigkeit fördern

Weiters ist die Ausbildung der Gemeinschaftsfähigkeit für die Lebensgestaltung und Selbstentfaltung von schicksalhafter Bedeutung. Denn es ist ganz entscheidend, daß wir nicht ich-haft, sondern wir-haft im Leben stehen, wie das besonders Fritz Künkel, ein adlerianischer Psychologe und Pastor, betont hat. *Echte menschliche Entfaltung hat mit gewaltsamem Sich-Durchsetzen nichts zu tun.* Sie erfüllt und bewährt sich vielmehr in der

Begegnung mit dem Du und in der Formung des Wir. So werden wir fähig, in eine Gemeinschaft hineinzuwachsen und einen Beitrag für das Leben und die Entfaltung dieser Gemeinschaft zu leisten.

Die Familie stellt ein gutes Modell dieser wir-haften Existenz dar, unabhängig von den unterschiedlichen Formen, die es gegeben hat und gibt. Denn der Mensch entwickelt sich niemals isoliert, sondern nur in einer Gemeinschaft, wobei in der frühen Kindheit die gute Beziehung zwischen der schicksalhaften Dreiheit Kind – Mutter – Vater von elementarer Wichtigkeit für das Gelingen der Selbstentfaltung ist. Denn die soziale Entfaltung beginnt zwar in der Beziehung Kind – Mutter, erfährt aber eine wichtige Ergänzung durch das Hinzukommen des Dritten. Hier erlebt das Kind die erste Konkurrenzsituation im Kampf mit dem gleichgeschlechtlichen Elternteil um den entgegengesetztgeschlechtlichen Elternteil. Hier erlernt es in der Bewältigung dieser Problematik durch Identifikation mit dem gleichgeschlechtlichen Elternteil die eigene Geschlechtsrolle zu bejahen und eine Gemeinschaft zu formen, die keinen aus der Dreiheit ausschließt; eine entscheidende Voraussetzung für die spätere Gemeinschaftsfähigkeit.

Diese äußert sich ganz besonders in der Bereitschaft und Fähigkeit zur Kommunikation, zum Dialog, zum fairen Austragen von Konflikten. Es gibt ein Gesetz der sozialen Perichorese, also der gegenseitigen Durchdringung. Das heißt, daß jede Begegnung ein wechselseitiges Geben und Nehmen einschließt, denn jede gesunde Beziehung beruht auf einem Austausch, ja, sie lebt davon und wird dadurch gefestigt. Je unsicherer wir in unserem Selbstbewußtsein sind, desto weniger können wir geben, desto mehr müssen wir nehmen. Beispielsweise benützt eine Frau, deren Beziehung zu ihrem Mann sehr unglücklich ist, oft das Kind zur Überkompensation des eigenen Unglücklichseins. Solche Kinder müssen nicht selten als Ersatzobjekt dienen, denen nur scheinbar sehr viel echte Zuneigung gegeben wird. Das Kind kann und darf aber kein Ersatz des Ehepartners sein!

Alfred Adler spricht von drei wichtigen Lebensaufgaben, deren Bewältigung für das Gefühl, daß das Leben glückt, wesentlich ist:

1. Die Gestaltung befriedigender Liebesbeziehungen in Freundschaft, Ehe und Familie;
2. die Fähigkeit und Bereitschaft zur beruflichen Arbeit;
3. die Anteilnahme und Mitwirkung an der Gestaltung des Zusammenlebens in der Gemeinschaft.

Menschen, die sehr ichhaft sind, werden in diesen drei Bereichen vielfach Schiffbruch erleiden, sich selber und andere ins Unglück stürzen. Deshalb ist es so wichtig, daß wir geben und nehmen lernen.

Besonders das Beziehungsleben, das zum erfüllendsten im menschlichen Leben zählt, ist von zahlreichen Gefahren, von Enttäuschungen, von Scheitern, Routine und Erstarrung bedroht. Die Beziehungsfähigkeit wächst nur mit der Erweiterung der Grenzen unseres Ichs, keineswegs aber mit zunehmender „Selbstlosigkeit"! Der Pastoralmediziner A. Niedermeyer sagte treffend: „Wenn Sie mit einem Menschen zu tun haben, der sagt, daß er nichts für sich will, nur alles für andere tun möchte, dann seien Sie besonders vorsichtig! Denn solche Menschen kennen sich selber nicht und wollen viel mehr für sich selber, als sie glauben. Wer sich nämlich für selbstlos hält, ist ganz besonders selbstisch, wenn auch auf versteckte Weise."

Selbstlose Menschen, das sind eigentlich solche, die ihr Selbst los sind, die es entweder noch nie besessen oder aber verloren haben – und das ist ein schrecklicher Zustand! Wir haben nicht nur das Recht, sondern auch die Pflicht, auch für uns selbst etwas zu wünschen, zu wollen und zu tun. Beziehungen mit solchen selbstlosen Menschen gehen am schnellsten zugrunde, weil vieles in ihrem psychischen Haushalt nicht stimmig ist. Vor allem haben diese Menschen sehr wenig *Selbsterkenntnis*, und ihr falsches Selbstbild belastet jede Beziehung. Dazu möchten wir ein Gedicht von Peter Turrini zitieren, das ebenfalls in seinem Gedichtband „Ein paar Schritte zurück" enthalten ist. Er

bringt darin Einsichten zur Sprache, die er in seiner Psychoanalyse noch vertieft hat:

"Ich möchte meine Feinde so lange lieben,
bis sie unter meiner Liebe zusammenbrechen.
Ich möchte meiner Freundin so lange verzeihen,
bis sie an ihrer Schlechtigkeit verzweifelt.
Ich möchte meinen Freunden so lange helfen,
bis sie ihre Unfähigkeit einsehen.
Ich möchte mit allen Mitteln ein guter Mensch sein."

Dieses "Um-jeden-Preis-ein-guter-Mensch-sein-Wollen" kann
also einen sehr bedenklichen Beigeschmack haben!

Wir möchten diesbezüglich wieder auf das Thema Religion
zurückkommen. In den Worten: "O Herr, ich bin nicht würdig,
daß du eingehst unter mein Dach, aber sprich nur ein Wort, so
wird meine Seele gesund", drückt sich Selbstkonfrontation, das
Bewußtsein christlicher Demut und das Bekenntnis unserer
Schwäche aus – hoffentlich nicht bloß als Lippenbekenntnis,
sondern als ehrliche Selbsteinsicht, und hoffentlich auch nicht
als masochistische Selbstentwertung! Denn mangelnde Selbsterkenntnis führt nicht selten zur Selbstschädigung, sei es auf
Grund falscher Selbsteinschätzung oder unbewußter Schuldgefühle. Es ist eine ungeheure Verpflichtung des Menschen, ein
ganzes Leben lang an sich selber zu arbeiten, sich selber immer
besser zu erkennen, mit seinen Stärken und Schwächen umgehen zu lernen. In Raimunds "Alpenkönig und Menschenfeind"
heißt es so schön: "Du begehst die schlimmste Sünde, die es
gibt. Du kennst dich selber nicht!" Es ist eigentlich die zentrale
Aufgabe der Tiefenpsychologie, die menschliche Selbsterkenntnis voranzutreiben. Dies heißt aber auch immer wieder: Gehe
mit dir selber ins Gericht! Schaue dir selber ins Angesicht!
Mach dir über dich selbst nichts vor; lerne zuerst, dich mit all
deinen Licht- und Schattenseiten anzunehmen! Dieser Prozeß
tut weh, weil wir alle sehr viel mehr Negatives in uns haben, als
wir gern wahrhaben wollen. Diese Selbstkonfrontation ist ohne

Zweifel schwer auszuhalten, aber sie kann unendlich heilsam sein.

Es ist auffällig, daß die von Freud, Adler und Jung begründete Tiefenpsychologie diesbezüglich das gleiche fordert wie die christliche Religion, nämlich: Erkenne dich selbst, gestehe deine Fehler, Schwächen und Irrtümer ein! Die Tiefenpsychologie lehrt nämlich, daß man nur von dem überwältigt werden kann, was man ins Unbewußte verdrängt hat und das sich daher der eigenen Kontrolle entzieht.

Deshalb ist es wichtig, das Bewußtsein zu erweitern, damit uns destruktive Tendenzen nicht überwältigen oder als Projektionen nach außen gelangen und dann am „Feind" bekämpft werden, sondern in uns selber! Diese große Aufgabe stellt uns die christliche Religion ebenso wie die Tiefenpsychologie. Beide können daher auf ihre Weise zu unserer Vermenschlichung beitragen. Wie wichtig die Arbeit an unserem eigenen Schatten ist, das sagt Grillparzer treffend: „Kein Mensch ist gut. Das Böse will sein Recht. Und wer's nicht beimischt tropfenweis' dem Guten, den wird's gesamt in einem überfluten." Wer also in sich nur das Gute wahrnimmt, der hat das Negative in sich nur verdrängt, und dieses wird sich umso zerstörerischer äußern. Nur die Auseinandersetzung mit allen unseren guten und schlechten Tendenzen kann diese destruktiven Ausbrüche verhindern.

Es war eine Niedertracht sondergleichen, der Tiefenpsychologie in die Schuhe zu schieben, sie wolle die verdrängten Triebwünsche nur deswegen in das Bewußtsein zurückführen, damit diese endlich einmal richtig „ausgelebt" werden könnten. Das gerade Gegenteil ist wahr: Das Ziel dieser Bewußtseinserweiterung ist die bessere Kontrolle über den Triebbereich, gemäß dem unsterblichen Wort Sigmund Freuds: „Wo Es war, soll Ich werden."

Wir haben in diesem Jahrhundert entsetzliche Katastrophen erleben müssen. Das Volk der Dichter und Denker ist innerhalb von kurzer Zeit zu einem Volk der Richter und Henker geworden, weil das verdrängte Negative sich der Auseinandersetzung und Kultivierung entzogen hat und in dämonischen Projektionen nach außen gedrungen ist, als millionenfaches Morden Gestalt angenommen hat. Auch die Projektion der unbewußten Wünsche auf einen Führer, der alle diese Wünsche erfüllen sollte, war daran beteiligt. Diese Sündenbockprojektionen können im Großen wie im Kleinen immer wieder schreckliche Konsequenzen haben. Nur echte Selbsterkenntnis wird uns fähig machen, wir-haft zu sein, über die Grenzen eines allzu engen Ichs hinauszuwachsen und andere Menschen nicht für unsere Zwecke zu mißbrauchen. Wenn wir uns selbst erkannt haben, können wir andere vor uns „warnen", daß sie sich nicht zuviel von uns versprechen, daß sie mit diesen oder jenen Schwächen zu rechnen haben. Erst dadurch wird es uns möglich, den Teufelskreis von Idealisierungen und Verteufelungen bzw. Entwertungen zu durchbrechen. Arthur Schnitzler sagte einmal: „Wenn mich einer tadelt, dann habe ich ein gutes Gegenmittel: ich habe mich selbst schon vorher erkannt! Wenn man kritisiert wird, weiß man dann schon in etwa, wie berechtigt die Kritik ist, und wenn man gelobt wird, weiß man auch, wie relativ die Berechtigung dieses Lobes ist." In klassischer Weise hat das Friedrich Nietzsche formuliert: „Eure Freunde seien eure besten Feinde!"

Denn freundschaftlich geäußerte Kritik ist viel leichter anzunehmen als feindselige Kritik, die meist nur zur Selbstverteidigung, selten zur Selbsteinsicht führt. So können wir lernen, im anderen den Bruder zu sehen. Und in dem Maße, wie wir fähig sind, die eigenen Schwächen nüchtern zu akzeptieren, können wir auch die Schwächen unserer Nächsten annehmen.

Alexander Mitscherlich hat sich besonders dafür eingesetzt, daß wir in einen aufschlußreichen, nüchternen und ehrlichen Dialog mit uns selbst eintreten, daß wir auch auf unsere Vergangenheit zurückblicken und uns mit unseren Fehlern und Schattenseiten auseinandersetzen. Zweifellos gibt es viele Dinge in unserem Leben, angesichts derer man sagt: Das kannst du doch nicht getan haben, das ist doch unmöglich! Und doch hat man es getan, war in Irrtum befangen, war verblendet usw.

Dabei ist es unvermeidbar – vorausgesetzt, daß wir nicht „verdrängen" –, daß wir von Trauer über Verfehlungen ergriffen werden. Diese Einsicht in eigenes Versagen, in Irrtümer – und mögen sie so tragisch sein wie die des deutschen Faschismus – ermöglicht erst echte Toleranz dem Versagen anderer gegenüber und gibt die Kraft, an der besseren Gestaltung des Lebens zu arbeiten.

Irren ist aber nicht nur menschlich, sondern eine Notwendigkeit für die Lebensgestaltung. Irren ist auch eine Gnade! Wenn ein Mensch glaubt, nicht irren zu dürfen oder zu können, dann wird er ein Unmensch. Das gilt ebenso bezüglich der Sünde. So heißt es im Neuen Testament: „Der Gerechte fällt siebenundsiebzigmal am Tag." Er kann allerdings aus seinen Fehlern, aus seinen Verfehlungen lernen. Das allein ist menschlich und menschenwürdig.

Es wurde schon darauf hingewiesen, daß in der Tendenz zur Intensivierung von Selbsterkenntnis Tiefenpsychologie und Religion eigentlich einig sein müßten. In der Praxis ist dies aber leider oft nicht so. Die Beichte – an und für sich ein gutes Instrument zur Selbstkonfrontation – entartet allzuleicht in ein seelenloses Aufsagen; aus dem nötigen Dialog wird dann ein Monolog, der ohne Resultate einer echten Einsicht abläuft. Wenn die Selbstbezichtigung nur formalistisch erfolgt, bleibt sie an der Oberfläche und im Sinne einer Veränderung wirkungslos. Die Tatsache, daß die Kirche selbst vor Gedankensünden warnt, ist geradezu eine Aufforderung, Unerlaubtes nicht anzurühren und weiter zu verdrängen. Tragischerweise bleibt so der Effekt der Selbsterkenntnis, der eigentlich in der christlichen Religion besonders enthalten ist, mit all seinen Chancen für die menschliche Entfaltung weitgehend ungenützt.

5. Erziehung zur Solidarität

Hier möchten wir noch einen weiteren Aspekt der menschlichen Entfaltung behandeln, nämlich die Bedeutung der *Solidarität*.

Die Wir-Haftigkeit zeigt sich nämlich ganz entscheidend in der Haltung der Solidarität, und der Prüfstein für diese ist immer der Schwache! Wir sind so wir-haft bzw. solidarisch, wie wir mit den Schwachen, den Ausgestoßenen, den Zurückgesetzten, den Gedemütigten mitfühlen und uns ihrer annehmen, sie nicht fallenlassen, sondern uns ihnen helfend zuwenden. Davon war schon im Zusammenhang mit den Kindern die Rede. Doch es gibt zahlreiche Angehörige von Minderheiten, die gänzlich unberechtigt auch zu Minderwertigen erklärt werden, überall in der Welt. Oft genügt es schon, wenn jemand „anders" ist, daß er zum Ausgestoßenen, zum Feind, zum Sündenbock gestempelt wird: Menschen, die eine andere Sprache sprechen (Slowenen!), die einer anderen Rasse angehören, eine andere Hautfarbe haben, eine andere Religion vertreten, aus einer niedrigeren „Klasse" kommen, Alte, Kranke (besonders psychisch Kranke), Außenseiter, die eine von der „Allgemeinheit" abweichende Ansicht vertreten, Inhaftierte, Arbeitslose, Hungernde, Behinderte . . . Die Liste ließe sich fortsetzen, ohne je ein Ende zu finden, weil der Mensch unendlich erfindungsreich ist im Installieren von Verfemten!

„Wo Gefahr ist, wächst das Rettende auch", hat Hölderlin einst wunderschön gedichtet. Für unsere Zeit trifft dies leider *nicht* zu; zu groß ist die Diskrepanz zwischen bitterer Not und viel zu geringer Hilfe.

Zweifellos würde jeder, welcher sich der Not des anderen annimmt, auch einen wichtigen Beitrag nicht nur zur Verbesserung der Welt, sondern auch zu seiner eigenen menschlichen Entfaltung leisten, gemäß dem treffenden Ausspruch von Marie von Ebner-Eschenbach: „Die Menschen, denen wir Stütze sind, die geben uns den Halt im Leben." Dennoch bleibt es gewöhnlich beim Konjunktiv.

Gerade zu diesem Punkt könnte das Christentum einen, ja, *den* entscheidenden Beitrag leisten, ist doch diese Solidarität nichts anderes als praktizierte Nächstenliebe, das wichtigste christliche Gebot. Auch hier aber besteht zwischen Theorie und Praxis seit langem eine beträchtliche Diskrepanz. Die christliche Erziehung versagt bei der Belebung des so entscheidenden Gefühls der *Betroffenheit,* bei der Intensivierung der Phantasie für die Entdeckung immer wieder neu entstehender Gruppen der Diskriminierung und Verelendung. In vergangenen Zeiten haben sich stets neue Ordensgemeinschaften entwickelt, die zeitbedingte aktuelle Nöte bekämpften; heute sind solche Institutionen die seltenen Ausnahmen. Man bleibt vielfach aus Tradition und Behauptungstendenz Aufgaben verpflichtet, die schon längst ihre praktische Bedeutung verloren haben. Umso mehr möchten wir hier ein leidenschaftliches Plädoyer *für die Intensivierung einer spezifischen Seelsorge für all diese Bedrohten halten!* Vergessen wir doch nicht, daß es nur folgerichtig ist, wenn sie sich als Stiefkinder Gottes empfinden: Jeder, der ihnen im Namen Gottes begegnet, hilft nicht nur auf der natürlichen, sondern auch auf der transzendentalen Ebene; er kann gleichsam ein Bote Gottes werden. Als es dem einen von uns gelang, im Jahre 1951 die Psychiatrische Universitätsklinik Wien mit einem eigenen Seelsorger „auszurüsten" (diese Institution besteht bis heute; sie hat sich glänzend bewährt – betrüblich ist aber die Tatsache, daß es die einzige Klinik mit einem eigenen Seelsorger geblieben ist), hat es viele, auch prominente kirchliche Stimmen gegeben, die gesagt haben: „Ein Seelsorger für die ‚Narren', das ist doch eine ‚Vergeudung', noch dazu beim heute bestehenden Priestermangel!" Da fällt uns wirklich nichts anderes dazu ein als das Wort eines unserer Patienten: „Die Kirche züchtet sich ihre Atheisten selber."

Vor einiger Zeit schrieb Gorer: „Hauptsächlich durch seinen sich überall verbreitenden Einfluß hat Freud unsere Haltung gegenüber Kindern, der Kinderpflege, der Erziehung, gegenüber den Kranken, den ‚Verbrechern', den Geistesgestörten tiefgehend verändert. Weil Freud gelebt hat, werden die Schwachen und Unglücklichen oft mit einer Sanftmut und Barmherzigkeit behandelt, die eine der wenigen Veränderungen im Geistesklima unseres Jahrhunderts darstellen, derer man sich nicht zu schämen braucht." Man muß sich zutiefst schämen, wenn man als Christ diese Zeilen liest. Daß Freuds Kommen für Medizin und Wissenschaft eine Notwendigkeit war, steht heute fest. Daß sein Erscheinen aber nötig war, um uns Sanftmut und Barmherzigkeit zu lehren, kann nur erklärt werden mit einem schrecklichen Versagen des Christentums, durch dessen Begründer gerade diese beiden Tugenden besondere Bedeutung erlangt haben.

Wir aber möchten diesen Punkt mit einem Gedicht von Christine Lavant beschließen:

„Am Fensterblech läutet der Abendregen.
Mein Teppich aus braunem Packpapier
ist voll von ermüdeten Faltern.
Daß ich nur keinen zerknie in Gottes Namen!
Mein Augenlicht ist ja schon schwach geworden
in den letzten bitteren Wochen.
Was werden wir beten, Herz, solange es läutet?
Zuerst für die Seelen im Fegefeuer,
dann für alle, die am Verzweifeln sind:
Zuchthäusler, Krebskranke und Tuberkulose.
Nicht die gefangenen Tiere vergessen,
die eingehn an Heimweh und Entsetzen!
Aber wir müssen noch weiterknieen
für die lange Reihe der geistig Verwirrten
auf den gläsernen Stufen der Schwermut,
bis hinab zum höllischen Irrsinn.
Ist das überstanden, dann helfe uns Gott,
daß uns einfällt jeder gewesene Freund,
jeder Wohltäter auch, denn ohne sie wären wir jetzt
mitten im Regen und hätten kein Dach überm Kopf,
nur Elend außen und innen."

6. Nicht einseitig, sondern dialektisch denken lernen

Eine auf den ersten Blick banal wirkende These für die Entfaltung der menschlichen Persönlichkeit möchten wir so formulieren: Nicht einseitig sein! Der Theologe Romano Guardini hat uns eine „Philosophie der Gegensätze" nahegebracht, die dem Leben, das sich in konflikthaften Gegensätzen gestaltet, am ehesten entspricht. Leben heißt, Gegensätze in sich vereinen, aushalten und austragen können. Es ist entscheidend für die Bewältigung des Lebens, daß wir uns den inneren und äußeren Gegensätzen stellen, uns mit ihnen auseinandersetzen, sie integrieren lernen. Friedrich Heer hat auf die Gefahr hingewiesen, die in einer eindimensionalen Existenz liegt. Wir müssen alle Gegensätze in uns wahrnehmen und erkennen; wir müssen damit rechnen, daß wir geistige und körperliche Wesen sind, die einerseits tief im Reich der Tiere wurzeln, die sich andererseits aber hoch erheben können. Wir müssen sowohl unsere Vernunft, unsere Ratio, als auch unsere Gefühle, unsere Emotionen, kultivieren. Es ist gefährlich, einseitig das Rationale zu entwickeln, denn dann werden wir zu emotionalen Idioten und zu Analphabeten des Gefühls.

Selbstverständlich wäre es genauso schlecht, nur die Emotionalität zu fördern und auf die Stärkung der rationalen Kontrolle zu vergessen. Aber wir müssen dennoch darauf hinweisen, daß in unserer gefühlsverarmten Zeit die Bedrohung durch eine einseitige Rationalität viel größer ist.

Ein ähnliches Gegensatzpaar besteht darin, daß wir sowohl Individuen als auch Gemeinschaftswesen sind. Es ist ebenso wichtig, die eigene Individualität zu entfalten wie den Gemeinschaftssinn und eine kreative Anpassung an die Gemeinschaft. Es wäre falsch, einen Individualismus zu fördern, aber ebenso falsch, einem bloßen Kollektivismus zu huldigen (Vermassung).

Der Vielschichtigkeit und Buntheit unseres Lebens würde es entsprechen, daß wir dialektisch denken lernen. In dieser Hinsicht müssen wir auch die herrschende christlich-religiöse Erziehung entscheidend korrigieren, denn sie betont zu sehr den Verstand und den Willen. Sie unterdrückt oft den emotionalen und triebhaften Bereich, der dadurch nicht entfaltet und zu wenig in die Person integriert wird. So kann es zur Verdrängung vitaler

Kräfte kommen – das Leben wird leer, farblos, energielos und verstümmelt. In dieser Erziehung fällt auf, daß man vieles zu genau weiß, daß alles in Gut und Schlecht eingeteilt wird, ohne Sinn für die Verwobenheit dessen, was man gut und böse nennt. Es ist ein Schwarz-Weiß-Schema, eine Freund-Feind-Einteilung, die dieses Denken beherrscht und nicht selten zu tödlichen Vereinfachungen führt, denn die kirchliche Lehre ist zu sehr erstarrt und festgelegt; sie gibt fast auf alle Fragen fertige Antworten.

Wir dürfen aber nicht auf alles eine präparierte Antwort haben – die Dinge des Lebens sind nicht so „einschichtig", wie diese Simplifizierungen es glauben machen. Wir müssen diesbezüglich bescheidener, offener, vorsichtiger werden. Es bleibt uns nicht erspart, Dinge neu zu überdenken, wenn wir uns selbst, anderen Menschen und vor allem dem Gott des Neuen Testamentes gerecht werden wollen. Einseitigkeiten mögen bequem sein, sie sind aber letztlich lebensfeindlich. Wir kommen nicht darum herum, daß wir immer wieder um Klarheit ringen müssen, daß uns Entscheidungen abverlangt werden, die nicht von vornherein vorurteilsartig feststehen; nur so dienen wir der Lebensentfaltung, der eigenen wie der anderer Menschen.

In diesem Sinne möchten wir besonders angesichts der heute so entscheidenden Fähigkeit (siehe 6. Kapitel), für den Frieden im Kleinen wie im Großen arbeiten zu lernen, noch einmal Friedrich Heer zitieren:

„Für mich ist Frieden ein Leben in Konflikten . . . Wer Frieden bedenken und leben will, muß immer wieder ausgehen von dem großen Wort des Heraklit, polemos pater panton, das heißt nicht, wie es die deutschen Professoren und Gymnasiallehrer im 19. und 20. Jahrhundert verballhornt haben: Der Krieg ist der Vater aller Dinge. – Sondern: Der *Gegensatz,* der zu allem Leben, aller Wirklichkeit, aller Menschenwirklichkeit dazugehört, dieser Gegensatz ist es, der in allem lebt und treibt . . . Friedensarbeit . . . ist die Integrierung, zu deutsch die Einformung,

die Einschmelzung von Wut und Haß und Aggression ...
des ganzen Menschen ... Diese farblosen, konfliktschwachen, selber neurotischen armen Teufelchen, die als Friedensengelchen entwurzelt herumfliegen, herumreisen in
der Welt? Nein! Nein! Nur konfliktreiche, konfliktstarke,
also ihrer eigenen Konflikte bewußte Menschen sind fähig
zur Freude, es mit ganz anderen immer wieder neu aufzunehmen, und fähig, die Berührungsängste zu überwinden,
um möglichst hautnah an einen Gegner, den sogenannten
Feind, heranzurücken ... Der eigene Innenraum muß
wachsen, damit ich mehr Konflikte aufnehmen kann ...
Wir brauchen die Wahrnehmung, das heißt die Hereinnahme der Gegner in die eigene Existenz, so daß die Konflikte der Gegner in uns selbst arbeiten ... Die Sache des
Friedens heißt: In den Konflikten leben, die ganz großen
in Schwebe halten, sich etwas einfallen lassen und sich auf
den Gegner einlassen, immer wieder, immer wieder, unser
ganzes Leben."

7. Kreativ leiden lernen

Für die Persönlichkeitsentfaltung ist es weiters entscheidend,
daß wir uns mit dem Phänomen des menschlichen Leidens auseinandersetzen. Das Leiden ist ein Element des menschlichen
Seins, mit dem sich zu versöhnen zweifellos eine extreme Herausforderung sein kann. So wie wir auch lernen müssen, allein
sein zu können – obwohl das nicht das Ziel der menschlichen
Existenz darstellt –, um lebensfähig und beziehungsfähig zu
werden, so können wir auch lernen, kreativ zu leiden – so ab-
surd das auch klingen mag. Keinem Menschen bleibt Leiden
erspart. Das Leben ist lebensgefährlich, und es stellt uns immer
wieder an den Rand des Abgrundes. Niemand von uns weiß,
was ihm morgen widerfahren wird. Bert Brecht sagt mit Recht:
„Der Lachende hat die furchtbare Nachricht nur noch nicht
empfangen."

In unserem Sprachgebrauch hat das Wort Krise eigenartigerweise einen bloß negativen Aspekt. Im Chinesischen dagegen setzt sich das Wort für Krise aus zwei Schriftzeichen zusammen, aus dem Wort für Gefahr und dem Zeichen für Chance! Das entspricht dem Leben viel besser als unsere einseitige, negative Einstellung gegenüber Krisen. Jede menschliche Krise birgt also eine Gefahr und eine Chance in sich! Das Durchmachen von Krisen und von Leiden ist für unser Wachstum, für die persönliche Entfaltung notwendig.

Es scheint paradox zu sein, jedoch der eine von uns kann aus persönlicher Erfahrung sagen: „Meine Gehbehinderung hat mich erst gelehrt, zu gehen, geistig zu gehen . . . Erst dadurch bin ich in die richtige Bewegung gekommen." Dazu gibt es noch zahllose andere Beispiele. Manche Menschen sind erst durch ihre Erblindung „sehend" geworden. Ein orientalisches Sprichwort sagt dies sehr schön: „Das Leiden macht uns nachdenklich, das Nachdenken macht uns weise, und die Weisheit macht unser Leiden erträglich."

Leid kann dann sehr sinnvoll und sehr wichtig für die Lebensentfaltung sein, wenn wir uns diesem Leiden stellen, wenn wir uns von ihm herausfordern lassen aus einer möglicherweise bequemen, kleinen Welt. Aber dies wird nur dann gelingen, wenn wir in unserem Leiden nicht alleingelassen werden, wenn wir Unterstützung bekommen. Es ist eine besonders wichtige Erfahrung, wenn man in einer Krise erlebt, daß Menschen zu einem stehen, daß man nicht im Stich gelassen wird! Eine solche Erfahrung kann man nie vergessen, und man wird sie weitergeben, man wird dann auch selbst andere Menschen in Krisen und im Elend nicht allein lassen. Aber leider ist es bei uns meist so, daß wir solche Krisenbewältigung kaum erfahren, daß wir eher abgeschoben werden, wenn wir nicht klaglos funktionieren! Verbale Unterstützungsversprechen erweisen sich nur allzuoft als hohle Phrasen, ungedeckte Wechsel.

Mit unserem Plädoyer für die Annahme des Leidens wollen wir aber keineswegs einer Leidensverherrlichung das Wort reden – und damit kommen wir zu einer schlimmen Tatsache in unserer christlichen Religion. Es besteht bei Christen eine gewisse Tendenz der Leidensverliebtheit; psychologisch spricht man von einer masochistischen Neigung. Der Satz: „Im Kreuz ist Heil" wird oft seines ursprünglichen Sinnes beraubt und verabsolutiert. Ein beträchtlicher Teil der christlichen Spiritualität ist durch diesen Leidenskult verunstaltet, ja, vergiftet worden. Wie oft wurde gesagt, daß nur das Leiden zu Gott führe; daß Gott den schlägt, den er liebt; daß das Leiden eine Prüfung wäre, die zum Heil führt. Auch der allzu sehr strapazierte Satz: „Not lehrt beten" wurde dafür benützt. Diese Leidensverherrlichung ist, christlich und menschlich betrachtet, einfach falsch. Unsere erste Pflicht als Christen besteht vielmehr darin, soweit es in unseren Kräften steht, Leiden zu verhindern, Leid zu mindern.

Es ist gar keine Frage, daß das Christentum diesbezüglich in schrecklicher Weise versagt hat. So wurde absolut vermeidbares Elend und Leid jahrhundertelang als unvermeidbar dargestellt und dazu noch verklärt. Wir Christen haben Menschen, die unter solchem Elend litten, total im Stich gelassen; wir sind ihnen nicht beigestanden, wir haben ihre Not nicht beseitigt, sondern wir haben sie auf das Jenseits vertröstet! Das ist ein unmenschliches und durch nichts zu entschuldigendes Versagen!

Der schwäbische Theologe F. Ch. Ötinger hat im 18. Jahrhundert ein Gebet formuliert, das unsere Aufgabe wunderbar präzisiert:

„Gott, gib mir die Gelassenheit,
die Dinge hinzunehmen, die ich nicht ändern kann.
Den Mut, die Dinge zu ändern, die ich ändern kann.
Und die Weisheit, das eine vom anderen zu
unterscheiden."

Dieses Gebet könnte man so umformulieren: Gott, gib mir die Gelassenheit, das Leiden zu ertragen, das nicht zu ändern ist. Gib mir den Mut und auch den kreativen Zorn, das Leiden zu ändern, das änderbar und unnötig ist. Und gib mir die Weisheit, notwendiges, unveränderliches Leiden von unnötigem und änderbarem zu unterscheiden. Darin allein kommt die urchristliche Weisheit des Kreuzes zum Ausdruck, und nicht in einer masochistischen Verherrlichung allen Leidens!

8. Die lebenszentrierten Kräfte fördern

Das „Gelingen" unseres Lebens hängt weiters wesentlich davon ab, ob wir alle Kräfte und Tendenzen fördern, die dem Leben und seiner Entfaltung dienen. Erich Fromm hat zwei Grundkräfte unterschieden, die in unserem persönlichen und gemeinschaftlichen Dasein am Werk sind, nämlich lebenszentrierte und todeszentrierte Kräfte. Unser Leben kann nur in dem Maß gelingen, als wir im Dienste der lebenszentrierten Kräfte und nicht im Banne todeszentrierter stehen. Wer im Banne der letzteren steht, zerstört nicht nur das Leben anderer Menschen, sondern auch sein eigenes; er zerstört die Umwelt und die sogenannten „niedrigeren" Formen des Lebens, also Tiere und Pflanzen. Sehen wir uns einige Äußerungsformen der todeszentrierten Kräfte an. Todeszentriert ist z. B. die Versachlichung. Diese macht aus lebendigen Ideen starre Organisationen; aus Anregungen werden Vorschriften, aus der Natur eine Wüste; Menschlichkeit degeneriert zur Technik. Denken wir nur an die Technisierung der Medizin und die Verdrängung des Menschlichen in diesem Bereich. Der technische Fortschritt hat zweifellos seine großartigen Seiten, jedoch ist er in der Medizin (und nicht nur in ihr) auch ein Schritt fort vom Menschen. Der Mensch wird oft zum bloßen Objekt, das seelenlos und unpersönlich untersucht und behandelt wird, und ist dadurch auch gefährdet, ebenso zu werden, wie er in dieser Umgangsform aufgefaßt wird: seelenlos und unpersönlich.

Erich Fromm hat diese beiden Grundkräfte in seinem Buch „Haben oder Sein" dargestellt. Wir stehen immer wieder vor der Entscheidung, ob wir „seinsorientiert" oder „habenorientiert" leben wollen. Seinsorientiert leben heißt, daß wir unser Menschsein entfalten, daß unser persönliches Wachstum stattfindet. Habenorientiert leben heißt, daß wir auf Zuwachs bedacht sind, daß unser Lebensziel darin liegt, immer mehr zu besitzen, seien es Titel, Macht oder Ansehen. Nun gibt es keinen Zweifel darüber, daß in unserer Welt die todeszentrierten Kräfte in stetem Vormarsch begriffen sind und die lebenszentrierten Schritt für Schritt zurückweichen. Schon hat man in vielen Teilen der Welt Schwierigkeiten, die beiden noch voneinander zu unterscheiden. Hans Sedlmayr vergleicht dieses Geschehen mit einer Sonnenfinsternis, „bei der das Unsichtbare immer mehr und mehr in das schöne Licht der Sonne hineinwächst und zum Fremdwerden der Welt, zum Verblassen und Entfärben, zu ihrem Starr-, Schwer- und Leer-, Dunkel- und Kaltwerden führt". Schon sagen uns gar nicht so wenige Patienten, daß zwischen Tot- und Lebendigsein ihrer Meinung nach kein Unterschied bestehe, weswegen ihnen der Gedanke an Selbstmord leichtfalle, ganz im Sinne des Hofmannsthalschen Wortes: „Da tot mein Leben war, sei Du, mein Leben Tod."

Gerade in diesem Zusammenhang möchten wir auf hoffnungsvolle Tendenzen hinweisen, die sich bei vielen jungen und junggebliebenen Menschen finden. Oft wird unsere Jugend verdammt, weil sie nicht bereit ist, die Welt und Gesellschaft, die wir ihr vor Augen führen, kritiklos anzunehmen. Es scheint uns das Beste an dieser Jugend zu sein, daß sie die Welt, wie wir sie ihr präsentieren, ablehnt: eine Welt der Macht- und Besitzgier, der Erfolgssucht, des rücksichtslosen und ausbeuterischen Wettkampfes jedes gegen jeden, eine Welt des einseitigen Leistungs- und Konsumkults, die drauf und dran ist, mit ihren neuen Waffen den allgemeinen Selbstmord einzuleiten. Diese jungen Menschen sind auf der Suche nach einer menschlicheren Welt; sie versuchen, ihre Utopien zu entwickeln und soweit als möglich zu realisieren, wobei sie freilich fast überall auf größte Widerstände stoßen.

Gerade die letzte Zeit aber hat bewiesen, daß sie manchmal überraschend erfolgreich sein können. Bei dieser Gelegenheit fällt uns Kardinal König ein, der seine ganze Hoffnung für die Überwindung der Krankheit der Kirche auf die Jugend gesetzt hat. Aber hier fragt es sich nicht nur, was die Kirche von der Jugend erwarten kann, sondern auch umgekehrt, welche Attraktivität von der Kirche für die Jugend ausgeht. Repräsentiert sie jene lebensoffene bunte, hoffnungsvolle, mutige Welt, welche die Jugend so anzieht? Hat sie jene Kraft, im Erproben des Neuen bis zur äußersten Grenze zu gehen, die einzige erlaubte Sicherheit zu riskieren, von der der unvergeßliche Karl Rahner gesprochen hat, nämlich die Sicherheit des Wagnisses?

Wir fürchten, daß die Antwort nicht günstig ausfallen kann. Man hat, allzuoft meinen wir, aus der lebendigen Religion eine tote Sache gemacht. Dabei handelt es sich um die Verwandlung des lebendigen Stroms der christlichen Liebe in theoretische, verkrampfte und versachlichte Überlegungen, in formalistische, oft fast zwangsneurotische Gesetzesauslegungen, um die Fixierung einer zivilisatorischen Religion an Stelle einer kulturellen. Zivilisatorische (eigentlich todeszentrierte) Religion hat zu wenig Sinn für Kunst und Literatur, für soziales und politisches Engagement, für Humor und Spiel, sie ist von systematischem Starrsinn und „tierischem" Ernst geprägt. Sie beschreibt Papier statt Erfahrung, sie reproduziert statt zu produzieren, sie ist antikreativ, weil sie von vorgefaßten, fixierten Gottes-, Menschen- und Weltbildern ausgeht und Neues, Werdendes nicht aufkommen läßt. Theologie der Zivilisation bedeutet Exkommunikation statt Kommunikation, Furcht statt Ehrfurcht, sie diffamiert statt zu differenzieren, sie benützt die Sprache als Verpackungsmaterial statt als Ausdruck der Verbundenheit; sie macht Kopfzerbrechen und bringt uns nicht in Bewegung, sie hat keinen Sinn für Zorn und Zärtlichkeit, Geistigkeit und Sinnlichkeit.

Je weniger Natürlichkeit und Liebe es gibt, desto mehr muß die Gesetzeskirche wuchern, und je stärker sie das tut, umso unmenschlicher wird sie. In der alten chinesischen Lehre des Taoismus, der sich den Sinn für das Natürliche zutiefst bewahrt hat, gibt es diesbezüglich einen großartigen Spruch:

„Wenn das Tao verlorengeht, kommt die Tugend,
wenn die Tugend verlorengeht, kommt die Wohltätigkeit,
wenn die Wohltätigkeit verlorengeht, kommt die Gerechtigkeit,
wenn die Gerechtigkeit verlorengeht, kommen die Verhaltensregeln und Gesetze" (!)

Unter solchen Umständen dürfen wir uns nicht wundern, wenn gerade die Jugend (aber keineswegs nur diese) sich von der Kirche abwendet, teils in Sekten flüchtet, um dort nicht selten in Pseudogemeinschaften ihr religiöses Bedürfnis gefühlsmäßig zu befriedigen. Oder sie wählt andere Protestformen, deren fanatische Ausdrucksart unschwer die Frustrierung hinsichtlich der nun unbewußt gewordenen religiösen Sehnsucht deutlich werden läßt.

Zurück zur Begegnung zwischen Jugend und Kirche: In München auf der Theresienwiese wurden ihre mutigen Fragen durch eine Abwendung des Papstes beantwortet; in Wien ging es immerhin etwas besser. Es erfolgte zwar ebenfalls keine Antwort, aber wenigstens blieb die Brüskierung aus. Ein Bischof fühlte sich immerhin von dieser Not bewegt, stand allerdings selbst auch in einer Not gegenüber seinem obersten Herrn und faßte diesen Zwiespalt in den denkwürdigen Satz: „Wir akzeptieren doch, daß die jungen Menschen Fragen stellen, nur eines akzeptieren wir nicht: daß dabei für die Kirche etwas in Frage gestellt wird." Einem Interview mit dem Häuptling der Zulus in Südafrika, Buthulezi, entnehmen wir, daß man dort den Ausdruck „ein Pfaffenei" kennt und damit jene Vorgangsweise meint, bei der einem zuerst etwas gegeben, dann aber wieder weggenommen wird. In diesem Sinne könnte man den Ausspruch des Bischofs als ein „Pfaffenei" bezeichnen, denn was sollte es für einen Sinn haben, den Dialog mit der Jugend zuzulassen, wenn dabei a priori nichts herauskommen darf? Hier wird nicht nur die tragische Situation, welche die Jugend in bezug auf die Kirche hat, deutlich, sondern auch die Tragik der

Kirche selbst. Wir möchten mit unseren Ausführungen dafür eintreten, diese Situation zu verbessern, damit es zu einer kreativen Begegnung zwischen Jugend und Kirche kommen kann. Wir tun dies umso mehr, als unsere Sympathie aus so manchen Gründen, die hier angeklungen sind, dieser Jugend gehört.

9. Menschliche Entfaltung ist auch Leben auf den Tod hin

Das Dasein des Menschen ist auf den Tod hin bezogen. Es kommt der Tag, wir kennen ihn nur nicht, an dem wir der Natur den Tod schulden, wie Sigmund Freud gesagt hat. Niemand kann seine Entwicklung bewältigen, wenn er dieses Ende seines Lebens nicht akzeptieren lernt, sondern verdrängt. Dieser Prozeß ist sehr schmerzhaft, denn wir fürchten uns kreatürlich vor dem Sterben, insbesondere vor einem unmenschlichen Sterben, zum Beispiel in großen Schmerzen, in der Isolation, Fremde und Einsamkeit eines Spitals, aber wir fürchten uns mehr vor dem Sterben als vor dem Tod. Wenn wir nur bereit wären, in der Geschäftigkeit unseres Lebensstils einmal stillzuhalten und in uns hineinzuhorchen, dann würden wir wohl entdecken, daß wir eine tiefe Sehnsucht in uns tragen, nicht heute und nicht morgen, aber dennoch irgendwann einmal aus dem Zustand der Unruhe in den der Ruhe versetzt zu werden, gemäß den Worten des heiligen Augustinus: „Unruhig ist unser Herz, bis es ruht in Dir, o Gott." Eben diese Sehnsucht nach einem solchen Ruhezustand hat Sigmund Freud mit der Postulierung des „Todestriebes" gemeint (der sorgfältig unterschieden werden muß von jenem pathologischen Todestrieb, den wir bereits im Rahmen der neurotischen Selbstzerstörung kennengelernt haben und der auf einen möglichst frühzeitigen und unnatürlichen Eintritt des Todes ausgerichtet ist).

Die Verdrängung des Todes und der eigenen Endlichkeit bezahlen wir mit vielen Symptomen: Schlaflosigkeit, Angst, Hypochondrie und Abkehr von der Zukunft können sich einstellen, wenn wir es mit Gewalt vermeiden wollen, der Realität des Todes ins Auge zu sehen. Der Verlust der Zukunftsbezogenheit ist zum Beispiel schon ein erster Schritt zum Tode, denn jeder Mensch braucht immer Ziele vor sich, um seine Lebenskräfte mobilisieren zu können.

Hier ist auch an die noogene Neurose zu denken (Frankl), die bereits im ersten Kapitel als ein typisches Beispiel neurotischer Reaktionen des Erwachsenen, besonders des Menschen in der zweiten Lebenshälfte, Erwähnung gefunden hat. Wie dem auch sei: Der Preis der Verdrängung des Todes ist fast immer größer als der, den wir bezahlen müssen, wenn wir uns dieser Wirklichkeit stellen.

Für die Bewältigung dieser Aufgabe kann die Religion eine erleichternde, aber auch eine erschwerende Rolle spielen. Wenn ein Christ zutiefst daran glaubt, daß der Tod nur das Ende der irdischen Existenz darstellt, nicht aber das Ende überhaupt bedeutet, so kann das eine entscheidend neue und andere Einstellung dem Tod gegenüber zur Folge haben. Dieser Glaube wird die dem Menschen eigene Todesangst keineswegs erübrigen, aber ein wirklich Gläubiger kann für die Bewältigung des Todes andere Ressourcen haben als ein Mensch, für den der Tod das Ende seiner gesamten Existenz bedeutet. Wenn sich aber ein Mensch im Alter deshalb dem christlichen Glauben zuwendet, weil er meint, sein Sterben könne damit leichter werden, so ist dies deshalb problematisch, weil einem solchen Glauben meist die Tiefe fehlt. Denn die Todesangst ist ein zu geringes Motiv dafür, wirklich gläubig zu werden. Außerdem gibt es recht unterschiedliche Formen sowohl der Gläubigkeit wie auch der Ungläubigkeit. Auch ein Mensch, der nicht an Gott und an ein Weiterleben nach dem Tode glaubt, kann sich natürlich diesem Problem stellen. Denn wie es möglich ist, als Christ den Sinn des Lebens zu verfehlen und auch die Bewältigung des Todes nicht zu schaffen, kann auch ein sogenannter Ungläubiger den Sinn des Lebens erfassen, das Leben und den Tod bewältigen. Es ist eigentlich ein unerhörter Hochmut, wenn Christen die Meinung vertreten, daß nur sie optimal dazu fähig wären, recht zu leben und recht zu sterben! Auch hier gilt, daß es keine Absolutheitsansprüche im Bereich des Menschlichen geben kann! Wir dürfen keinen Anspruch auf eine alleinseligmachende Kirche erheben – das widerspricht der offenbar von Gott gewollten Vielfalt der Wege, die zu ihm führen können. Jeder Seelsorger, der in seiner Tätigkeit mit der Angst eines Menschen vor dem Tode spekuliert, ist schlecht beraten. Franz Theodor Csokor sagt treffend: „Sieh dich doch um nach einem Wert, der mit dir nicht auch aufhören kann." Der Sinn des Lebens liegt wesentlich in den Werten, in deren Dienst das Leben stand. Ihnen nachzustreben, ist jedem Menschen mit oder ohne Religion möglich.

Unsere elementare Aufgabe als Christen besteht darin, in dieser Welt, hier und heute, daran zu arbeiten, daß es anderen Menschen besser geht, daß deren Lebensentfaltung gelingt, und natürlich auch die eigene, und daß wir daher auch eine „goldene Spur" zurücklassen. So kann es sein, daß man unser nicht nur mit Nachsicht, die wir auf jeden Fall benötigen, sondern auch in Dankbarkeit gedenkt.

Bei der Betrachtung der angeführten neun Aspekte der menschlichen Entwicklung können wir eines feststellen: Welche großen Möglichkeiten hätte die Kirche, zur Entfaltung des Menschen beizutragen, und wie wenig weiß sie davon zu nützen! Menschsein und Christsein – auf den ersten Blick könnte man meinen: Was gibt es darüber zu sagen? Die beiden bedingen einander, passen zueinander, stärken einander. Gott ist Mensch geworden, damit die Menschen zu Gott finden können, aber auch, um den Rang des Menschen zu unterstreichen. Wenn man aber die Darstellung Jesu Christi durch die Kirche analysiert, dann sieht man, daß zugunsten der Göttlichkeit sein Menschsein zu kurz kommt. Und wenn man sich als Christ für Menschlichkeit einsetzt, gerät man oft von offizieller Seite in den Verdacht, *nur* ein Humanist zu sein. Sicherlich, Christentum reicht über den Humanismus hinaus in die Dimension der Transzendenz. Aber ein Verständnis von Transzendenz, das zur Entwertung des Humanismus führt, widerspricht der Botschaft Jesu und dem Geist des Zweiten Vatikanischen Konzils.

Erinnern wir uns des Satzes aus dem Zweiten Vatikanischen Konzil, der die Kirche ausdrücklich als „Zeichen und Werkzeug für die innigste Vereinigung mit Gott wie für die Einheit der ganzen Menschheit" definiert! Und jener Formulierung, in der eine programmatische Solidaritätserklärung mit allen Menschen gefordert wird: „Freude und Hoffnung, Trauer und Angst der Menschen von heute, besonders der Armen und Bedrängten aller Art, sind auch Freude und Hoffnung, Trauer und Angst der Jünger Christi, und es gibt nichts wahrhaft Menschliches, das nicht in ihren Herzen seinen Widerhall fände!" Sieht die Praxis der Amtskirche nicht ganz anders aus, besonders in den letzten Jahren? Geht sie nicht in die Richtung, das „Menschliche" wieder mehr und mehr in Frage zu stellen, zu unterdrücken? Der Kirche ist prophezeit worden, daß sie ein Zeichen des Widerspruches sein werde. Treibt sie sich in diesem Zusammenhang nicht wieder in ihre alte Profilierungsneurose hinein, möglichst um jeden Preis Gesetze und Vorschriften zu ersinnen, denen vom Großteil der Menschen widersprochen werden muß? Als Beispiel für eine Gott sei Dank überwundene kirchliche Unmenschlichkeit wollen wir die Tatsache anführen, daß Menschen, die sich selbst getötet haben, das kirchliche Begräbnis verweigert wurde. Im Zweiten Vatikanum geschah das Wunder, daß diese Haltung, die vom christlichen wie vom gesellschaftlichen Standpunkt gleich falsch war, grundlegend geändert wurde. Die drängende Einengung, in der sich der Suizidant befindet, schränkt den freien Willen wesentlich ein; dies kann bei Kenntnis des „Präsuizidalen Syndroms" nicht mehr ignoriert werden. Auch im neuen Codex Iuris Canonici fand diese positive Entwicklung ihren Niederschlag. David Power schreibt in seiner Arbeit „Die Beisetzungsriten für Selbstmörder und liturgische Entwicklungen", daß dies „natürlich nicht auf eine moralische Rechtfertigung des Aktes der Selbsttötung hinausläuft, wohl aber auf die Tatsache, daß man nicht länger gewillt ist, sich ein Urteil über solche Menschen, ihre psychische Verfassung und Beweggründe anzumaßen". Allerdings hat diese Entwicklung auch einen negativen Beigeschmack: Als würde sich die Kirche dieses echten Fortschritts schämen, ist dies in aller Stille geschehen, und man hat wenig getan, um eine so grundlegende Änderung entsprechend bekanntzumachen! Wann wird die Amtskirche aber z. B. die noch viel gravierendere Unmenschlichkeit überwinden, die sie etwa gegenüber geschiedenen Wiederverheirateten und gegenüber den Priestern begeht, deren Laisierungsansuchen brutal abgelehnt werden?! Unter solchen Umständen darf man sich nicht wundern, wenn es weiterhin sehr schwer bleibt, den Menschen den katholischen Glauben erfolgreich zu vermitteln. Ein Ferment bewirkt, daß gewisse Stoffe, die für den Organismus wesentlich sind, in den Zustand der Wirksamkeit kommen – und das ist unsere Wirkung oder aber Nicht-Wirkung als Boten Gottes für andere Menschen. Diese Fermente sind im Christentum eine glaubwürdige Menschenliebe und die gesamtmenschliche Entfaltung. Beide werden von der Kirche nur zögernd unterstützt!

Wir schließen dieses Kapitel mit den treffenden Worten von Norbert Scholl:

„Christsein ist aber keineswegs gleichzusetzen mit Triebschwäche und Blutarmut . . . Kennzeichen eines psychisch gesunden Christseins ist vielmehr eine gelungene Entfaltung der Persönlichkeit. Nicht Lebensverneinung, sondern Selbstfindung muß Ziel christlicher Moralpädagogik sein. Nicht Sündenreinheit, die aus mangelnder Risikobereitschaft resultiert, sondern Mut zum Wagnis und zur Übernahme von Verantwortung, nicht Ghettomentalität und Horizontverengung, sondern offenes, weites Denken und Bereitschaft zum Aufbruch an neue Ufer, nicht eitle Selbstbestätigung und soziale Introversion, sondern Dasein für andere und soziales Engagement sollen den psychisch gesunden Glaubensvollzug kennzeichnen. Im Johannesevangelium wird die Sendung Jesu mit dessen Satz zusammengefaßt: ‚Ich bin gekommen, damit sie das Leben haben und es in Fülle haben‘ (Joh 10, 10)."

Viertes Kapitel
„Gottesvergiftung" durch neurotisierende religiöse Erziehung – Religionspädagogische Überlegungen zum ersten und vierten Gebot

„Wenn Liebe schon Gotteserkenntnis ist, dann sind liebende Menschen gewissermaßen Werkzeuge zur Selbstverwirklichung Gottes in der Welt."

(Herbert Pietschmann)

„Denn ist nicht alles, was man Kindern tut, Gewalt? Zu sagen: Ausgenommen was die Kirch' an Kindern tut."

(Lessing, Nathan der Weise)

Zuerst einmal erscheint es uns nötig, auf die Reihenfolge der Gebote hinzuweisen; mit anderen Worten darauf, daß das erste Gebot bei der Verkündigung doch nicht zufällig an die Spitze gestellt worden sein kann. Diese Feststellung ist umso notwendiger, als zu wiederholten Malen im Verlauf der Geschichte die Valenz der Gebote von der Kirche geradezu auf den Kopf gestellt worden ist und man lange Zeit so getan hat, als wäre das sechste Gebot mit all seinen Zusatzformulierungen das wichtigste. Ferner meinen wir, daß jede Zeit, um die Nomenklatur von Hans Küng zu verwenden, eine neue Ausformung benötigt, die trotz aller Berufung auf Konservativismus und Traditionalismus unvermeidbar ist. J. Jaures sagt diesbezüglich treffend: „Tradition bewahren heißt nicht: Asche aufheben, sondern eine Flamme am Brennen erhalten."

Selbstverständlich ist mit solchen neuen Stellungnahmen keineswegs, was Böswillige immer glauben machen wollen, eine bloße Situationsethik gemeint. Aber es gibt keinen Zweifel, daß jede Zeit auf allen Gebieten vor ganz neue und spezifische, bis dahin kaum gekannte Probleme stellt, auf die selbstverständlich, so gut es eben geht, eine Antwort gefunden werden muß.

77

Das erste Gebot verlangt von uns, daß wir Gott, unseren Herrn, aus ganzem Herzen und mit allen unseren Kräften lieben sollen. Aus der Perspektive des allmächtigen Gottes erscheint eine solche Soll-Forderung absolut berechtigt und verständlich. Aus der Perspektive des armen, ausgesetzten und ungezählten Schwächen unterworfenen Menschen sieht dies ein wenig anders aus. Man prüfe nur, ob es möglich ist, sich unter einer Soll-Forderung dazu aufraffen zu können, einen anderen Menschen zu lieben, und man wird sehen, daß man damit grenzenlos überfordert wird. Zur Liebe kann man sich, unter welcher Soll-Forderung auch immer, nicht zwingen. Sie kann in uns spontan aufkeimen oder nicht. Damit dies geschehe, muß man den anderen als der Liebe würdig (ist gleich liebenswürdig) und liebenswert erleben. Auf Gott übertragen, bedeutet dies: Wie kann er vom kleinen Kind als liebenswert und der Liebe würdig erlebt werden? Gott kann sich ja nicht direkt ausdrükken; er bedarf dazu der Menschen, und die ersten, entscheidenden Boten, die Gott an das Kind heranzubringen vermögen, sind und bleiben die Eltern. Wenn wir von dem Postulat ausgehen, daß die Beziehung des Menschen zu Gott wohl seine wichtigste ist, liegt auf den Eltern auch diesbezüglich eine enorme Verantwortung, mit der wir sie sicher nicht erdrücken wollen, die aber dennoch nicht leichtgenommen werden darf.

Wir wollen im folgenden versuchen, soweit wir dies als selbst anfällige Menschen können, den Eltern dabei ein wenig zu helfen, indem wir ihnen zeigen, welches die wichtigsten Voraussetzungen für diesen unendlich schwierigen und differenzierten Prozeß sind.

1. Die wichtigste Aufgabe der Eltern in diesem Zusammenhang *ist die Vermittlung von Werten,* besonders von Werten, die mit Gott zusammenhängen. Dies meint wohl das Zweite Vatikanische Konzil, wenn es sagt: „Mit Recht dürfen wir annehmen, daß das künftige Schicksal der Menschheit in den Händen jener ruht, die den kommenden Geschlechtern Motive des Le-

bens und der Hoffnung zu vermitteln wissen." Es kann kein Zweifel darüber bestehen, daß die Eltern in diesem Prozeß für die Kinder zu Autoritäten werden. Würde man also unter antiautoritärer Erziehung eine Erziehung ohne Autoritäten verstehen, wäre dies schier ein Unsinn, denn kein Mensch kann sich gesund entwickeln, wenn er nicht von Anbeginn an Menschen hat, die ihn lieben, die er lieben kann, mit denen er sich identifiziert, die für ihn maß-gebend, also Autorität, sind. In einem anderen Sinn gewinnt aber das Wort von der antiautoritären Erziehung eine gewisse Berechtigung: Denn so wie Autorität für das Kind notwendig ist, müssen wir (wie schon in Kapitel 1 angedeutet) zwischen echter und angemaßter Autorität unterscheiden. Und die angemaßte Autorität zu bekämpfen, dies ist wahrlich eine Aufgabe, zu der wir berechtigt, ja mehr noch, eigentlich verpflichtet sind.

Das Wort „auctoritas" leitet sich vom lateinischen „augeo" (ist gleich Wachsenlassen, Vermehren, Fördern, Beglücken) her, und „auctoritas" heißt: maßgebende Persönlichkeit, maßgebender Einfluß, Sicherheit, Glaubwürdigkeit! Damit sind schon die Kriterien der echten Autorität umschrieben: Sie wirbt um die Liebe und das Verständnis des Kindes, anstatt sie vorauszusetzen und zu fordern, kommt dem Kind entgegen, bemüht sich, Vorbild zu sein, ist nicht arrogant und versucht, notwendige Maßnahmen so gut wie möglich zu erklären. Angemaßte Autorität hingegen beruht darauf, daß man meint: Die Unterordnung der anderen steht mir zu; ich bin, um es mit Karl Kraus zu sagen, der „Obertan"; ich brauche mich daher um Verständnis und Einsicht der Untertanen nicht zu bemühen, die meinen Befehlen bedingungslos zu gehorchen haben.

Die Auswirkungen dieser angemaßten Autorität sind in der Eltern-Kind-Beziehung ganz besonders schlimm. Wenn nämlich ein Erwachsener einen unausstehlichen Vorgesetzten hat, bestehen für ihn meistens noch verschiedene Möglichkeiten, die Situation zu verbessern oder ihr zu entrinnen. Aber die Eltern kann man sich nicht aussuchen, und so, wie es eine Gnade ist, in eine Familie hineingeboren zu werden, in der man wachsen kann, so ist es ein Verhängnis, mit Eltern konfrontiert zu werden, die einen mit ihrem Herrschaftsanspruch erdrücken. Angemaßte Herrschaft kommt vielfach auch in einem Kult von „Respektspersonen" zum Ausdruck, obwohl doch eigentlich gerade umgekehrt die Kinder für die Eltern in dem Sinne Respektspersonen sein müßten, daß sie ihnen die größte Achtung und Ehrfurcht entgegenbringen. Es verrät die Pervertierung der Ehrfurcht in unserer Gesellschaft, daß gerade konträr hier alles Große geachtet und alles Kleine mißachtet wird. Dieser primäre Respekt gegenüber der werdenden Persönlichkeit des Kindes wäre bitter nötig, die Welt könnte gleichsam daran genesen, doch man merkt weit und breit nichts davon.

Die Dominanz der angemaßten Autorität äußert sich in Worten wie „Der hier zu befehlen hat, das bin ich", „Du hast zu parieren", „Du hast den Mund zu halten", „Kinder dürfen nur reden, wenn sie gefragt sind", „Frag nicht, für eine Erklärung bist Du zu dumm", „Schon mein Wunsch muß Dir Befehl sein", „Was auf den Tisch kommt, wird gegessen" und viele andere schreckliche Phrasen mehr.

In Bert Brechts Gedicht „Was ein Kind gesagt bekommt" wird dies höchst anschaulich dargestellt:

> „Der liebe Gott sieht alles.
> Man spart für den Fall des Falles.
> Die werden nichts, die nichts taugen.
> Schmökern ist schlecht für die Augen.
> Kohlentragen stärkt die Glieder.
> Die schöne Kinderzeit, die kommt nicht wieder.
> Man lacht nicht über ein Gebrechen.
> Du sollst Erwachsenen nicht widersprechen.
> Man greift nicht zuerst in die Schüssel bei Tisch.
> Sonntagsspaziergang macht frisch.
> Zum Alter ist man ehrerbötig.
> Süßigkeiten sind für den Körper nicht nötig.
> Kartoffeln sind gesund.
> Ein Kind hält den Mund."

Nun kommen wir zu einer deprimierenden Feststellung: Die Verwandlung von echter Autorität in angemaßte erfolgt nur allzuoft unter Berufung auf die Kirche, nämlich auf das vierte Gebot. (Und deswegen haben wir uns auch erlaubt, diese beiden Gebote in einem Kapitel gemeinsam zu besprechen.) Erschüttert müssen wir uns fragen, wie so etwas möglich ist. Das Alte Testament kann man noch als eine Lehre des Vaters und der Väter bezeichnen. Aber das Neue Testament vertritt keine patriarchalische, sondern eine brüderliche Religion in ihrer Lehre vom Sohn Gottes, dem Erlöser, Befreier und Freund der Kleinen. Wieso war es dann nicht möglich, diese grundlegende und schicksalhafte Wandlung auch im vierten Gebote schon rein verbal deutlich auszudrücken und unmißverständlich darauf hinzuweisen, daß Eltern und Kinder in partnerschaftlicher Liebe und Hilfsbereitschaft einander zugeordnet sein sollten? Wenn man den biblischen Satz aus dem Epheserbrief (6, 4) bedenkt: „Ihr Väter, reizt Eure Kinder nicht zum Zorn", ein Satz, der, wie der Leser leicht nachprüfen kann, eine ungeheure Bezogenheit zur Neurosenlehre hat, dann müßte es sogar möglich sein, etwa eine Formulierung in dem Sinne zu finden: „Ehre Dein Kind, auf daß es dem Kinde und Dir wohlergehe auf Erden", oder: „Eltern und Kinder, geht ehrfürchtig miteinander um." Eines steht jedenfalls fest: Ein richtig verstandenes viertes Gebot hätte sehr wohl einen entscheidenden Beitrag dazu leisten können, daß Eltern Anlaß darin gesehen hätten, sich zum echten Autoritätsbegriff durchzuringen. Nochmals müssen wir also fragen: Woran lag es, daß das vierte Gebot keine positive Auswirkung auf die elterliche Grundhaltung hatte?

Sicherlich könnte die Verantwortung dafür zuerst einmal bei den Eltern gesucht werden, die eher mit dem Alten als mit dem Neuen Testament konform gehen, wenn sie nach einem Instrument zur besseren „Einzementierung" der eigenen Herrschaft über die Kinder suchen. Wenn man bedenkt, daß in unseren Breiten Gehorsam, Höflichkeit und Sparsamkeit zu den immer wieder am meisten genannten Erziehungszielen erklärt werden, wird man vielleicht noch besser verstehen, warum ein solches

Herrschaftsinstrument von den Eltern oft bis zum heutigen Tage angewendet wird. Dazu eignet sich sicherlich die Gesinnung des Alten Testamentes besser, und natürlich ist es sehr verlokkend, wenn man in den mannigfachen Schwierigkeiten, die man mit Kindern eben hat, sich auf Gott als den Autoritätgeber berufen kann.

Warum hat die Kirche diesen Mißbrauch stillschweigend geduldet? Man kann als ersten Grund dafür anführen, daß auch sie den bequemeren Weg gegangen ist und sich auf die Seite der Stärkeren, der Mächtigeren schlug und sich für deren Zwecke mißbrauchen ließ. Man hat dabei wohl auch gehofft, auf diesem Wege die religiöse „Verläßlichkeit" der Eltern gleichsam als Gegenleistung zu bekommen. Menschen, die die Religion für die Bewältigung einer Lebensaufgabe, zum Beispiel der Erziehung, benötigen, werden dann dieser Religion dankbar und besonders verbunden sein. Aber hat man dabei auch bedacht, wie sich ein solcher Prozeß auf die spätere Entwicklung der Kinder auswirken wird, die ja immerhin die Zukunft repräsentieren?

Ein weiterer entscheidender Grund dürfte für das Verhalten der Kirche maßgeblich gewesen sein: Eine Institution, die selbst strikte von oben nach unten autoritär organisiert ist und die für sich immer Autorität im Sinne eines bedingungslosen Gehorsams in Anspruch nimmt (vielleicht auch ein Symptom angemaßter Autorität!?), wird der größten Selbstüberwindung bedürfen, um die sogenannte Autorität der Eltern gegenüber den Kindern in Frage zu stellen. In diesem Sinne formuliert Adolf Holl: „Daß aus dem Christentum mittlerweile eine eher traurige Angelegenheit geworden ist, darf unter anderem der jahrhundertelangen Demutspredigt der Vorgesetzten zugeschrieben werden. Im Verein mit Opfertheologen, Glaubenswächtern und Polizeiministern ist es ihnen gelungen, aus dem höchst unbescheidenen Jesusglauben eine lammfromme Untertanenreligion zu machen."

So blieb unter den genannten Umständen nichts anderes übrig, als jahrhundertelang einen großen Verrat an den Kindern zu begehen und diese damit ihrem Schicksal zu überlassen. –

Wie weit hat man sich dadurch vom göttlichen Gründer entfernt! Das Resultat hat der große Kinderfreund Janusz Korczak, der mit seinen Kindern in die nationalsozialistischen Gaskammern ging, in die Worte zusammengefaßt: „Das einzige Proletariat, das noch nicht erlöst wurde, sind die Kinder."
Wir möchten diese Feststellung mit zwei Zitaten beschließen. Zuerst mit dem Gedicht „Eine Leichenrede" von Kurt Marti:

„Als sie mit zwanzig
ein Kind erwartete,
wurde ihr Heirat
befohlen.

Als sie geheiratet hatte,
wurde ihr Verzicht
auf alle Studienpläne
befohlen.

Als sie mit dreißig
noch Unternehmungslust zeigte,
wurde ihr Dienst im Hause
befohlen.

Als sie mit vierzig
noch einmal zu leben versuchte,
wurde ihr Anstand und Tugend
befohlen.

Als sie mit fünfzig
verbraucht und enttäuscht war,
zog ihr Mann zu einer jüngeren Frau.

Liebe Gemeinde,
wir befehlen zuviel,
wir gehorchen zuviel,
wir leben zu wenig."

Das zweite Zitat stammt aus dem bekannten Stück von Ludwig Anzengruber „Das vierte Gebot", in dem eine ganze Familie zugrunde geht, weil sie den Befehlen der Eltern, eben unter seelsorglichem Hinweis auf dieses Gebot, folgt:

> (Der Weltpriester Eduard spricht mit Martin, der zum Tode verurteilt ist und seine Eltern nicht mehr sehen will. Denn der blinde Gehorsam ihnen gegenüber war schuld an seinem Scheitern.) „Eduard (im Tone versöhnlicher Einrede): Denk' an das vierte Gebot! Martin: Mein lieber Eduard, du hast's leicht, du weißt nit, daß's für manche 's größte Unglück is, von ihrn Eltern erzog'n z'werd'n. Wenn du in der Schul' den Kindern lernst: ‚Ehret Vater und Mutter', so sag's auch von der Kanzel den Eltern, daß s' darnach sein sollen.‟

Beide Zitate wurden auch deswegen ausgewählt, weil sie zeigen, daß die angemaßte Autorität der Eltern, wenn sie sich einmal konstituiert und etabliert hat und akzeptiert wurde, oft ein ganzes Leben lang wirksam bleibt und die Kinder – selbst wenn sie schon erwachsen sind – zu ihren Opfern macht.

Wir haben aufgezeigt, wie häufig die Verwandlung von echter in angemaßte Autorität unter Berufung auf die Kirche erfolgt. Dieses hat auch für die Kirche schlimme Konsequenzen, weil das Glaubensleben der Kinder daran zu zerbrechen droht.

2. Voraussetzung dafür, daß die vermittelten Werte vom Empfänger auch wirklich übernommen werden, *ist eine wechselseitige gute Beziehung zwischen beiden.* Es ist ein Hochmut sondergleichen, wenn sich Menschen einbilden, nur weil sie älter seien, weil sie auf einem Katheder, auf einer Kanzel stünden, weil sie eben höher gestellt seien, müsse das angenommen werden, was sie sagen, lehren und predigen. Jeder kann es bei sich selber in Rekapitulierung seines eigenen Lebensweges leicht nachprüfen, daß wir uns alles, was uns gesagt wird, umso besser merken und umso eher akzeptieren, als wir dem Verkünder in Liebe zugetan sind. Natürlich können angemaßte Autoritäten uns mitunter zwingen, uns gewisse Dinge zu merken und sie etwa bei Prüfungen oder ähnlichen Gelegenheiten zu reprodu-

zieren, aber in unser Inneres kommen sie dennoch selten hinein. Dagegen können wir verschiedene Abwehrmechanismen mobilisieren: sie bald wieder zu vergessen, sie nur an der Oberfläche zu halten, ja, oft auch sogar eine Gegenmeinung und -überzeugung, verborgen im eigenen Inneren, zu entwickeln. So ist also die Situation: Jede angemaßte Autorität vergiftet die Eltern-Kind-Beziehung. Es entsteht Widerstand gegenüber dem Vermittler und dem Vermittelten, zumindest Ambivalenz, oft sogar Ablehnung. Zuerst hilft eine autoritäre Religion also, die angemaßte Autorität zu etablieren, dann bezahlt sie dies mit der Entfremdung des Kindes gegenüber der Kirche und dann oft auch gegenüber der Religion überhaupt.

Wir haben auf diesen zentralen Punkt jeder Religionspädagogik, daß nämlich grundsätzlich die positive gefühlsmäßige Beziehung das entscheidende Transportmittel für eine glückliche Übermittlung jedes Glaubens ist, schon mehrmals hingewiesen, können uns also hier auf diese Feststellung beschränken.

3. Es muß zumindest annähernd eine *Übereinstimmung zwischen den verbal vermittelten und den vorgelebten Werten bestehen*. Mit anderen Worten: Es ist gerade in dieser frühen Zeit der ersten Begegnung des Kindes mit der Religion verhängnisvoll, wenn zwischen Schein und Sein eine große Diskrepanz besteht, wenn Wasser gepredigt und Wein getrunken wird. Die Aufnahmefähigkeit des Kindes ist enorm. Es dürstet mit einer ungeheuren Neu-Gier nach allem erstmals zu Erfahrenden, und erste Eindrücke haften sehr tief. Außerdem: Je weniger der Verstand entwickelt ist, desto mehr bleibt das Kind auf seine Instinkte angewiesen und ist damit umso weniger täuschbar. Die Annahme, daß ein „so kleines Kind" ja sowieso noch gar nichts richtig verstehen könne und man sich daher vor ihm „alles leisten" könne, ist daher Ausdruck eines durch und durch unstatthaften Hochmutes. Was bei Erwachsenen, auch wenn sie es nicht für möglich halten, unendlich leicht ist, nämlich ihnen etwas vorzumachen, gelingt bei Kindern kaum.

Vor einiger Zeit hat uns ein Mann gesagt: „Wissen Sie, ich glaube ja an gar nichts, aber immerhin scheint es mir doch vernünftig und nützlich, mein Kind religiös zu erziehen, denn es kann ja vielleicht die Religion einmal gut brauchen." Das erscheint unter den eben angeführten Aspekten problematisch. Die von Kardinal König angeführte Tendenz vieler Menschen, die aus der Kirche ausgetreten sind, dennoch ihre Kinder taufen zu lassen, bleibt so gesehen ebenfalls von zweifelhaftem Wert. Wie schrecklich ein Kind die Diskrepanz zwischen Vorgabe und Wirklichkeit erlebt, und zwar nicht nur hinsichtlich der Eltern, sondern insbesondere auch hinsichtlich Gottes, der ja für das Kind durch die Eltern repräsentiert wird, beweist das folgende Gedicht Peter Turrinis:

„Der liebe Gott
treibt Unkeuschheit.
Ehrt Vater und Mutter nicht.
Tötet.
Lügt.
Gibt falsches Zeugnis.
Begehrt seines Nächsten Weib.
Vergreift sich an seines Nächsten Gut.
Undsoweiter.
Der liebe Gott
schert sich
in Gestalt seiner Ebenbilder
nicht einmal
um die eigenen
Gebote."

4. Es ist natürlich auch von entscheidender Bedeutung, daß dem Kind *gesunde Werte,* in unserem Fall *also eine heile, insbesondere nicht neurotisch angekränkelte Religion vermittelt wird.* Während es sich beim Mißbrauch der Religion zur Erhaltung der elterlichen Herrschaft oft um einen bewußten und beabsichtigten Vorgang handelt, liegen hier weithin unbewußte Mecha-

nismen vor. Solche Eltern haben gewöhnlich keine Ahnung, daß sie selbst neurotisiert sind, und wie intensiv sie eine neurotische und in der Folge natürlich auch das Kind neurotisierende Religion vermitteln. Viele Faktoren wären hier anzuführen; wir wollen uns auf die zwei wichtigsten, weil häufigsten und intensivsten, nämlich die religiöse Verängstigung und die Überschwemmung mit religiösen Schuldgefühlen, konzentrieren.

a) Verängstigung

Wir haben schon im ersten Kapitel das Zustandekommen der neurotischen Angst erklärt, aber wir wollen jetzt auf eine ganz andere Angst eingehen, die primär keineswegs krankhaft ist, nämlich auf die sogenannte Realangst: Sie entsteht als Reaktion auf ein angsterregendes Geschehen. Was uns „berechtigt", Angst zu haben, dafür gibt es zahlreiche objektive Kriterien. Solche angsterregenden Situationen lassen sich nicht vermeiden; sie sind lebensimmanent, und ihre Beantwortung mit Angst ist nicht nur lebensnotwendig, sondern oft auch lebenserhaltend. Denn oft genug hat uns Angst in kritischen Umständen gerettet, und wir wären zugrundegegangen, hätten wir nicht Angst als Warnung vor irgendeinem Übermut, einer Unterschätzung der Gefahr oder einer Unüberlegtheit entwickelt. In der Reaktion auf Angst scheint es auch ganz wesentlich, daß wir ihr nicht mit Passivität und Lähmung begegnen, sondern lernen, aktive Abwehrmaßnahmen zu setzen. Eine dieser Situationen, die mit solch natürlicher Realangst verbunden ist, ist zweifellos die Geburt, bleibt dann später auch das Kindsein. Das kleine Lebewesen ist hilflos, ausgeliefert; in dieser Situation Angst zu haben, ist weder eine Schande noch eine Krankheit. Entscheidend ist es nun, ob Eltern diese Angst ignorieren oder vielleicht sogar noch verstärken, oder ob ihr ganzes Trachten darauf gerichtet ist, das Kind zu beruhigen und zu entängstigen. Wenn der französische Spruch stimmt, daß „Liebe die Abwesenheit von Angst" sei – und alles spricht dafür, daß er richtig ist –, dann dürften sich wohl nur solche Väter und Mütter ihrer echten Elternliebe rühmen, welche die zuletzt genannten Tendenzen aufweisen.

Jede Form von angemaßter Autorität wird unwillkürlich das Angstpotential des Kindes erhöhen und allmählich dafür sorgen, daß zur ursprünglichen Realangst noch zusätzlich die neurotische Angst hinzukommt. Die nordafrikanische Wortprägung „Angst essen Seele auf" drückt diesen Prozeß knapp und schrecklich zugleich aus. Alle Tyrannen wissen, daß Ängstliche zu allem zu gebrauchen sind und daß der Status quo gesichert ist, wenn die Untergebenen von Angst geplagt werden. Mit Recht hat der Theologe Jürgen Moltmann gemeint, daß alle emanzipatorischen und befreienden Bewegungen damit beginnen, daß ein paar Menschen etwas angstfreier werden und anders handeln, als es ihre Unterdrücker von ihnen erwarten. In seinem anregenden Buch „Aufbruch zur neuen Kultur" hat Dieter Duhm sehr treffend formuliert: „Ohne die Überwindung der Angst keine Humanität, keine Integration ins Lebendige, keine realistische Lösung irgendeines der heute anstehenden Probleme, denn Angst ist blockiertes Leben, verschlossener Organismus, verbauter Kontakt und somit verminderte Erkenntnisfähigkeit." Leo Tolstoi läßt in einer bemerkenswerten Skizze, in der er einen Einsiedler im Walde mit verschiedenen Tieren über den Ursprung des Leidens ins Gespräch kommen läßt, den Hirsch antworten: „Weder vom Hunger noch von der Liebe, noch von der Bösartigkeit, einzig von der Angst kommt alles Leid in der Welt." Angstfixiert zu sein, ist schrecklich!

Nun haben wir aber schon darauf hingewiesen, daß viele Eltern diese Verängstigung keineswegs in böser Absicht durchführen, sondern weil sie selbst verängstigt sind. Ihre Beziehung zu Gott ist eine befangene, keine freie; sie fühlen sich ständig von ihm kritisch beobachtet, wissen nicht, wie sie ihm entkommen können, und geben diese übernommene Haltung unwillkürlich an die Kinder weiter. Daß durch einen solchen Prozeß die Freude schwindet und die Beziehung zu Gott getrübt wird, versteht sich von selbst. Eugen Roth hat dies im folgenden Gedicht sehr treffend festgehalten:

„Ein Mensch, der recht sich überlegt,
daß Gott ihn anschaut unentwegt,
fühlt mit der Zeit in Herz und Magen
ein ausgesprochenes Unbehagen
und bittet schließlich ihn voll Grauen,
nur fünf Minuten wegzuschauen.
Er wollte unbewacht, allein,
inzwischen brav und artig sein.
Doch Gott, davon nicht überzeugt,
ihn ewig unbeirrt beäugt."

Der Schweizer Pastor Oskar Pfister war viele Jahre mit
S. Freud befreundet und hat sich kritisch und kreativ mit der
Psychoanalyse auseinandergesetzt. Er schrieb als Siebzigjähriger ein Mammutwerk mit dem bezeichnenden Titel: „Das Christentum und die Angst". Er lehnte es mehrmals ab, eine ihm
angebotene akademische Laufbahn einzuschlagen, weil er sich
dem Dienst an der „lebendigen Menschenseele" und der Verbreitung einer durch Psychoanalyse geläuterten und bereicherten Religion verschrieben hatte. Er charakterisierte seine Synthese von Psychoanalyse und Pastoral so:

„Die Aufgabe der seelsorgerlichen Psychoanalyse – und
alle Psychoanalyse ist nichts anderes als Seelsorge im weitesten Sinne – stimmt mit den Forderungen der christlichen Ethik vollkommen überein. Sie besteht in der Re-Integration der Liebe, in der Beseitigung der unbewußten
Lebenslüge, in der Einbeziehung gewisser verdrängter
seelischer Energien unter der Leitung des Gewissens, der
Vernunft und Liebe, somit in einer Gesamtversittlichung
der Persönlichkeit, in der Sicherung der sittlich-religiösen
Freiheit gegenüber den unbewußten Gegenströmungen,
im Ersatz der durch Triebverklemmungen hervorgerufenen Passivität durch maximale Aktivität unter der Vorherrschaft des Ideals. . . . Die Mittel der Psychoanalyse
sind Wahrheit und Liebe."

Über den Erfolg seiner Bemühungen schrieb er allerdings sehr ernüchtert, aber nicht resigniert:

> „Mein Wunsch, die seelsorgerliche Analyse zum Gemeingut aller Pfarrer zu machen, schlug fast ganz fehl. Die Theologen beschäftigen sich lieber mit Dogmengepäck und Kirchenrechtsfragen als mit der lebendigen Menschenseele! Es ist ein Jammer, wie schrecklich in der Seelsorge gepfuscht wird."

O. Pfister faßt seine vielfältigen Reflexionen über die konkrete Wirkungsgeschichte des abendländischen Christentums, insbesondere auch des Katholizismus, in einer zentralen These zusammen:

> „Der Katholizismus erzeugt Angst, indem er einerseits in den Kinderseelen wie im Gemüt der Erwachsenen fortgesetzt Furcht hervorruft, anderseits das Leben in sehr weitem Umfang und hohem Grade hemmt, und zwar sowohl die Triebe, vornehmlich den Sexualtrieb (Zölibat), als auch sublime Geistesbetätigungen, vornehmlich das freie Denken und die Selbstbestimmung, die er durch Vermassung vielfach ausschaltet."

Damit trifft er die Angelpunkte für die Deformation der christlichen Religion und für den Religionsverlust: die Hemmung aller psychischen Energien und deren Umlenkung für Herrschaftszwecke durch Angsterzeugung. Wir sind davon überzeugt, daß die wenigen christlichen Theologen, die sich ernsthaft mit der Tiefenpsychologie befassen, noch lange Zeit gegen großen Widerstand kämpfen müssen. Aber es erscheint uns sicher, daß tiefenpsychologische Einsichten dann ernstgenommen werden können, wenn sich die christlichen Kirchen wieder ihrer genuinen Aufgabe der allseitigen Befreiung der Menschen verschreiben und dem Geist des Evangeliums wie auch der Bedürftigkeit der Menschen gemäß ihren wahren Dienst an der Menschwerdung leisten werden.

b) Überschwemmung mit Schuldgefühlen

Schon auf den ersten Blick wird klar, daß dieses Problem auf das engste mit der Gewissensbildung zusammenhängt: Je enger das Gewissen, desto mehr erscheint verboten und schuldbesetzt. Wir haben im ersten Kapitel gezeigt, daß das neurotisierte Kind schon an und für sich an unbegründeten Schuldgefühlen leidet, weil es von den Eltern in Aggressionen hineingetrieben wird. Doppelt schlimm muß sich das auswirken, wenn nun ein falsch entwickeltes Gewissen diese Schuldgefühle ins Gigantische erhöht.

Wir haben ebenfalls bereits darauf hingewiesen, daß wir (wie auch alle anderen Tiefenpsychologen) zwischen realer Schuld und krankhaften Schuldgefühlen unterscheiden, also selbstverständlich den Begriff der Schuld kennen und anerkennen. So, wie es heute viel zuviele gibt, die an neurotischen, oft unbewußten Schuldgefühlen leiden, so gibt es auch umgekehrt ungezählte Menschen, die wirkliche Schuld ins Unbewußte verdrängt haben. So hat zum Beispiel erst vor kurzem der sattsam bekannte „Major" Reder gesagt: „Ich besitze die Fähigkeit, Unangenehmes in den hintersten Winkel meines Bewußtseins zu verbannen."

Ebenso bekennen wir uns zum Begriff des Gewissens, das allerdings nicht einfach nur als die „angeborene Stimme Gottes" verstanden werden kann. Unserer Überzeugung nach entsteht das von S. Freud sogenannte Über-Ich, das in vielen – nicht in allen! – Aspekten dem traditionellen Begriff des Gewissens entspricht, in der Kindheit durch Erziehung. Die Eltern und andere Autoritätspersonen tragen Gebote und Verbote an das Kind heran, die später von ihm übernommen werden. Hier sehen wir gleich, wie wichtig es ist, daß die Ansichten der verschiedenen Autoritätspersonen miteinander übereinstimmen. Die Stimme, die zuerst von außen tönt, wird langsam in einem komplizierten Prozeß introjiziert, das heißt, in die eigene Person hineingenommen. Voraussetzung für diese Introjektion ist – das kann nicht oft genug betont werden –, daß zu denjenigen, die die Gebote aussprechen, eine positive emotionale Beziehung besteht. Ein überzeugender Beweis dafür, daß das Gewissen des Kindes vorerst einmal ein Erziehungsprodukt ist, kann auch darin gefunden werden, daß die Gewissensinhalte von Kulturkreis zu Kulturkreis wesentlich differieren. Keinem Kind ist zuzumuten, daß es andere Gewissensinhalte sein eigen nennt als die, die an es herangebracht worden sind.

Es gibt krankhafte Über-Ich-Strukturen, die sowohl in die Richtung eines mangelhaften als auch eines zu strengen Gewissens gehen können. Wenn ein Kind in der frühesten Zeit von Hand zu Hand wandert – ein Zustand, den wir als frühkindliche Verwahrlosung bezeichnen –, wird es zu keiner dieser rasch wechselnden Kontaktpersonen eine wirkliche Beziehung entwickeln können. Die Folge wird sein, daß sich das Über-Ich nur äußerst mangelhaft wird ausbilden können; ein Zustand, der folgerichtig in Asozialität zu münden droht und der für den Betroffenen ungeheuer tragisch ist – eine Tragik, die wir noch erhöhen, weil wir nicht im geringsten bereit sind, auf die verursachenden Faktoren Rücksicht zu nehmen.

Als Folge einer überstrengen Gebotsvermittlung kann das Gewissen hingegen die folgenden Kriterien aufweisen:

Erstens ein zu strenges Über-Ich. Dabei wird man gleichsam von Verboten umzingelt und fühlt sich später gleich dem Rilkeschen Panther von allen Seiten behindert: Ihm ist, „als ob es tausend Stäbe gebe und hinter tausend Stäben keine Welt". Es wird immer wieder übersehen, ein wie tragisches Dasein aus einer solchen Gewissenserkrankung resultiert – auch das im Zusammenhang mit dieser Fehlerziehung wirkende Motiv: Ich will einen Menschen heranbilden, der nicht sündigt, ja, möglichst gar nicht sündigen kann, darf als Entschuldigung unter gar keinen Umständen akzeptiert werden, denn es bleibt ein wesentliches Kriterium menschlicher Existenz, immer und überall vor die Entscheidung zwischen Gut und Böse gestellt zu sein. Sie praktisch durch die Verunmöglichung der Sünde aufheben zu wollen, bedeutet also eine Unmenschlichkeit im tiefsten Sinne des Wortes.

Zweitens ein zu enges Über-Ich. In seinem Rahmen kommt es zur Verschiebung des Stellenwertes einzelner Gebote dahingehend, daß bestimmte Gewissensforderungen eine unnatürliche, ihnen nicht zukommende Bedeutung erlangen, zu Schlüsselpositionen aufrücken, die alle anderen gleichsam in den Schatten stellen. Diese Über-Ich-Störung wirkt sich gewöhnlich vor allem im sexuellen Bereich aus. Hier findet von Anfang an eine Verteufelung der Sexualität statt, welche die peinliche und unbarmherzige Beherrschung aller sexuellen Wünsche zur Hauptaufgabe werden läßt, der gegenüber alle anderen Forderungen an Bedeutung verlieren (siehe auch Kapitel 5).

Drittens ein starres Über-Ich. Eine normale, gesunde Persönlichkeitsentwicklung ist dadurch gekennzeichnet, daß allmählich an die Stelle des in der Kindheit anerzogenen Über-Ichs das tritt, was man mit Caruso als „personales Gewissen" bezeichnen kann. Es kommt dadurch zustande, daß sich der Mensch mit allen Gewissensinhalten, die ihm in der Kindheit vermittelt wurden, auseinanderzusetzen beginnt. Punkt für Punkt muß dabei geprüft werden, etwa unter der Devise des Titels eines Dramas von Pirandello: „Das ist so – ist das so?". Im Rahmen dieses Prozesses darf kein Vorurteil, kein Dressat (kritiklos übernommenes Erziehungsprodukt im Sinne Künkels) ungeschont bleiben, denn ihre weitere Existenz ermöglicht die „Verdrängung" und natürlich erhöhte Manipulierbarkeit. Die Grundvoraussetzung, um zu einem personalen Gewissen zu kommen, ist also das Ringen mit der von Eltern und Gesellschaft repräsentierten Wertwelt: Vom psychohygienischen Standpunkt aus kann nur der als gesund bezeichnet werden, der den Weg zu einem personalen Gewissen gefunden hat, oder mit anderen Worten: Das personale Gewissen ist eine Grundvoraussetzung für die seelische Gesundheit!

Um keine Mißverständnisse aufkommen zu lassen: Die Forderungen des personalen Gewissens können nicht nur schwächer, milder, sie können auf einzelnen Gebieten natürlich auch strenger sein als die des Gewissens der Kindheit (wir werden auf dieses Problem noch im Kapitel 6 eingehen).

Daraus ergibt sich auch, daß personales Gewissen und utilitaristische Anpassung keineswegs identisch sind, wie von denen behauptet wird, die aus reaktionärer Gesinnung die Entstehung eines personalen Gewissens um jeden Preis verhindern wollen. Nur dort, wo der Status des personalen Gewissens erreicht ist, sind die Grundlagen für freie Entscheidung und daraus resultierende persönliche Verantwortung gegeben.

Für den gläubigen Menschen kann die Entwicklungsmöglichkeit vom Über-Ich zum personalen Gewissen zu einem mächtigen Beweis dafür werden, daß sich im Gewissen immer wieder von neuem der Anspruch Gottes manifestiert. Denn das Aufkommen des personalen Gewissens bedeutet nach dem vorher Gesagten oft genug den Durchbruch neuer, tieferer, von größerer Verantwortung getragener Einsichten, die weit über die anerzogenen Soll-Forderungen hinausgehen. „Das Gewissen, das gut genug für uns war, ist nicht gut genug für unsere Kinder“, hat Marie von Ebner-Eschenbach formuliert. Alfred Adler verlangte, daß wir stets auf der Suche sein mögen nach einer besseren Gemeinschaft sub specie aeternitatis, und Friedrich Hacker forderte immer wieder, daß wir auf der Suche seien nach dem „Realitätsprinzip der Zukunft“.

Zur Verhinderung eines starren Gewissens erscheint das Grundverhalten notwendig, unser Wissen schon sehr frühzeitig unter dem Motto an das Kind heranzubringen: „So glaube ich es, so verstehe ich es, aber Du mußt selber prüfen, ob Du es übernehmen kannst oder nicht. Vielleicht wirst Du anders denken und Dir eine ganz andere Welt aufbauen.“ Sehr schön kommt diese nötige elterliche Selbstbeschränkung in den Versen von Erich Fried „Kinder und Linke“ zum Ausdruck:

> „Wer Kindern sagt
> Ihr habt rechts zu denken
> der ist ein Rechter
> Wer Kindern sagt
> Ihr habt links zu denken
> der ist ein Rechter

Wer Kindern sagt
Ihr habt gar nichts zu denken
der ist ein Rechter
Wer Kindern sagt
es ist gleich was ihr denkt
der ist ein Rechter

Wer Kindern sagt
was er selbst denkt
und ihnen auch sagt
was daran falsch sein kann
der ist vielleicht
ein Linker"

Ganz besonders gilt dies unserer Ansicht nach auch für die persönliche Glaubens*entscheidung.* Sieht man die Glaubens- oder Unglaubensentwicklungen unserer Zeit, so fällt auf, daß solche persönlichen Entscheidungen zu selten stattfinden. Zuerst wird das Kind ohne sein Einverständnis getauft (wir zählen uns deswegen aber nicht zu den Wiedertäufern!), dann entscheiden die Eltern über seine Teilnahme am Religionsunterricht. Das Resultat dieser Entscheidungslosigkeit ist dann in der Regel ein bloßes Taufscheinchristentum. Wir meinen: Je mehr wir die Konfrontation des Kindes mit der Kirche fördern (auch die kontroversielle), je weniger wir behaupten, es gäbe nur den einen wahren Glauben, desto besser wäre es für eine lebendige Glaubensentwicklung des Kindes und des Jugendlichen.

Wie sieht nun die Überschwemmung mit Schuldgefühlen durch ein zu strenges, krankhaftes Gewissen aus? Ein solcher Mensch kann oft nichts tun, ohne schmerzhaft an die engge- steckten Grenzen zu stoßen. Seine Initiative und Aktivität gehen verloren. An die Stelle der Vielfalt des lebendigen Daseins tritt der uniformierende Zwang, der ihn überall behindert. Er fürchtet, daß er jederzeit die Liebe Gottes verlieren könnte, wie er als Kind immer wieder die Liebe der Eltern zu verlieren fürchtete. An dieser Stelle können wir nicht umhin, wieder ein

Gedicht von Peter Turrini zu bringen, das diese Angst in klassischer Weise wiedergibt:

„Wenn du nocheinmal
Geld aus dem Nachtkästchen nimmst
bist du nicht mehr mein Kind.

Als ich nocheinmal
Geld aus dem Nachtkästchen nahm
erwischte mich meine Mutter.

Ich hielt die fünf Schilling in der Hand
und sagte ihr
daß ich gar kein Geld genommen hätte.
Daß ich es schon genommen hätte
weil ich ein Schulheft gebraucht hätte
und ein Freund mir fünf Schilling geliehen hätte
und der Freund jetzt im Hofe warte
und natürlich hätte ich warten können
bis sie vom Einkaufen zurückgekommen wäre
aber solange hätte der Freund nicht warten können
und vielleicht warte er ohnehin nicht mehr . . .

Ich merkte
daß man Geschichten erfinden muß
wenn man das Kind der Mutter
bleiben will.“

5. Schließlich dürfen wir nicht übersehen, daß *zu jeder Wertvermittlung,* und erst recht zur religiösen, *viel Zeit nötig ist.* Dazu einige grundlegende Bemerkungen: Ganz allgemein darf gesagt werden, daß sich seit dem Jahre 1945 die Eltern Schritt für Schritt immer mehr von der Wertvermittlung zurückgezogen haben, wohl deswegen, weil sie selbst durch wiederholte Zusammenbrüche ihrer Wertsysteme in dieser Beziehung sehr verunsichert worden sind. Dann kam die Tendenz auf, die seelischen Erschütterungen und die fehlende Trauerarbeit zu ihrer Bewältigung durch einen materiellen Aufstieg auszugleichen, besser

96

gesagt: zu kaschieren. Die Menschen stürzten sich in die Errichtung eines Wirtschaftswunders, das ihnen in unglaublich kurzer Zeit gelang, und bald herrschte ein Wohlstand, als hätte es nie eine Niederlage und eine Stunde Null gegeben. Man darf sich nicht wundern, daß unter solchen Umständen für die Menschen dieser Zeit bis weit hinein in unsere Tage Leistung, Erfolg, Geld und Sicherheit eine unbeschreibliche Bedeutung gewannen, ja, zum Götzen geworden sind. Für die Wertvermittlung hatte dies schlimme Folgen. Den in die Arbeitsmühle verstrickten Menschen ließ ihre ständige hastige Tätigkeit keine Zeit mehr für irgendeine Wertvermittlung. Kamen sie endlich nach Hause, waren sie müde und erschöpft und wollten nichts anderes, als in Ruhe gelassen werden. Franz Lerchenmüller beschreibt diesen Vorgang wie folgt:

„Die Arbeit frißt mich auf. Sie frißt zuviele Menschen leer, nagt sie aus, bis sie abends hohl nach Hause kommen, ausgeleert, mit fiebernden Nerven und Druck in der Magengegend. Arbeit ist Streß. Arbeit ist der Grund, daß nur wenige Familien zusammen frühstücken, viele Eltern mehr als zwölf Stunden von zu Hause weg sind, die Männer besonders nur noch die Kraft für ‚Dalli-Dalli' aufbringen, Frauen nachts nicht schlafen können. Arbeit macht Menschen nervös, jähzornig, gereizt, unberechenbar, ausgelaugt. Arbeit frißt Menschen. Diese Arbeit hier im Lande. Die Kinder baden es aus.“

Und so gibt es keine Zeit, keine Kraft und auch kein Interesse mehr für die Wertvermittlung. Und was vielleicht noch schlimmer ist: Es gibt auch keine Werte mehr, die man vermitteln könnte, denn materielle Geschenke, für die die Kinder im allgemeinen nur ein begrenztes Interesse zeigen, können wohl kaum als Wertvermittlung bezeichnet werden. So wachsen, um es mit Manés Sperber auszudrücken, „Waisenkinder auf mit Vater und Mutter“. Man sage nicht, daß die christlichen Familien von dieser schlimmen Tendenz verschont geblieben sind. Oft herrscht auch bei ihnen ein beachtlicher Materialismus. Und wenn manche glauben, man könnte den Kindern als Ersatz Bücher mit christlichen Inhalten hinlegen und sie auffordern, doch wenigstens daraus „eine gute Weltanschauung aufzubauen", so irren sie sich bezüglich der Wirksamkeit dieser Methode: denn Weltanschauungen entstehen vor allem durch intensive zwischenmenschliche Beziehungen. Nur so, in der Interaktion, können sie weitergegeben werden. Jeder Versuch einer diesbezüglichen Substitution muß erfolglos bleiben. Leider scheint das folgende Zitat aus der fiktiven Rede eines Südseehäuptlings, das vielleicht in extremer Weise das heutige Götzenproblem von uns abendländischen Menschen darstellt, seine volle Berechtigung zu haben:

„Vernunftvolle Brüder, horcht gläubig auf und seid glücklich, daß ihr das Arge nicht kennt und die Schrecken des Weißen. – Ihr alle könnt mir bezeugen, daß der Missionar sagt: Gott sei die Liebe. Ein rechter Christ täte gut, sich immer das Bild der Liebe vor Augen zu halten. Dem großen Gott allein gälte darum auch die Anbetung des Weißen. Er hat uns belogen, betrogen, der Papalagi (= Weißer) hat ihn bestochen, daß er uns täusche mit den Worten des großen Geistes. Denn das runde Metall und das schwere Papier, das sie Geld nennen, das ist die wahre Gottheit der Weißen. . . . Geld ist seine Liebe, Geld ist seine Gottheit. Sie alle, die Weißen, denken daran, auch wenn sie schlafen. Es gibt viele, deren Hände sind krumm geworden . . . vom vielen Greifen nach dem Metall und Papier. Es gibt viele, deren Augen sind blind geworden vom Zählen ihres Geldes. Es gibt viele, die haben ihre Freude hingegeben um Geld, ihr Lachen, ihre Ehre, ihr Gewissen, ihr Glück, ja Weib und Kind. Fast alle geben ihre Gesundheit dafür hin. . . . Das Geld allein ist der wahre Gott des Papalagi, so dies Gott ist, was wir am höchsten verehren. . . . Dabei herrscht nun eine große Ungerechtigkeit, über die der Papalagi nicht nachdenkt, nicht nachdenken will, weil er seine Ungerechtigkeit dann einsehen müßte. . . . Denn das Gewicht eines Mannes in der weißen Welt ist nicht sein Adel oder sein Mut oder der Glanz seiner Sinne, sondern die Menge seines Geldes. . . . Und wenn du ihn fragst: ‚Was willst du mit deinem vielen Geld machen? Du kannst hier auf Erden doch nicht viel mehr als dich kleiden, deinen Hunger und Durst stillen?' – so weiß er dir nichts zu antworten, oder er sagt: ‚Ich will noch mehr Geld machen. Immer mehr. Und noch mehr.' Und du erkennst bald, daß das Geld ihn krank gemacht hat, daß alle seine Sinne vom Geld besessen sind. . . . Sein Herz ist hart und sein Blut kalt, ja er heuchelt, er lügt, er ist immer unehrlich und gefährlich, wenn seine Hand nach dem Gelde greift. Wie oft erschlägt ein Papalagi den anderen um des Geldes willen. Oder er tötet ihn mit dem Gift seiner Worte, er betäubt ihn damit, um ihn auszurauben. . . . Dafür weiß aber der reiche Mann auch nicht, ob die Ehre, die man ihm darbietet, ihm selber oder nur seinem Gelde gilt. Sie gilt zumeist seinem Gelde. . . . Es ist eine große Armut, wenn der Mensch viele Dinge braucht; denn er beweist damit, daß er arm ist an Dingen des großen Geistes. Der Papalagi ist arm, denn er ist besessen von dem Ding. . . . Je mehr einer ein rechter Europäer ist, desto mehr Dinge gebraucht er. Darum ruhen die Hände des Papalagi nie im Machen von Dingen. Deshalb sind die Gesichter der Weißen oft so müde und traurig, und darum kommen auch nur die wenigsten unter ihnen dazu, die Dinge des großen Geistes zu sehen, auf dem Dorfplatze zu spielen, frohe Lieder zu dichten und zu singen oder an den Sonntagen im Lichte zu tanzen und sich vielfach ihrer Glieder zu freuen, wie uns allen bestimmt ist. Sie müssen Dinge machen. Sie müssen ihre Dinge behüten. Die Dinge hängen sich an sie und bekriechen sie wie die kleine Sandameise. Sie begehen kalten Herzens alle Verbrechen, um zu den Dingen zu kommen. Sie bekriegen einander, nicht der Mannesehre halber, oder um ihre wirkliche Kraft zu messen, allein um der Dinge willen. . . . Vergessen wir nie, daß wir nur wenige Dinge brauchen außer den Dingen des großen Geistes."

So sehen wir heute also viele Kinder von religiöser Unterernährung bedroht. Dieser tragische Tatbestand veranlaßt wieder andere, das Versäumnis, das vielen Kindern widerfährt, durch überkompensatorische Bemühungen an den Kindern, die in ihrer Hand sind, über die sie verfügen können (beides schreckliche Worte) auszugleichen. Man kann nicht genug davor warnen: Es entsteht dann Übersättigung, und diese ist eine Vorstufe der Langeweile, der Gleichgültigkeit und sehr oft auch der Ablehnung. Auch der besten Speise werden wir überdrüssig, wenn wir sie zu oft und zu reichlich vorgesetzt bekommen. Man lese Barbara Frischmuths meisterliche Darstellung der religiösen Erziehung in einer Klosterschule, um zu verstehen, was wir meinen.

Wenn S. Freud das Erziehen als „unmöglichen Beruf" bezeichnet hat, so kann das vielleicht Eltern ermutigen, zugleich menschlicher und weniger perfektionistisch an diese Aufgabe heranzugehen. Am allerwichtigsten ist, sich selbst zu entdecken, dann wird man nicht den Machtmißbrauch angemaßter Autorität betreiben, dann wird man die Neurotizismen der eigenen Religion entdecken und sie nicht den Kindern weitergeben.

Die beiden folgenden Zitate sollen die Eltern zur unbefangenen Liebe im Sinne des heiligen Augustinus („Liebe nur, dann kannst du tun, was du willst!") ermutigen.

Georg Groddeck, ein Zeitgenosse S. Freuds und genialer Pionier der psychosomatischen Medizin, hat über das Erziehen folgendes gesagt:

„Soll man erziehen? Da ist das verhängnisvolle ‚du sollst'. . . . Nein, du sollst eben nicht, aber du erziehst, du kannst gar nicht anders als erziehen. . . . Meiner Denkweise nach bin ich auf das ‚du tust' eingestellt, nicht auf das ‚du sollst tun'. Für mich ist die Frage ‚soll man erziehen oder nicht?' unbedeutend, mir bedeutet es etwas, daß man erzieht, daß das Erziehen eine notwendige wesentliche Eigenschaft des Menschen ist, daß er, ebenso wie er eine Haut hat und ein Herz, auch das Erziehen als Eigenschaft besitzt. . . . Die Frage lautet, richtig gestellt, nicht, wie soll man erziehen, sondern *wie erziehe ich, wie wirkt dieses Wesen, das sich mir unter dem Wort Ich darstellt, auf den andern im gegebenen Moment und am gegebenen Ort;* wie ist dieses Ich beschaffen, handelt es nach Vernunft und mit Bewußtsein, planmäßig oder geleitet von unbekannten Kräften? . . . Erkenne dich selbst! Der Form nach ist es eine Aufforderung. . . . In Wahrheit ist es aber nur eine Feststellung der Tatsache, daß der, der einige Kenntnis von sich hat, ein besonderes Instrument in der Hand des Alls, Gottnaturs ist, daß er besondere Kräfte hat, Wirkensmöglichkeiten, die ähnlich allen Menschen in einem bestimmten Alter verliehen sind, den Kindern. Die besten Erzieher sind die Kinder, und: So Ihr nicht werdet wie die Kinder, so werdet Ihr nicht in das Himmelreich kommen. . . . Mein Beruf ist nicht zu erziehen, ist auch nicht zu helfen, ist auch nicht Verantwortungen zu geben oder zu nehmen: der ärztliche Beruf hat nur mit dem Augenblick zu tun, der Arzt hat zu sein, nicht zu handeln. Je mehr das Sein hervortritt, je mehr er ist, statt zu handeln, um so leichter wird es dem Kranken, sich seiner zu bedienen. Wir sollen nicht, wir sind.''

Bettina Wegner sagt im Lied „Sind so kleine Hände":

Sind so kleine Hände,
winz'ge Finger dran.
Darf man nie drauf schlagen,
die zerbrechen dann.

Sind so kleine Ohren
scharf, und ihr erlaubt.

Sind so kleine Füße,
mit so kleinen Zeh'n.
Darf man nie drauf treten,
könn' sie sonst nicht gehn.

Darf man nie zerbrüllen,
werden davon taub.

Sind so schöne Münder,
sprechen alles aus.
Darf man nie verbieten,
kommt sonst nichts mehr raus.

Sind so klare Augen,
die noch alles sehn.
Darf man nie verbinden,
könn' sie nichts verstehen.

Sind so kleine Seelen,
offen und ganz frei.
Darf man niemals quälen,
gehn kaputt dabei.

Ist so 'n kleines Rückgrat,
sieht man fast noch nicht.
Darf man niemals beugen,
weil es sonst zerbricht.

Grade, klare Menschen
wär'n ein schönes Ziel.

Leute ohne Rückgrat
hab'n wir schon zuviel.

Wir wollen nun dieses Kapitel beschließen, indem wir unsere bisherigen theoretischen Erläuterungen mit einem praktischen Beispiel untermauern, nämlich jenem Geschehen, welches *Tilmann Moser* in seinem Buch *„Gottesvergiftung"* dargestellt hat. Wir wollen damit gleichzeitig ein umstrittenes Buch über mißbrauchte Religion analysieren, um den Prozeß und das schreckliche Elend der Neurotisierung durch elterliche und kirchliche Einflüsse in ihren wichtigsten Momenten an einem praktischen Beispiel besser verstehen zu lernen. Denn nur die nüchterne Einsicht macht die Verhinderung und Entschärfung solchen Elends möglich.

Bekenntnisse eines Betroffenen

Was frommen Ohren als Lästerung, als Gotteslästerung erscheinen mag, ist nichts anderes als die Notwehr eines tief verletzten Menschen. Nach langjähriger Psychotherapie, die Moser wegen einer äußerst schweren Depression durchmachen mußte, kehrte er, inzwischen selbst Psychoanalytiker und Therapeut, noch einmal zurück zu seinem „Gott der Kindheit", der sowohl in seiner Psychotherapie wie in der Lehranalyse übersehen wurde. Hinter den depressiven Verstimmungen und psychosomatischen Symptomen, die ihn manchmal anfielen, entdeckte er den schrecklichen Gott seiner Kindheit: „Ich hielt dich für verwest, bis ich erkannte, daß du als Krankheit in mir weiterlebst." So begann sich Moser wie ein zürnender Hiob, in einer Art Selbsttherapie mit seiner frühen Kindheit und mit seinem Gott, den ihm die Eltern vermittelt haben und der sich in Mosers Erleben als Selbsthaß und Strafangst manifestierte, auseinanderzusetzen.

Tilmann Moser redet aber nicht über diesen Gott, der seine „schlimmste Kinderkrankheit" war und seine „kleine Seele vergiftet" hat, sondern er redet mit ihm, er redet ihn an – es handelt sich dabei um „unfromme Gebete vor Morgengrauen" und um die Analyse der Wirkung von Kirchenliedern, also um eine literarische Darstellung konkreter Erfahrungen, Erlebnisse und Gefühle und nicht um theoretische Überlegungen. Moser läßt sich in seine Kindheitswelt zurückfallen und erlebt Gott so fürchterlich real als „personifizierte Lebensfeindlichkeit", ja als „Gottesvergiftung, die ihm in den Knochen sitzt".

Diese ehrlichen und zornigen Bekenntnisse sind nicht gegen die Religion, wohl aber gegen ihren Mißbrauch gerichtet, den Moser bitter erfahren mußte und für den seine ebenso schwer neurotischen Eltern auch nichts konnten. Er widmete sein Buch all denen, die einen freundlicheren Gott fanden („Freut euch, wenn euer Gott freundlicher war"). Im Nachwort sagt er ausdrücklich: „Aber ich weiß auch, daß du anderen freundlicher begegnet bist. Soweit sie dich brauchen, um nicht noch mehr zu leiden, werde ich nicht gegen dich sprechen. Es genügt mir, daß ich dich nicht mehr brauche."

Abwehr oder Auseinandersetzung?

Kurz nach Erscheinen seines Buches wurde in katholischen Kreisen das aufschlußreiche Gerücht verbreitet, daß Moser Selbstmord begangen hätte. Das ist wirklich eine klassische sadistische Wunschprojektion von solchen Katholiken, die ohne jede Bereitschaft zu selbstkritischer Auseinandersetzung Mosers Konfessionen dadurch entwerten wollten, daß er sich schon selbst „gerichtet" habe. Mit einer derartigen Kommunikationsverweigerung wird die Berechtigung der Anklagen Mosers allerdings eher bestätigt als widerlegt.

Natürlich könnte man die persönliche Herausforderung dieses Buches durch „sachliche" Argumente, wie das bei vielen Theologen üblich ist, immunisieren, entschärfen und eine betroffene Auseinandersetzung vermeiden. So wurde schon die Freudsche und die Marxsche Religionskritik oft kurzerhand abgetan, indem man beiden einfach einen falschen Religionsbegriff unterstellte. Man muß sich allerdings fragen, inwieweit die kirchlich vermittelte Religion dieser Kritik nicht dringend bedarf! Manche Theologen haben Moser entgegnet, er laste Gott das an, was eigentlich zu Lasten der Eltern, der Kirche und einer jahrhundertealten Frömmigkeitsgeschichte gehe. Man könnte theologisch richtig sagen, daß der biblische Gott ein befreiender Gott ist, daß er ein „Liebhaber des Lebens" ist, wie dies etwa in der zauberhaften Liebeslyrik des Hohenliedes deutlich wird. Man könnte sagen, daß dieser Gott Menschen mit aufrechtem Gang will, mündige, selbstbewußte Menschen und nicht gebrochene, devote, schuldgefühlbeladene Kriecher. Doch Gott kommt nicht abstrakt vor, er wird jeweils konkret durch Menschen, Lehren, Strukturen, Institutionen vermittelt. Die Wahrheit ist konkret, die Wirklichkeit Gottes ist konkret, und der unendliche Mißbrauch Gottes in der Vergangenheit und Gegenwart ist auch konkret. Mit intellektuellem Argumentieren kann man sich da nicht aus der Affäre ziehen, obgleich das leider immer noch die übliche Art der Auseinandersetzung ist.

Fassen wir Mosers Gotteserfahrung vorerst mit seinen Begriffen zusammen: Er bezeichnet Gott als seine größte Enttäuschung, als Betrug, als Krankheit, als wuchernden Tumor, als Gift. Gottes Hauptkennzeichen für ihn waren Erbarmungslosigkeit, Sadismus, Lebensfeindlichkeit, Opium, Verweis und Ersatz für menschliche Beziehungen. Er bezeichnet Gott als seinen Selbsthaß, als Erziehungsmittel zu Abhängigkeit, Infantilität und Unselbständigkeit, als Einschüchterungsmittel für Eltern und Herrschende aller Art, als Zerstörer von Zuneigung, gutem Selbstgefühl und Initiative, ja als schlimmste Kinderkrankheit von Millionen Menschen, die das noch dazu gar nicht mehr wissen. Er charakterisiert diesen Gott als Familienkitt und Beziehungsillusion, als lebensfeindliche Macht, deren Genese wir in der folgenden Pathogenese, also in der Art einer Krankheits- und Kränkungsgeschichte, analysieren werden.

Der familiäre Hintergrund

Ganz entscheidend zum richtigen Verständnis dieser abgründig tiefen religiösen Pathologie Mosers ist die Kenntnis des familiären Hintergrundes. Beide Elternteile stammen aus pietistischen Pastorenfamilien. Als Tilmann sechs Monate alt war, erkrankte sein Vater äußerst schwer, so daß die Mutter monatelang um sein Leben bangte und der kleine Tilmann für ein halbes Jahr zu seiner Tante gegeben werden mußte. Der Vater überlebte zwar, blieb aber, wie es so unschön heißt, an einen Rollstuhl „gefesselt". Mosers Eltern waren, wie er sich ausdrückte, mit „Gottesgeschäftigkeit" ausgelastet, extrem fromme Menschen, die sich für sich und ihre Kinder zu wenig Zeit nahmen, weil sie mit Orgelspielen, Kirchenschmücken, Gottesdienstvorbereitung, Frauenrunden und Pfarrgemeinderat beschäftigt waren. Sie taten ihr Bestes, sie konnten nicht anders. Es geht keineswegs darum, sie zu beschuldigen.

Verschärfend kam dazu, daß sich diese kleine evangelische Gemeinde in einem katholisch dominierten Dorf befand, wo sie keine eigene Kirche hatte, sondern einen Schulraum zur Abendmahlfeier benutzen mußte. Diese Minderheitensituation angesichts einer gegenreformatorisch eingestellten, höchst intoleranten katholischen Mehrheitsmentalität mußte natürlich zusätzlich enorm belastend sein. Denn „die meisten, die in den Schulsaal kamen, durften ja nicht laut sein im Leben. Sie mußten den Gemeindegesang abwarten, um überhaupt die Stimme erheben zu dürfen".

Einblick in ein Stück Selbst-Psychotherapie

Psychotherapie ist ein zutiefst emotionaler Prozeß, in welchem die Phantasien, die Gedanken, Assoziationen und ideologischen Vorstellungen eine wichtige, aber nicht unbedingt die entscheidende Rolle spielen. Bei der Konfrontation Mosers mit seiner religiös-elterlich-kirchlichen Vergiftung steigen tiefe Gefühle in ihm auf, Gefühle des Hasses, der Aggression, der Ohnmacht und Resignation, aber auch der tiefen Trauer. Mit diesen Gefühlen und den damit verbundenen Erinnerungen und Gedanken setzt er sich engagiert auseinander. Zum Schluß erfolgt eine gewisse Versöhnung, die zu jeder gelungenen Therapie gehört, in welcher die Befreiung aus fremdbestimmenden, einengenden, vergiftenden Kräften, bildlich gesprochen, die Ablösung von der Nabelschnur zum Ausdruck kommt. Jetzt ist der Weg frei zu mehr Selbstbestimmung und zur Hinwendung an andere Menschen und zur Welt, zu Intimität und Solidarität und echter Gemeinschaft. Etwas von diesem turbulenten Prozeß kommt in Mosers Buch sehr anschaulich zum Ausdruck. Hören wir einige diesbezügliche Äußerungen aus dem Anfang und dem Schluß der „Gottesvergiftung": „Lieber Gott, ich möchte mit einem Fluch beginnen. . . . Eine Art innere Explosion müßte es werden, die dich zerfetzt. . . . Du warst einst so fürchterlich real, neben Vater und Mutter die wichtigste Figur in meinem Kinderleben. . . . Du bist in mich eingezogen wie eine schwer heilbare Krankheit, als mein Körper und meine Seele klein waren. . . . Ich habe unter niemandem so gelitten in meinem Leben wie unter deiner mir aufgezwungenen Existenz. Indem ich dir zeige, wie du als Krankheit in mich eingezogen bist . . . hoffe ich, mich ein Stück weit von dir heilen zu können."

Im Nachwort kommt bereits eine gewisse Versöhntheit zum Vorschein. „Seit dieser Niederschrift ist ein Jahr vergangen, und sie hat mich tatsächlich ein Stück geheilt von dir. Ich habe sogar einige Seiten an dir neu entdeckt, für die ich dir dankbar bin. . . . Manchmal . . . war die Illusion auch wichtig, daß du mich siehst oder kennst. Die Menschen um mich her haben zu wenig von mir verstanden. . . . Dich überstanden zu haben, gibt mir Selbstbewußtsein. . . . Zutrauen werde ich nie mehr zu dir haben können, aber ich weiß auch, daß du anderen freundlicher

106

begegnet bist. Soweit sie dich brauchen, um nicht n o c h mehr zu leiden, werde ich nicht gegen dich sprechen. Es genügt mir, daß ich dich nicht mehr brauche. Wieviel Gewicht dir andere belassen wollen, darin will ich ihnen nicht dreinreden. . . . Aber was wird an deine Stelle treten? . . . Menschliche Gesichter werden deines ersetzen, weil deines unmenschlich war. Meine Augen lernen sehen, seit du mir nicht mehr den Horizont verdunkelst."

Überforderung durch totale Kontrolle

In einer gesunden religiösen Erziehung bedeutet das Symbol Gott, aber auch das volkstümliche Symbol des Schutzengels, psychoanalytisch gesprochen ein wichtiges „Übergangsobjekt". Es hat vorübergehend die psychische Funktion, auch bei räumlicher Trennung von der Mutter die mütterliche, vertrauengebende, angstnehmende Geborgenheit zu übernehmen. Ein neurotisches Gottesbild oder Schutzengelbild aber übt kaum diese Schutzfunktion, sondern eine permanente Kontrollfunktion aus. Gott wird zum Polizisten, zum verlängerten Arm der Eltern, zum allmächtigen, allwissenden Dauerkontrollor. Dadurch wird das Kind entmutigt, geängstigt, überfordert und in seiner Entwicklung gehemmt. So entstehen ein lebenstörendes Urmißtrauen, eine Lähmung jeder Initiative und eine schreckliche Fremdherrschaft! Diese Überforderung durch ein schwer neurotisch entstelltes Gottesbild erlitt der kleine Tilmann in hohem Ausmaß. Die Fremdkontrolle durch diesen Dauerkontrollor und die elterlichen Erwartungen und Forderungen in dieser „Stimme Gottes" kommen anschaulich in der folgenden Passage zum Ausdruck: „Aber weißt du, was das schlimmste ist, das sie mir über dich erzählt haben? Es ist die tückisch ausgestreute Überzeugung, daß du alles hörst und alles siehst und auch die geheimen Gedanken erkennen kannst. Hier hakte es sehr früh aus mit der Menschenwürde; doch dies ist ein Begriff der Erwachsenenwelt. In der Kinderwelt sieht das dann so aus, daß man sich elend fühlt, weil du einem lauernd und ohne Pausen

107

des Erbarmens zusiehst und zuhörst und mit Gedankenlesen beschäftigt bist. Vorübergehend mag es gelingen, lauter Sachen zu denken oder zu tun, die dich erfreuen, oder die dich zumindest milde stimmen. Ganz wahllos fallen mir ein paar Sachen ein, die dich traurig gemacht haben, und das war ja immer das schlimmste: dich traurig machen – ja, die ganze Last der Sorge um dein Befinden lag beständig auf mir, du kränkbare, empfindliche Person, die schon depressiv zu werden drohte, wenn ich mir die Zähne nicht geputzt hatte. Also: Hosen zerreißen hat dir nicht gepaßt; im Kindergarten mit den anderen Buben in hohem Bogen an die Wand pinkeln hat dir nicht gepaßt, obwohl gerade das ohne dich ein eher festliches Gefühl hätte vermitteln können; die Mädchen an den Haaren ziehen hat dich verstimmt; an den Pimmel fassen hat dich vergrämt; die Mutter anschwindeln, was manchmal lebensnotwendig war, hat dir tagelang Kummer gemacht; den Brüdern ein Bein stellen brachte tiefe Sorgenfalten in dein sogenanntes Antlitz. ,Herr, erhebe dein Antlitz über uns . . .‘, so haben wir am Ende jeden Gottesdienstes gefleht, als gäbe es keine größere Sehnsucht, als immerzu dein ewig-kontrollierendes Big-Brother-Gesicht über uns an der Decke zu sehen. Du als Krankheit in mir bist eine Normenkrankheit, eine Krankheit der unerfüllbaren Normen, die Krankheit des Angewiesenseins auf deine Gnade, die von beamteten Herabflehern zusätzlich zu meinem Geflehe bei dir erbettelt werden mußte.“

Schuldgefühle, Selbstentwertung und Zerstörung von Zuneigung

Diese dauernde Überforderung Tilmanns, welche die Erfahrung des Akzeptiertseins kaum zuläßt und natürlich das elterliche Gottesbild, Selbstbild und Weltbild widerspiegelt, führt zu einer schlimmen Schuldgefühlskultur und belastet seine emotionale Entwicklung sehr schwer. Diese allgegenwärtigen Schuldgefühle nagen an seinem zutiefst verunsicherten Selbstwertgefühl. F. Nietzsche hat treffend gesagt: „Gewissensbisse erziehen zum Beißen.“

108

Sehen wir uns an, wie Tilmann dies als Kind, als Jugendlicher und als Erwachsener erlebt: Seine schreckliche Höllenangst, die Angst, verworfen zu sein, abgelehnt zu werden, liegt in einem seiner häufigen Gebete: „Lieber Gott, wirf mich nicht weg! . . . Fast zwanzig Jahre lang war es mein oberstes Ziel, dir zu gefallen. Das bedeutet nicht, daß ich besonders brav gewesen wäre, sondern daß ich immer und überall Schuldgefühle hatte. . . . Du hast mir so gründlich die Gewißheit geraubt, mich jemals in Ordnung fühlen zu dürfen, mich mit mir auszusöhnen, mich o. k. finden zu können. . . . Dein Hauptkennzeichen für mich ist Erbarmungslosigkeit. Du hattest so viel an mir verboten, daß ich nicht mehr zu lieben war. . . . Ich habe versucht, dich durch Menschen zu ersetzen, aber was waren sie schon neben deinem Bild? Alle waren sie von vornherein entwertet. . . . Dein unbewußt in mir gebliebenes Bild hat alle verkleinert, verächtlich gemacht. Weil du ein ewiger Nörgler an mir warst, wurde ich zum Nörgler an den anderen. . . . Dir verdanke ich die Erfahrung der schrecklichsten Dimension: sich verworfen fühlen. . . . Ich fürchte, du hast mich korrupt gemacht, weil ich auf deine Zustimmung und Gnade nicht verzichten konnte. . . . Dabei war doch der Hauptkummer der, den du selbst in mir angerichtet hast durch die Allgegenwart von Sünde, Schuld und Abhängigkeit von deiner Gnade. Ich traute mich manchmal ja kaum auf die Straße vor Scham über mich und nicht unter die Leute vor lauter Schuldgefühl. An die Kette des schlechten Gewissens hast du mich gelegt, der ewigen Unzufriedenheit mit mir selbst, des ewigen Ungenügens vor deinen Forderungen. . . . Es mag sein, daß die Basis für meinen Selbsthaß viel früher schon gelegt wurde, ehe du mir als neinsagende Gestalt eingegeben worden bist, du aber hast ihn dann verwaltet und ausgebeutet, so daß ich keinem Menschen glauben konnte, wenn er sagte, er liebe mich. . . . Du hast einen schlimmen Mechanismus der Zerstörung von Zuneigung in mir in Gang gehalten. Fing jemand an, mich zu mögen, lieferte er mir nichts anderes als den Beweis seiner Wertlosigkeit."

Moser bedenkt nicht nur die oft subtilen Strategien, die zu seiner Gottesvergiftung geführt haben, sondern auch die Bedingungen, die diesen Prozeß ermöglichten und erleichterten – und das sind nicht nur psychische, sondern auch soziale Faktoren. Die Randgruppensituation, die Verachtung durch die Katholiken, der konfessionalistisch verengte Glaube der Eltern, die schwere Erkrankung des Vaters, das Elend der Mutter und die Trennung von ihr im so wichtigen ersten Lebensjahr, vielleicht auch eine erhöhte Sensibilität Mosers – all das trug zu dieser schrecklichen Vergiftung seiner Seele bei.

Die Eltern „lösten" ihre neurotische Problematik dadurch, daß sie in großer Gottesgeschäftigkeit aufgingen. Sie hatten deshalb weder für sich selbst noch füreinander noch für ihre Kinder genug Zeit. Sie sprachen über Probleme und Konflikte nicht miteinander, sondern nur mit Gott. Ihr Gott ist wirklich Ausdruck einer tiefen Störung in ihrer Beziehung zu sich, zu anderen Menschen, zur Welt, und diesen Gott gaben sie unbewußt an ihr Kind weiter.

Entscheidend für diese religiöse Pathologie sind also die emotional belastete Zwischenmenschlichkeit, eine negative Selbstbezogenheit, Kontaktstörungen mit der Umwelt, soziale Ohnmacht, Isolation und Unwissenheit. In dieser Entfremdungssituation bietet sich Gott als Ersatz, als Opiat für die unerfüllt gebliebenen elementaren menschlichen Bedürfnisse an. In den Bekenntnissen Mosers sieht diese Ursachenanalyse so aus:

„Du gedeihst in den Hohlräumen sozialer Ohnmacht und Unwissenheit. Du blühst aus der Lebensangst meiner Vorfahren, aus allem Unverstandenen, das sie heimgesucht hat, vor allem aber: aus ihrer Ungeborgenheit. . . . Weißt du, daß du für viele meiner Familie für ganze Bereiche ihres seelischen Lebens der einzige Gesprächspartner warst? . . . Mit keinem Menschen habe ich zwischen meinem sechsten und achtzehnten Lebensjahr so viel geredet wie mit dir. . . . Ich habe einen Toten verehrt, der immer mächtiger wurde in mir. . . . Deine Schriften wie deine Lieder sprechen in subtiler Weise alle Kinderängste und -sehnsüchte an, selbst die noch unerforschten, und um so stärker, je weniger sie bei realen Menschen einen Widerhall finden. Ich will dir also sagen, obwohl es dir schon oft gesagt worden ist: Je mehr du von Menschen verehrt oder gefürchtet wirst, desto weniger war ihr frühes Beziehungsleben in Ordnung. Du bestehst aus Verweisung, Entschädigung, Ersatz, bist ein Destillat aller frühen, unerfüllten Ahnungen und Ängste. . . . Im Gesangbuch wie in der Bibel fällt mir inzwischen auf, wie genau du die narzißtischen Sehnsüchte deiner Gläubigen erfaßt hast, die um so stärker sind, je miserabler ihre reale Umwelt war. Doch ebenso sind die Gefühle der Verlorenheit, die Sehnsucht nach Führung, Versorgung, ja Fütterung, Tränkung, Schutz und Beschenktwerden angesprochen, ein Katalog frühelterlicher Funktionen, die du alle natürlich viel besser ausfüllen kannst als sie, vorausgesetzt, der Empfänger ist einfältig und reinen Herzens."

Moser erwähnt unter anderem auch das bei Hochzeiten immer noch verwendete Kirchenlied, das in einem Aspekt durchaus als Hymnus an die Unselbständigkeit bezeichnet werden kann: „So nimm denn meine Hände und führe mich bis an mein selig Ende und ewiglich! Ich mag allein nicht gehen, nicht einen Schritt; wo du wirst geh'n und stehen, da nimm mich mit."

Wir zitieren schließlich noch eine ganz zentrale Stelle aus der „Gottesvergiftung", die den Mißbrauch Gottes durch Eltern und andere Autoritäten anprangert.

„Es ist ungeheuerlich, wenn Eltern zum Zwecke der Erziehung mit dir paktieren, dich zu Hilfe nehmen bei der *Einschüchterung* wie bei der *Vermittlung fiktiver Geborgenheit.* Es ist genauso ungeheuerlich, wie wenn dich Herrschende zu Hilfe nehmen bei der *Knechtung ihrer Völker. Aber deine Geschichte ist ja nichts anderes als die Geschichte deines Mißbrauchs.* Du bist ein Geschöpf des Mißbrauchs menschlicher Gefühle. Ich weiß, das haben dir inzwischen viele gesagt, ich will es trotzdem noch einmal vor dich hinschleudern, weil ich weiß, wie viele gleich mir noch immer an dir leiden. Für viele meiner Generation bist du jedenfalls immer noch die Quelle gebrochener Unterwürfigkeit und quälender Selbstzweifel, auch wenn sie es schon gar nicht mehr wissen."

Eine verschleppte pubertäre Protestphase

Auch in der Phase der Pubertät und Adoleszenz war es Tilmann Moser praktisch unmöglich, aus dieser schrecklichen Welt auszubrechen und sich abzunabeln. Er wurde zwar von extrem ambivalenten, also zwiespältigen Gefühlen zerrissen, Fragen und Zweifel stiegen in ihm hoch, doch die Aufgabe, seine Identität zu finden und sein Selbst zu entfalten, war durch die tief verwurzelte Selbstaufgabe damals unerreichbar für ihn. Und wenn er in Richtung Selbständigkeit initiativ zu werden versuchte, dann hörte er in seinem Inneren folgenden Einschüchterungssatz, der geradezu ein Leitsatz für viele Jahre seines Lebens war: „Was wird der liebe Gott dazu sagen!" So kam er erst um viele Jahre verzögert zur Ablösung, die er in seiner religiösen Selbstanalyse darstellte:

„Du hast aus mir eine Gottesratte gemacht, ein angstgejagtes Tier in einem Experiment ohne Ausweg. Ich wäre dem Labyrinth schneller entkommen, wenn es Menschen gegeben hätte, mächtig und klug und verstehend genug, um mit mir über dich zu reden und meine Zweifel oder meine Auflehnung zu ertragen. So aber hatte ich es mit Menschen zu tun, denen du selbst notwendiger Balsam oder Opium warst und denen ich mit meinen Zweifeln nur Schmerzen zugefügt hätte. Alle waren auf eine stille, verborgene Weise süchtig, und so verschwieg ich ehrfurchtsvoll die Fragen, weil sie gewirkt hätten, als schlüge ich Gebrechlichen die Krücken weg. . . . Wollte ich überhaupt Gefühle von Geborgenheit, Sicherheit und Übereinstimmung erleben, so mußte ich singen und glauben; wollte ich die Selbstachtung wahren, so mußte ich trotzig schweigen. . . . Sind Menschen je warmherziger zur *Selbstaufgabe* ermuntert worden, sind kindliche Geborgenheitsbedürfnisse, Liebes- und Orientierungssehnsüchte je inniger formuliert worden? . . . Vieles von dem, was zu deinem Lobpreis und Gottesdienst erfunden worden ist, hat die Wirkung, einen süchtig zu machen. . . . Dein Angebot ist ausgerichtet auf die tiefsten, im Leben unerfüllt gebliebenen Sehnsüchte der Menschen. Was Menschen nicht geben können oder wollen, kannst du geben. . . . Du warst wirklich ein erstaunlich gewichtiger Teil meiner inneren und äußeren Wirklichkeit. Du hast dich manchmal wie ein leuchtender oder dunkler Nebel vor die Welt geschoben, soweit es sie überhaupt gab für mich. Denn darin hast du es leicht gehabt, ich meine: im Beiseiteschieben der Wirklichkeit. Meine Familie hat nie viel von der irdischen Realität verstanden, noch weniger davon, irdische Realität . . . zu beeinflussen."

Seine Selbstanalyse beschließt er mit der folgenden, von pubertärem Haß erfüllten Feststellung:

„Du brauchtest dich nur einzunisten im *Zentrum des Schuldgefühls*, und schon warst du unerreichbar mächtig an diesem archimedischen Punkt der kindlichen Neurose. Ich versuche, dir dieses Gottesgeschenk der seelischen Erkrankung zurückzugeben. Ich habe darunter gelitten, so gut es mir möglich war, und du hattest dein Wohlgefallen daran. Du mußt dir jetzt andere zur Wohnung suchen, weil ich ohne den ungebetenen Gast weiterleben möchte und meinen inneren Raum vielleicht für Menschen brauche, denen ich, n e b e n d i r u n d m i r, zu wenig Platz gelassen habe."

Zusammenfassung

Fassen wir die Auswirkungen dieser familiär und religiös neurotisierenden Einflüsse auf Tilmann Moser zusammen, dann ergibt sich das Krankheitsbild einer sehr schweren Depression. Er war von tiefem Selbsthaß erfüllt, der nicht nur sein Selbstwertgefühl, sondern auch alle zwischenmenschlichen Beziehungen vergiftete. Er litt an einer ausgeprägten Kommunikationsunfähigkeit, war isoliert und voll von selbstschädigenden Aggressionen. Gott war viele Jahre lang sein einziger wirklicher Gesprächspartner, der ihm zur Überkompensation seines Elends verhalf. Er war erfüllt von Urmißtrauen gegen sich und andere, er war weithin unselbständig und in seiner Initiative gebrochen, daher von Scham und Selbstzweifel und von tiefen Minderwertigkeitsgefühlen geplagt. Er lebte lange Zeit in einer verhängnisvollen Welt, einer Welt, die vollgehängt – verhängt – war von Bibelsprüchen, und in der er als Zerrissener und Alleingelassener schrecklich leiden mußte.

Wir sind überzeugt, daß die Auseinandersetzung mit diesen Bekenntnissen tiefe Einsichten in den psychologischen Mißbrauch von religiösen Symbolen, Dogmen und Moralvorschriften gibt und daß die Lektüre dieses Bekenntnisses sehr heilsam sein kann.

Mit größtem Nachdruck möchten wir nochmals auf den Satz Mosers hinweisen: „Aber deine Geschichte ist ja nichts anderes als die Geschichte deines Mißbrauchs." Dies bedeutet, daß Moser ganz genau erkennt, daß er das Opfer eines Prozesses geworden ist, in dem Gott mißbraucht wurde. Dennoch hilft ihm diese Erkenntnis fürs erste noch nicht, zwischen Gott und denen, die Gott mißbraucht haben, einen Unterschied zu machen. Mit anderen Worten: Trotz dieser fundamentalen Erkenntnis bleibt seine Beziehung zu Gott problematisch, im besten Falle ambivalent. Wir wollen diesen Tatbestand noch einmal herausstreichen, weil damit in der deutlichsten Form die Verantwortung derjenigen klargestellt ist, die eine solche Gottesvergiftung betreiben. Aus vielen Psychotherapien wissen wir, daß am Ende einer gelungenen Psychotherapie nach der schrecklichen und aufrichtigen Auseinandersetzung eine gewisse Versöhnung stehen kann, sowohl mit dem Eltern als auch mit Gott (Aspekte einer solchen Versöhntheit klingen auch bei Tilmann Moser an). Als Beispiel dafür möchten wir abschließend drei Gedichte zitieren, die am Ende der Analyse von Peter Turrini stehen:

„Mutter
du wirst alt
und ich werde älter.

Es wird Zeit
daß wir uns als Menschen begegnen
und miteinander reden.
Jetzt
da ich meine Geschichten erzählt habe
bin ich offen für deine.
Ich akzeptiere
daß ich erwachsen
und allein bin
und freue mich
ohne Vorbehalt
auf deine Wärme.
Ich hoffe
daß du die meine
nach allem
was ich gesagt habe
noch annehmen kannst."

„Heute
stehe ich am Grab
meines längst verstorbenen Vaters.
Ich spüre meine Fähigkeit
Abschied zu nehmen
und bin
wie jeder Mensch
der einen Vater verloren hat
traurig."

„Ich freue mich auf den Tag
und sei es ein halber
an dem die Väter den Platz
neben ihren Kindern einnehmen.
Ich freue mich auf den Tag
an dem die Mütter
ohne ihr Ansehen zu verlieren
den Vätern diesen Platz
geben."

Wir beschließen unsere Überlegungen zum vierten Gebot mit dem Brief eines Vaters an seinen Sohn, welcher den entmündigenden Mißbrauch des Gehorsamsgebotes beispielhaft belegt:

„Lieber A. . . . Nun schon zwei Jahre bereitest Du uns Kummer und Schmerzen. Daß Du dies nicht tun solltest, ist eines der zehn Gebote unserer heiligen Religion, denn was immer auch kommen, was immer man einmal sein oder werden mag, man bleibt Schuldner seiner Eltern! Womit keineswegs Dank verlangt ist oder gar gefordert, aber respektieren und achten sollte man die Eltern in ihren Meinungen, Ratschlägen und Wünschen. Oft ist es leider so, daß erst an ihrem Grab das bittere Gefühl sich einstellt, etwas versäumt zu haben.

Schade, daß ich Dir solches schreiben muß. Verständnis für jugendlichen Unverstand oder Leichtsinn fehlt mir gewiß nicht, aber: aus anfänglichen Spielereien kann nur allzuleicht Ernst werden, wie das bei diesem Verhältnis zu sein scheint! Du kannst sicher nicht sagen, wir hätten Dich zu streng, zu weltfremd erzogen oder Dir zuwenig Freiheit gelassen. . . . Was uns bewegt, ist allein die Sorge, Dich und unsere Familie vor schmerzlichen Erfahrungen zu bewahren. Und daß wir in unserem Alter einen besseren Blick für Menschen und Verhältnisse haben als Du mit Deinen 19 Jahren, das mußt Du uns schon abnehmen. Da wir Dich aber weder gewaltsam festhalten oder einsperren können, mußt Du Dich letzten Endes selbst entscheiden. . . . Um aber ganz klar zu sein: Sollten sich aus diesem Verhältnis irgendwelche Folgen ergeben, dann (Kind, Verlobung, Ehe) bei unserer Mißbilligung und ohne unser Einverständnis, so könnte dies nur sehr ernste Folgen nach sich ziehen, wie Abbruch des Studiums, Einstellung finanzieller Unterstützung von unserer Seite, Beschränkung des Erbes. . . . Zum Schluß noch: wann immer Du irgendwelche Probleme hast, sollst Du bei uns ein offenes Herz finden; denn schließlich sind wir ja doch Deine Dich liebenden Eltern. Aber unsere Empfindlichkeit in dieser Sache wirst Du wohl einkalkulieren müssen und besser unsere Meinung vorher einholen, als zu riskieren, daß wir uns sehr getroffen oder gar provoziert fühlen."

Fünftes Kapitel
Sexualität und christliche Religion

„Wer zum reinen Geist werden will, wird zum reinen Tier."
(Blaise Pascal)

Wir können immer wieder hören, daß es Wahnsinn sei, heute von einem sexuellen Tabu zu sprechen; Sexualität wird jetzt nicht mehr verdrängt; wir leben vielmehr in einer unerträglich übersexualisierten Welt!

Solche Äußerungen, auch wenn sie bis zu einem gewissen Grade den Tatsachen entsprechen, halten wir für die Grundlage neuer, raffiniert getarnter Verdrängungsversuche, denn einerseits gibt es immer noch weite Kreise, die sexuell ahnungslos, verkümmert und mangelhaft informiert leben, andererseits werden ja gerade die Tendenzen, mit Sexualität liberaler umzugehen, von katholischen Stellen dazu mißbraucht, sich diesbezüglich mehr denn je davor zu verschließen. In kirchlichen Kreisen ist die Freudsche Lehre von der infantilen Sexualität nach wie vor weitgehend unbekannt und deswegen umso mehr verpönt, als dort noch immer das Bestreben vorherrscht, wichtige Lebensabschnitte von der Sexualität gleichsam zu reinigen; damit wird aber ein verengtes Verständnis der Sexualität propagiert.

Noch immer herrscht in weiten Kreisen die Vorstellung, daß die Kinder engelgleiche, unschuldige Wesen seien, die nicht mit „schmutzigen" Trieben in Verbindung gebracht werden dürften. Doch in der Kindheit gibt es weder glückliche Unschuld noch Asexualität, sondern viele leidvolle Konflikte.

Zu den Trieben, mit denen sich das Kleinkind beschäftigen muß, gehört außer Zweifel auch die Sexualität, freilich in einer infantilen Form, wie S. Freud überzeugend nachweisen konnte. Allerdings ist Freuds Begriff von Sexualität viel weiter und tiefer als unser landläufiges Verständnis. So erlebt das Kind von Anfang an bei der lebenserhaltenden Saugtätigkeit eine lustvolle Stimulierung der Mundschleimhaut, und dies so intensiv, daß es diesen Genuß durch das Lutschen aller möglichen Gegenstände zu reproduzieren versucht. Später, nachdem es die orale Phase durchgemacht hat, wird der Bereich des Afters als neue erogene Zone, die mit höchstem Interesse und großer Lust besetzt ist, entdeckt und in den Mittelpunkt des kindlichen Interesses gerückt. Das Kind spielt begeistert mit dem Kot und ist von den Ausscheidungsprozessen fasziniert. In einer weiteren, der ödipalen Phase, wendet es sich dem Genitalbereich zu, der mit großer Neugier, begleitet von lustvollen Berührungen, entdeckt wird. Von Anfang an spielt natürlich die Haut, deren liebevolle Berührung mit erotischen, lustvollen Gefühlen verbunden ist, eine entscheidende Rolle für die gesunde Entwicklung.

Es gibt einen nicht zu widerlegenden Beweis für die Richtigkeit der Freudschen Thesen: daß beim normalen Erwachsenen alle diese frühen Formen der Sexualität von großer Bedeutung für die Vorbereitung und Begleitung des Koitus sind – Freud spricht deshalb von Teiltrieben der Sexualität. Nur unter krankhaften Bedingungen (nämlich einer infantilen Fixierung) treten einzelne Teilaspekte als Perversion *isoliert* auf und ersetzen dann den normalen Sexualverkehr des reifen Erwachsenen. In einer guten Erziehung, die das Realitäts- und das Lustprinzip allmählich versöhnt, wird dieses „Rohmaterial" durch geduldige und liebevolle Arbeit kultiviert. Doch allzuoft werden die kindlichen Triebäußerungen als „Unarten" verstanden, die dem Kind „ausgetrieben" werden müssen. So werden die oralen Wünsche als Gier, die analen Spiele als Unsauberkeit, die sexuelle Neugier als Schamlosigkeit interpretiert und mißverstanden, und statt der Gestaltung und Sublimierung dieser Triebe kommt es zu ihrer Verdrängung.

Es kann nicht nachdrücklich genug auf den entscheidenden Unterschied zwischen Sublimierung und Unterdrückung bzw. Verdrängung der noch primitiven kindlichen Triebbedürfnisse hingewiesen werden. Wenn nämlich Triebregungen unterdrückt werden, niemals ausgelebt werden dürfen, sondern ins Unbewußte verdrängt und die dazugehörigen Energien blockiert werden, kommt es zu einer neurotischen Verarmung des Lebens, zur Hemmung der Lebendigkeit. Wenn jedoch die Sublimierung gelingt, wird die ursprüngliche Triebkraft vom primitiven Ziel abgelöst und auf soziale Aktivitäten gerichtet, d. h. die ursprünglichen Triebwünsche und -energien werden teilweise höheren Zielen zugewendet. Dieser anstrengende Prozeß wird durch elterliche Liebe und Geduld ermöglicht. Anna Freud beschreibt den Sublimierungsprozeß so:

„Viele der frühen Freuden des Kindes – wie das Spielen und Schmieren mit Fäzes, das Zeigen des nackten Körpers, das Herausfinden sexueller Geheimnisse – können auf Bereiche umgelenkt werden, die den ursprünglichen ähnlich, aber für die Außenwelt akzeptabel sind. Im Malen und Kneten z. B. kann viel von der alten Lust am Schmieren wiederaufleben; die Zurschaustellung von Kleidern, von Körper- oder Verstandesleistungen ist kaum weniger befriedigend als reiner Exhibitionismus; die Neugier für sexuelle Geheimnisse kann sich in allgemeinen Wissensdurst verwandeln und ein Gutteil ihrer Lustqualität an das Lernen abgeben."

Aber nicht nur die frühkindliche Sexualität wird weithin verdrängt bzw. nicht wirklich ernstgenommen, sondern auch den älteren und alten Menschen wird vielfach das Recht auf Sexualität abgesprochen, als unschicklich erklärt und verpönt. Die österreichische Gerontologin Franziska Stengel sagt zu Recht: „Sexuelle Gefühle können bis zum letzten Tag erhalten bleiben, und auch Großeltern haben noch das Bedürfnis nach Liebe." Als die Wiener Tageszeitung „Kurier" in einer Serie über Probleme alter Menschen auch deren Sexualleben behandelte, kam eine Flut von empörten Zuschriften folgenden Inhalts: „Was machen Sie mit den Alten? Sie sind sicher am Gewinn von Sex-

Shops beteiligt! Stellen Sie Ihre Gemeinheiten ein! ... Sie schreiben unverschämterweise über Sex im Alter. Wenn solche Sachen schon vorkommen, geht man darüber hinweg! Jeder normale ältere Mensch ist über Sex im Alter erhaben, das ist doch das eigentlich Achtenswerte am älteren Menschen. Abnorme Alte, die noch mit 80 oder 90 Geschlechtsverkehr begehen (!), sollte man einschläfern (!)."

Glücklicherweise sind aber auch Anzeichen dafür vorhanden, daß z. B. verantwortungsbewußte Leiter von Altenheimen dieses Problem erkennen und positiv zu lösen versuchen. Jeder Mensch hat ein Recht auf seine Sexualität, und es muß als Armutszeugnis einer Gesellschaft bezeichnet werden, wenn dieses Recht nur bestimmten Altersgruppen zugebilligt wird, andere aber zu Verdrängung und Verlogenheit verurteilt werden.

Wir werden jetzt versuchen, einige Thesen über das Verhältnis von Sexualität und seelischer Gesundheit zu formulieren, denn die seelische Gesundheit des Menschen steht in engem Zusammenhang mit einer gesunden Sexualität. Wir werden dabei eine Betrachtungsweise anwenden, die nicht bloß kausaltriebhaft orientiert ist, sondern die vielschichtige menschliche Wirklichkeit ernst nimmt.

Grundsätzlich gilt, daß im Rahmen der Sexualität all das die Gesundheit fördert, was natürlich ist. Unnatürliche Einstellungen gegenüber der Sexualität schädigen die Gesundheit. Leider finden wir sie nach wie vor sehr häufig, und wir möchten sie als Befangenheit gegenüber der Sexualität bezeichnen.

Wir haben im dritten Kapitel gezeigt, wie wichtig es ist, daß Kinder eine positive Beziehung zum eigenen Selbst gewinnen und daß diese „Selbstliebe" (besser gesagt „Selbstbejahung") gemäß dem Ausspruch der Heiligen Schrift: „Du sollst deinen Nächsten lieben wie dich selbst", zum Kriterium der Nächstenliebe wird. Hier muß nun mit größtem Nachdruck betont werden: Es gibt keine positive Beziehung zum Selbst, die nicht über die lustvolle Entdeckung des eigenen Körpers abläuft. Wer sie aus „Leibfeindlichkeit" unterbindet, der behindert daher die gesamte menschliche Persönlichkeitsentwicklung. Das bekannte Wort: „Der Geist ist willig, aber das Fleisch ist schwach", wurde in diesem Sinne schamlos mißdeutet und mißbraucht, um daraus eine Verachtung alles Körperlichen und „Fleischlichen" abzuleiten.

Die Erschwerung der Entdeckung des eigenen Körpers bezieht sich nun ganz besonders auf den Bereich der Sexualität. Es wird immer noch vieles getan, um das Kind von der Entdekkung der Sexualregion, die unter besondere Verbote gestellt wird, fernzuhalten. Diese Verbote bewirken allerdings – wie sehr viele Verbote auch sonst –, daß das Verbotene einen besonderen Anreiz bekommt, wodurch die unbefangene und natürliche Einstellung gestört wird. Wenn es z. B. heute immer noch Heime gibt, in denen es heißt: „Hände über der Decke!", dann ist das eine hundertprozentige Garantie dafür, daß die Hände nicht über der Decke bleiben! Solche unsinnigen Verbote erschweren nur die Entwicklung einer gesunden Beziehung zur Sexualität, führen zu Fixierungen und Verdrängungen. Solche Menschen können dann in einen ungeheuren Zwiespalt hineingetrieben werden, denn das Natürlichste wird als das Gefährliche gebrandmarkt und mit Schuld- und Versagensgefühlen belastet. Die Opfer einer solchen Erziehung müssen nicht selten großes unnötiges Elend durchmachen. Und sexuell verstörte Eltern geben ihre Verklemmungen und Ängste notwendigerweise an ihre Kinder weiter. Dadurch wird die gesamte Sexualität von einer leidvollen Ambivalenz überschattet. Einerseits wird sexuelles Handeln mit größter Spannung ersehnt, anderseits aber durch Schuldgefühle, Ängste und Zweifel vergiftet. So wird eine tiefgehende Unsicherheit allem Sexuellen gegenüber im Kind erzeugt, eine Befangenheit, die sich auf das Selbstwertgefühl, auf die zwischenmenschlichen Beziehungen und die seelische Gesundheit katastrophal auswirken kann. Diesbezüglich brauchen wir dringend eine natürliche Einstellung gegenüber allem Körperlichen, insbesondere gegenüber der Sexualität.

Wir möchten hier ein Beispiel anführen, das Fritz Riemann in seinem interessanten Buch „Grundformen der Angst" erwähnt. Eine zwangsneurotische Patientin, die alles Sexuelle aufgrund ihrer prüden und neurotisierenden Erziehung und religiösen Beeinflussung verteufeln und verdrängen mußte, entwickelte neben anderen Symptomen auch einen genitalen Waschzwang. Bekanntlich äußert sich Verdrängtes häufig in neurotischen Symptomen. Sie bekam also einen Waschzwang, durch den sie unbewußt und symbolisch ihre „schmutzigen" sexuellen Impulse zur Selbstbefriedigung „wegwaschen" mußte. Sie mußte nämlich ihre Genitalregion besonders intensiv und so häufig waschen, daß sie damit die subjektiv als schwer sündhaft erlebten und verbotenen Lustgefühle bis zum Orgasmus „hintenherum" erleben konnte. Unbewußt kam es also zu einer Teilbefriedigung der verdrängten Sexualität, bewußt aber wollte sie sich nur rein und sauber halten. Wirklich wohlfühlen konnte sie sich dabei natürlich nicht. Man kann sich vorstellen, welche verheerenden Folgen diese falsche Einstellung zur Sexualität für die Lebensgestaltung dieser Frau hat.

Wir möchten jetzt etwas sagen, das uns besonders am Herzen liegt und außerordentlich wichtig erscheint: Was man an sich selbst an Einsicht gewinnt und erarbeitet, das tut man nicht nur für sich, sondern auch für alle, die einem anvertraut sind. Wir zitieren dazu aus H. v. Hofmannsthals „Frau ohne Schatten". Die ungeborenen Kinder rufen den Eltern zu: „Hört, wir gebieten Euch, ringet und traget, daß unser Lebenstag herrlich uns taget. Was Ihr an Prüfungen standhaft durchleidet, uns ist's zu strahlenden Kronen geschmiedet." Ganz besonders gilt dies auch für den geschlechtlichen Bereich.

Wem es in harter Arbeit und offener Auseinandersetzung gelingt, eine natürliche Einstellung zu seinem Körper und zur Sexualität zu gewinnen, der hat bereits einen großen Schritt getan, um der nächsten Generation eine solche Einstellung zu ermöglichen und zu vermitteln. Denn jede Arbeit an der eigenen gesunden Entwicklung dient der Gemeinschaft.

Bei der Besprechung der Gewissensbildung im letzten Kapitel haben wir bereits auf die Gefahr des zu engen Gewissens hingewiesen und betont, daß davon fast immer und vor allem

122

der sexuelle Bereich betroffen ist: Wir können uns daher hier Wiederholungen ersparen.

Durch eine solche Gewissensbildung kommt es zu einer Verzerrung der Hierarchie der moralischen Werte: Die Sexualität wird als das Gefährlichste, das Schlimmste, die sexuelle Sünde als das nicht wieder Gutzumachende im menschlichen Leben angesehen. Man hat S. Freud zu Unrecht den Vorwurf des Pansexualismus gemacht. Wenn man aber das Sexuelle an die Spitze der Werthierarchie stellt, wie dies in kirchlichen Kreisen nicht unüblich ist, kann man eigentlich viel eher dort von Pansexualismus sprechen. Diese überwertige Angst und Beschäftigung mit Sexualität hat auch sehr negative Auswirkungen auf die psychische Gesundheit.

In einem Beichtspiegel für Zehnjährige aus den sechziger Jahren werden z. B. dem ersten Gebot zwei Fragen beigefügt, dem sechsten Gebot aber 15 Zusatzfragen! Auf die tiefenpsychologischen Aspekte eines solchen Vorgehens wollen wir hier nicht näher eingehen, möchten nur auf die merkwürdige Verzerrung und Verschiebung der ethischen Wertigkeiten hinweisen. Offensichtlich ist es gewissen Menschen ein Herzensbedürfnis, sich überwertig mit sexueller Problematik zu beschäftigen und diese immer wieder zu erörtern – wir werden später noch darauf zurückkommen.

Diesbezüglich denken wir auch an Zensoren von Filmen und sogenannter unsittlicher Literatur, die in ihrem Bemühen, Sexuelles möglichst fernzuhalten, nicht selten zu weit gehen und so der Jugend einen gut gemeinten, aber eigentlich schlechten Dienst erweisen. Wir dürfen die Gefahren, die von einer solchen engen Einstellung gegenüber der Sexualität ausgehen, nicht unterschätzen.

Wir meinen, daß um der psychischen Gesundheit willen auch eine völlig neue Einstellung gegenüber der sexuellen Selbstbefriedigung gewonnen werden muß. Dieses Phänomen – früher sprach man auch von Selbstbefleckung, damit die Sündhaftigkeit, welche die „reine" Seele befleckt, noch stärker zum Ausdruck kommt! – wurde zu einem bevorzugten Jagdrevier für

Moraltheologen und Pädagogen. Es ist zu hoffen, daß heute eine Generation heranwächst, die nicht mehr unter dem Druck dieses haarsträubenden Unsinns steht, den man in vielen religiösen und pädagogischen Büchern darüber lesen kann. Bekanntlich wurde Selbstbefriedigung als Todsünde hingestellt, die Leib und Seele ins Verderben stürzt, zu allen möglichen (unheilbaren) Krankheiten führt und für das Diesseits und Jenseits höchst verderblich ist. Wir haben es selbst oft genug erlebt, daß vor allem ältere Menschen, die an schweren Depressionen litten, ihre Krankheit als Folge früherer Masturbation auffaßten. Es ist einfach nicht haltbar, Masturbation als Perversion und als Abnormalität zu bezeichnen. Vom Psychiater Otto Kauders stammt der folgende Ausspruch: Wenn Sie herausfinden wollen, ob ein Mensch lügt, dann fragen Sie ihn, ob er sich selbst schon einmal sexuell befriedigt habe; sagt er nein, dann ist er höchstwahrscheinlich ein Lügner.

Bei der Entdeckung des eigenen Körpers und so auch der Sexualität ist normalerweise die Entdeckung der sexuellen Selbstbefriedigung ein natürlicher und gesunder Vorgang. Nur eine problematische Erziehung, die natürliche Entdeckungen mit Schuldgefühlen belastet, kompliziert diese Erfahrung. Das Masturbationsverbot ist heute sicher weithin gemildert, aber keineswegs völlig überwunden. Daher sollten wir alles tun, um diesbezüglich eine Befreiung von neurotisierenden und unnatürlichen Entwertungen dieser sexuellen Betätigung zu erreichen.

Anderseits kann Selbstbefriedigung auch als „Durchgangssymptom" in der menschlichen Entwicklung bezeichnet werden. Denn mit der Reifung der sexuellen Beziehungsfähigkeit verändert sich der Stellenwert der Masturbation. Während sie in der Kindheit und frühen Jugend weithin die einzige Form sexueller Befriedigung darstellt, weicht sie allmählich mehr und mehr Formen der zwischenmenschlichen sexuellen Betätigung.

Tragischerweise erreicht gerade das rigoros gesetzte Onanieverbot oft das Gegenteil des Angestrebten. Wenn nämlich Masturbation mit Schuldgefühlen gekoppelt wird und so zu einer neurotischen Fixierung und Einengung führt, ist später oft die Kontaktfähigkeit für eine zwischenmenschlich gestaltete Sexualität gestört. In einer typischen Koppelung wird dann nämlich die Selbstbefriedigung zum Symptom des neurotischen Protestes, mit dem gleichzeitig sowohl aggressive Erbitterung gegen die Erwachsenen als auch Selbstbestrafung (verstärkte Schuldgefühle) ausgedrückt wird: Nach Art eines Teufelskreises steigert man sich in diese Symptomatik oft so hinein, daß eine gesunde Begegnung mit dem anderen Geschlecht sehr erschwert wird.

Deshalb ist es von großer psychohygienischer Bedeutung, das irrationale Masturbationsverbot durch vernünftige Einsicht in die Bedeutung der sexuellen Entwicklung und die Äußerungsformen der Sexualität zu ersetzen und dadurch unnötiges, neurotisches Elend zu verhindern.

Auf einen weiteren wichtigen Aspekt der Sexualität wollen wir noch hinweisen. Am Beispiel der Selbstbefriedigung haben wir bereits gesehen, daß menschliche Sexualität immer mit Phantasie verbunden ist, daß also Sexualität nicht isoliert werden kann, sondern mit der Ganzheit des Menschen verbunden ist. Ohne Auseinandersetzung, die wesentlich auch die Phantasie betrifft, kann es zu keiner Kultivierung der Sexualität kommen. Der gefährlichste Feind der Auseinandersetzung ist aber die Verdrängung und Abspaltung. Die menschliche Sexualität äußert sich in allen Aspekten des Menschseins, und die Kultur der menschlichen Sexualität ist das Ergebnis des Dialoges zwischen dem Trieb, dem Ich und der Umwelt. Es wäre also falsch, die Sexualität nur biologisch zu verstehen, isoliert von anderen Aspekten des Menschseins, und bloß kausalistisch. Rein kausal gesehen läßt sich nur feststellen, daß es eine sexuelle Triebkraft gibt, die zur Entladung drängt. Jede Äußerung der Sexualität ist aber ein gesamtpersonaler Vorgang und das Resultat einer Auseinandersetzung mit sich und anderen. Zweifellos hat A. Adler durch die Einführung seiner finalen Betrachtungsweise die frühe kausale Betrachtungsweise von S. Freud notwendigerweise ergänzt. Der finale, also zielgerichtete Aspekt besagt:

Der Mensch verbindet mit seinen sexuellen Verhaltensweisen und Einstellungen, mit seinem Gewähren oder Versagen von Triebäußerungen Wertvorstellungen und Ziele. Er entscheidet sich für bestimmte Gestaltungen und stellt auch die Sexualität in den Dienst seiner gesamtpersönlichen Tendenzen. Adler spricht von Leitlinien des Lebens, vom Lebensstil, dem alle Äußerungen, seien sie biologischer, geistiger oder sozialer Art, eingeordnet bzw. untergeordnet sind. Diese Sichtweise ist auch von großer Bedeutung für das rechte Verständnis der menschlichen Sexualität.

Sie darf aber nicht dazu mißbraucht werden, um nur die Bedeutung des elementaren sexuellen Triebes abzuwerten oder zu unterschätzen. Nachdem Freud zuerst praktisch alle Neurosen in Zusammenhang mit sexuellen Verdrängungen brachte (was sicher falsch war) und Adler richtigerweise sagte, daß die sexuelle Problematik im Gesamten der menschlichen Persönlichkeit gesehen werden sollte, mußte man ein paar Jahre später bereits feststellen, daß in der Adlerschen Neurosenlehre eine „sexuelle Frage" überhaupt nicht mehr vorkam. (Auch wissenschaftliche Pionierleistungen bleiben nicht vor Einseitigkeiten bewahrt – wir sind davon überzeugt, daß uns nicht „Wissenschaftsgläubigkeit" sondern permanente kritische Auseinandersetzung der Wahrheit näherbringen wird.)

Jedenfalls können wir schon beim kleinen Kind wahrnehmen, daß mit jeder sexuellen Äußerung Absichten verbunden sind, die von entsprechenden Phantasien begleitet werden. Diese Phantasien können kommunikativ, zärtlich, freundlich und verbindend sein, Ausdruck sexuell gefärbter guter zwischenmenschlicher Beziehungen. Sie können aber auch feindlich, ablehnend, verletzend gegenüber der Umwelt und Bezugspersonen sein. So kann z. B. Selbstbefriedigung, wie bereits erwähnt, auch ein Protestsymptom sein und Ausdruck des Rückzugs von der Umwelt. Jede sexuelle Äußerung kann gemeinschaftsbezogen oder aber gemeinschaftsablehnend sein.

Ganz entscheidend ist es, *daß sexuelle Störungen niemals als rein sexuelles Geschehen zu verstehen sind.* Denn dabei handelt es sich immer um gestörte zwischenmenschliche Beziehungen. Die Sexualität wird dazu „benützt", diese Störung zum Ausdruck zu bringen. Die Sexualität ist somit Ausdruck der Einstellung des ganzen Menschen, besonders zu seiner Umgebung, aber auch zu sich selber. Sie kann kommunikativ und konstruktiv oder isolierend und destruktiv sein. Und dieser wichtige Unterschied äußert sich auch in den Phantasien, die jede sexuelle Handlung begleiten. S. Freud sprach von der Koppelung von sexuellen mit aggressiven Trieben, also von lebensfreundlichen und lebensfeindlichen Tendenzen, woraus sich auch sadistische und masochistische Triebäußerungen ergeben können. Die tiefenpsychologischen Einsichten in die Vielschichtigkeit und Dynamik der Sexualität in Verbindung mit der Gesamtpersönlichkeit werfen ein neues Licht auf alle sogenannten Perversionen und Abweichungen des Trieblebens. Sie führen zu einem besseren Verständnis für die von Freud sogenannten Partialtriebe, wie etwa den Schautrieb, den Zeigetrieb usw. Auch die Beachtung der Phantasien bei allen sexuellen Handlungen ist deshalb so wichtig, weil sie auf die Ichhaftigkeit oder Wirhaftigkeit der Triebgestaltung hinweisen. Das Ziel der sexuellen Entwicklung ist es, die sexuelle Potenz des Menschen als kommunikative, Lebensfreude gebende, mitmenschliche Kraft zu entfalten, zu kultivieren und nicht zu unterdrücken.

Schon an dieser Stelle möchten wir aufzeigen, wie verfehlt es ist, eine sexuelle Symptomatik nur als sexuelles Problem der „Beherrschung" und der „Sittlichkeit" zu sehen, wie es in katholischen Kreisen noch oft vorkommt. Wenn es gelingt, das dahinterliegende menschliche Problem zu lösen, wird die sexuelle „Unart" ganz von selbst und ohne jede Gewaltanwendung aufgegeben, während die Appelle an den „Willen" das gerade Gegenteil erreichen, weil ja damit das Problem in den Mittelpunkt der Aufmerksamkeit gerückt wird, oft auch Protestgefühle provoziert werden.

Die Einstellung gegenüber der Sexualität wird also durch die Auseinandersetzung mit dem eigenen Ich, durch Erfahrungen mit der Umwelt, durch biologische Reifung und soziales Lernen geprägt. Das heißt, daß die sexuelle Entwicklung ganz wesentlich von der Rolle, die wir in der Familie spielen bzw. erfahren, abhängig ist. Die Rollenverteilung in der Familie trägt zur gesunden oder schädlichen Gestaltung der Sexualität wesentlich bei. Es ist offensichtlich, daß wir ohne unser Zutun, ohne gefragt zu werden, in die Welt gesetzt werden und daß uns biologisch und sozial eine bestimmte Geschlechtsrolle als Mann oder Frau zugewiesen wird. Eine entscheidende Aufgabe des Kindes besteht darin, die ihm biologisch zugefallene Rolle auch psychologisch und sozial akzeptieren und gestalten zu lernen, daß der Knabe das Männlichsein und das Mädchen das Weiblichsein bejahen lernt. Dieser Prozeß ist wesentlich von der Rollenverteilung und -bewertung in der Familie abhängig. S. Freud spricht diesbezüglich von der Aufgabe, die ödipale Situation zu bewältigen.

Diese ödipale Situation, eine klassische Dreiersituation, wird normalerweise durch Vater, Mutter und Kind gebildet. In ihr spielt sich der ödipale Konflikt, der für die Geschlechtsrollenfindung wesentlich ist, ab: Im Alter von vier bis sechs Jahren verliebt sich das Kind intensiv in den gegengeschlechtlichen Elternteil, den es ganz für sich haben, den es „heiraten" will. In konfliktreicher Auseinandersetzung und in Anbetracht des viel stärkeren, zugleich gehaßten wie auch bewunderten gleichgeschlechtlichen Elternteiles lernt das Kind, sich mit diesem zu identifizieren und so auch seine Geschlechtsrolle zu gestalten. So wird der ödipale Konflikt, die erste große unglückliche Liebe des Menschen – weil sie nämlich nicht realisiert werden kann –, durch die Identifikation mit dem gleichgeschlechtlichen Elternteil gelöst, woraus sich die Bejahung der eigenen Geschlechtsrolle ergibt. Wenn uns diese wichtige Entwicklung nicht gelingt, kann es zu unreif bleibenden Elternbindungen, zu gestörter Rollenfindung und zu einer Stagnierung der sexuellen Entwicklung kommen. Besonders das Fehlen eines Elternteiles oder massive Probleme der Eltern mit ihrer eigenen Rolle als Mann und Frau, als Vater und Mutter, belasten diesen Prozeß. Die mangelnde elterliche Akzeptierung der eigenen Geschlechtsrolle, aber auch des Geschlechts des Kindes, kann diese grundlegende Identifizierung und damit die Auflösung des ödipalen Konflikts sehr erschweren. Dadurch werden Menschen in ihrer Geschlechtsrolle verunsichert, sie verharren im Protest gegen eine ihnen zugemutete Rolle, oder sie können auch in eine neurotische Form der Homosexualität hineingedrängt werden. Auch in dieser Hinsicht ist es offensichtlich, daß die Art der zwischenmenschlichen Kommunikation die Gestaltung der Sexualität wesentlich prägt und daß Sexualität als vitales Kommunikationspotential angesehen werden muß.

Wir möchten nun auf die große Bedeutung der Information über Sexualität hinweisen, auf die Aufklärung und ihre Notwendigkeit für eine gesunde menschliche Entwicklung. Es gibt heute in der Psychotherapie eine Bewegung, die etwas verkürzt behauptet: Neurose ist die Folge von Informationsmangel.

Die tiefenpsychologische Neurosentheorie stimmt damit, wie wir gezeigt haben, nicht überein. Dennoch aber kann kein Zweifel darüber bestehen, daß wir durch schlecht informierte Erzieher in Einbahnstraßen gedrängt werden, die unweigerlich in die Verstärkung der Neurotisierung münden. Das trifft weithin auf die Eltern und Lehrer bis hin zur Hochschule in einem erschreckenden Ausmaß zu. Das Klima in Erziehung und Unterricht wird nämlich oft durch einseitige Kommunikation und Information geprägt. Offene und ehrliche Auseinandersetzung und die wichtige Kultur des Fragens wird nicht selten durch autoritäre Information unterdrückt. Je mehr Möglichkeiten der Sichtweisen und der Gestaltung des Lebens aber jemand erworben hat, desto weniger wird er eingeengt leben, desto größer ist die Möglichkeit für personale und soziale Entfaltung. Jede Verengung in der Lebensführung erhöht außerdem die Anfälligkeit für Krisen und die Unfähigkeit, kreativ damit umzugehen.

Diese Erkenntnis aus dem Bereich der Krisenintervention gilt ganz besonders für die Gestaltung der Sexualität, die eine gründliche Information voraussetzt. Leider sind auch heute noch viele Eltern kaum fähig, ihren Kindern eine entsprechende Information über Sexualität zu geben. Nicht selten schieben sich die Eltern diese Aufgabe gegenseitig zu, weil keiner es wagt, sie in Unbefangenheit und Offenheit dem fragenden Kind gegenüber zu erfüllen. Unlängst hat eine Untersuchung in der BRD gezeigt, daß auch die meisten Ärzte von sexuellen Problemen sehr wenig Ahnung haben. Wir müssen alles uns Mögliche tun, damit Kinder und Jugendliche, aber auch Erwachsene, eine gute und gründliche Information über Sexualität erhalten. Dadurch könnten viele Irrtümer und neurotische Ängste, viel unnötiges seelisches Leiden und viele bittere Enttäuschungen vermieden werden. Sicher hat sich in den letzten Jahrzehnten das Klima diesbezüglich verbessert, aber trotzdem gibt es noch viele ungesunde Tabus in der Auseinandersetzung mit sexuellen Bedürfnissen und Problemen. Und nicht selten werden solche Probleme bagatellisiert – eine subtile Form der Verdrängung!

Mit Recht weist E. Bornemann darauf hin, daß zum Beispiel Österreich hinsichtlich der Sexualhygiene zu den unterentwickelten Ländern gehört. Es wird zwar viel über Sexualität geredet, doch weichen die Eltern wie eh und je der Aufgabe einer guten Aufklärung aus, weil sie nach wie vor dadurch sich überfordert fühlen. Braucht es noch eines drastischeren Beweises, daß die Folgen der Sexualangst noch keineswegs überwunden sind und sich weiter katastrophal auswirken? Was in der Schule an Sexualkunde oder Sexualunterricht angeboten wird, beschränkt sich oft nur auf die anatomisch-technischen Fakten und läßt die Jugendlichen somit gerade im entscheidenden Punkt, nämlich hinsichtlich des menschlichen Hintergrundes der Sexualität, im Stich.

Hinsichtlich der Sexualität in der Pubertät sehen wir eine besondere Tragödie darin, daß die Erziehung der Eltern in den seltensten Fällen sexualfreundlich ist. Die Pubertät kann als Revolution verstanden werden, in der es vorübergehend zu einer Ablehnung all dessen kommt, was man von den Eltern übernommen hat, und zu einer Auflehnung gegen alle herrschenden Werte. Die Eltern sind darauf meist schlecht vorbereitet, insbesondere solche Eltern, die ein gestörtes Verhältnis zur Sexualität haben. Sie werden durch die jungen Menschen nicht selten in eine unglückliche Verteidigungsposition gedrängt, in der sie sich den Jugendlichen gegenüber hilflos fühlen. Eltern, die ihre eigene Sexualität verdrängen müssen, werden durch die aufbrechende Sexualität der heranwachsenden Kinder oft schonungslos damit konfrontiert. Insbesondere revoltieren die Heranwachsenden gegen eine falsch vermittelte Religion, besonders gegen deren Körper- und Sexualitätsfeindlichkeit. Nicht selten wird in dieser Zeit dann das Kind mit dem Bad ausgeschüttet. Eine Sexualfeindlichkeit, die religiös verbrämt ist, kann natürlich katastrophale Auswirkungen nicht nur auf die psychische Gesundheit, sondern auch auf die religiöse Entwicklung haben.

Der Psychoanalytiker M. Rotmann beschreibt den Kampf um die sexuelle Identität in der Jugendzeit beispielhaft:

„Im Normalfall ist das Ergebnis aller dieser Kämpfe eine Lockerung der Haltung des Ichs den eigenen Triebvorgängen gegenüber. Dies sei angedeutet am Beispiel eines 15jährigen Jungen, der wegen einer Zwangsneurose in psychoanalytische Behandlung kam und eines Tages berichtete, er habe eine neue ‚Lebensphilosophie‘ mit folgenden Grundsätzen: 1. Wenn ich vor jemandem Angst habe, dann sage ich mir: Zum Teufel mit dir, und ich tue, was mir paßt! 2. Gib nicht so an! 3. Friß nicht soviel! 4. Onaniere nicht soviel! Nummer 2, 3 und 4 sind unwichtig, wenn ich eine Freundin habe. 5. Tu unerwartete Dinge zu ungewöhnlichen Zeiten. 6. Ertrage Mutters Tiraden und Vorhaltungen und laß sie dich nicht dazu bringen, die Kontrolle zu verlieren! – Nach Aufzählung dieser Grundsätze fügte er hinzu: ‚Beachte, daß die wichtigsten meiner Grundsätze n i c h t sagen: tu dies und nicht jenes, sondern daß sie sagen: tu dies n i c h t z u v i e l und tu jenes m e h r! Wenn die Enthaltsamkeit auch gut für mich ist, so sagt keiner der Grundsätze, ich solle mich völlig enthalten‘, und selbstironisch fügte er hinzu: ‚Natürlich weiß ich nicht, wie lange das alles dauern wird, aber ich fühl’ mich großartig dabei.‘ “

Wir möchten noch auf drei wichtige Aspekte hinweisen. Erstens hat jeder halbwegs gesunde Mensch durchaus ein Gefühl dafür, ob er durch bestimmte sexuelle Handlungen Gutes oder Ungutes bewirkt. Es ist entscheidend, die Folgen sexuellen Tuns und Lassens zu bedenken, also sozial mit sexuellen Bedürfnissen umgehen zu lernen. Das Grundkriterium zur Beurteilung von sexuellen Handlungen ist, ob diese Handlungen aufbauend oder aber verletzend sind. Natürlich müssen wir uns immer wieder um die Kriterien zur Beurteilung der Sexualität bemühen. Als zentrales Kriterium dafür gilt: Vernunft und Liebe! Jeder von uns ist aufgefordert, daran zu arbeiten, darüber zu sprechen, damit wir zu einer wirklich personalen Entscheidung kommen können.

Es gibt dabei ein verbreitetes Kriterium, das äußerst problematisch ist. Es klingt sehr provokant, aber die Feststellung, daß eheliche Sexualität an sich positiv und außereheliche negativ wäre, ist so nicht haltbar. Es ist gar keine Frage, daß z. B. Selbstbefriedigung in bestimmten Situationen sozialer sein kann als ein Koitus, daß ein außerehelicher Koitus ethisch wertvoller sein kann als eheliche „Pflichterfüllung" ohne Liebe, Rücksicht und Zuneigung. Die eheliche Bindung allein sagt wenig über den sittlichen Charakter der Sexualität aus. Die Gestaltung der Sexualität in einer langandauernden Beziehung ist ein weiteres Problem, das weithin verdrängt wird, über das man zu wenig spricht und das im kirchlichen Raum besonders unterdrückt wird. Auch diesbezüglich wird die große Bedeutung der Phantasie für die Gestaltung der Sexualität zu wenig beachtet. So ist auch die herrschende und weithin verlogene Ablehnung jeder erotischen Literatur und Kunst einfach Ausdruck dafür, daß der Aspekt der Phantasie verdrängt und entwertet wird. Es ist gar keine Frage, daß das wichtigste Organ der menschlichen Sexualität das Großhirn ist, wie Sexualwissenschafter immer wieder feststellen. Ohne Kultur des Spiels und der Phantasie kann es auch keine kultivierte Sexualität geben. Wir sollten diesbezüglich viel ehrlicher und offener werden! Eine Patientin, die an vielen neurotischen Symptomen litt, erzählte z. B. voll

Empörung, daß ihr Mann erotische Literatur konsumiere. Sie stellte ihn zur Rede, und er sagte ihr, sie müsse froh sein, daß er zu diesem Ersatz greife und nicht andere Wege wählte. Dies konnte die Ehefrau allmählich verstehen, und durch eine Partnertherapie, in der sie auch über ihre sexuellen Bedürfnisse und Phantasien erstmals offen sprechen lernten, wurde es beiden wieder möglich, Freude an ihrer Sexualität zu finden. Wir sehen an diesem Beispiel erneut, daß jedes sexuelle Problem auch ein Beziehungsproblem ist.

Jeder einzelne von uns trägt also zu einer besseren Psychohygiene der Sexualität bei, wenn er sich offen und ehrlich bemüht, seinen Weg in der Gestaltung der Sexualität zu finden, wenn er mit anderen, insbesondere Partnern und Freunden, darüber spricht und neurotisierende Sprachbarrieren überwinden lernt.

Wir müssen weiters die Kommunikationsbarriere niederbrechen, die das Elend von sexuellem Versagen oder sexuellem „Nicht-zum-Zug-Kommen" vertuscht und bagatellisiert. Wir sprechen hier als Psychotherapeuten, die dieses Elend an vielen Patienten erlebt haben, besonders auch an jungen Menschen. Sie fühlen sich zutiefst als Versager und minderwertig. Sie geraten nicht selten in so tiefe Verzweiflung, daß sie Selbsttötungshandlungen als letzten Ausweg wählen. Das ist ein Notzustand, der durch die Störung in der sexuellen Kommunikationsfähigkeit wesentlich mitverursacht wird. Ein solcher Patient schrieb z. B., während er sich auf sein Studium vorbereitete, Hunderte Zettel Exzerpte und fügte immer wieder den Satz ein: „Ich habe noch nie mit einer Frau geschlafen!" In dieser verzweifelten Situation war es für ihn unmöglich, sich wirklich zu konzentrieren. Er wurde dauernd von seinem Versagen gequält und kam nicht aus diesem Teufelskreis heraus. *Solche Menschen sollte man ernst nehmen und ihre Konflikte nicht bagatellisieren.*

Ein weiterer problematischer Zug im heutigen Verständnis der Sexualität besteht oft darin, daß sie zu einer Art von Leistungssport entartet. Wir haben viel mit Studenten zu tun und wissen, was sich hinter diesem „Sport" wirklich verbirgt. Wenn nämlich Sexualität unter Leistungsdruck und Leistungszwang gestellt wird, geht das Wesentliche an ihr verloren. Das „Vergnügen" kann zur Tortur, zur dauernden Prüfungssituation werden. Die Überforderung durch übersteigerte Potenzideale führt oft zum Versagen und hat schlimme Auswirkungen auf das Selbstwertgefühl und die sexuelle Erlebnisfähigkeit. Die einseitige Leistungskultur, der Versuch, über einen anderen Menschen den eigenen Erfolg zu sichern, andere Menschen „auszustechen" und zu erniedrigen, um sich selber erhöhen zu können, das ist eigentlich Betrug und Selbstbetrug und führt zu einer schweren Schädigung auch der sexuellen Genuß- und Beziehungsfähigkeit. Es ist ein Gebot der Psychohygiene, solche Tendenzen an sich selber wahrnehmen und korrigieren zu lernen und über die Auswirkungen des Leistungsdenkens in der sexuellen Kommunikation ehrlich sprechen zu lernen.

Doris Lessing hat gemeint, seit der Einführung der Pille habe der Verkehr für die Frau nur noch den Stellenwert eines „Händedrucks in der Horizontalen". Dazu möchten wir sagen: Es wäre schrecklich, wenn es so wäre; und wir glauben, daß es diese Gesinnung auch gibt, die nur als Ausdruck einer durch Vermarktung entfremdeten und entmenschlichten Sexualität verstanden werden kann.

Die Sexualität ist in ihren direkten wie auch in ihren indirekten, sublimen Äußerungsformen die zentrale Kraft des menschlichen Lebens. Es ist außer Zweifel so, daß alle kulturellen Leistungen, alle kreativen Schöpfungen des Menschen wesentlich mit der Fähigkeit zur Sublimierung der Sexualität zusammenhängen. Die Fähigkeit, in bestimmten Zeiten und Situationen auf Triebbefriedigung verzichten zu können, ist eine wichtige soziale und kulturelle Leistung. Sublimierung heißt im Grunde bewußter Verzicht bei vollem Wissen um die Triebwünsche. Etwas ganz anderes stellt die Triebverdrängung dar, die unter Zwang vor sich geht und verhindert, daß man sich bewußt mit den Triebwünschen auseinandersetzt. Verdrängen heißt, daß man solche Bedürfnisse entwertet, ausblendet und gar nicht

134

mehr wahrhaben kann. Wenn jemand meint, daß er die Sexualität „gar nicht braucht", dann liegt eine schwere Verdrängung vor, wie das z. B. bei Keuschheitsfanatikern der Fall ist. Auf solche Menschen trifft leider das Wort F. Nietzsches zu: „Keuschheit, das ist für die meisten ein Laster, für ganz wenige nur eine Tugend!"

Wir möchten noch auf eine wesentliche Aufgabe hinweisen: Wir sollten lernen, Menschen, die in ihrem Verhalten von der sogenannten Norm abweichen, verständnisvoll und in echter Toleranz zu begegnen. Wir möchten das am Beispiel der Homosexualität ausführen, die immer noch mit unmenschlichen Vorurteilen behaftet ist. Wir wissen heute, daß Homosexualität nicht einfach als Perversion abgetan werden kann, daß es verschiedene Arten von Homosexualität gibt. Abgesehen davon, daß jeder Mensch, wie S. Freud nachwies, homosexuelle Tendenzen hat, die in bestimmten Entwicklungsphasen und Lebenssituationen deutlich zum Ausdruck kommen, gibt es sowohl anlagemäßige Dispositionen als auch und vor allem psychische Entwicklungen, die eine homosexuelle Partnerwahl als subjektiv richtig nahelegen, oft fast erzwingen. Bezüglich der „erworbenen" Homosexualität können neurotisierende familiäre Konstellationen ausschlaggebend sein – etwa das Fehlen des gleichgeschlechtlichen Elternteiles, überstarke Bindungen an den gegengeschlechtlichen Elternteil oder die Ablehnung des Geschlechts des Kindes durch die Eltern. Dadurch kommt es zur psychischen Verneinung des somatisch gegebenen Geschlechts.

Homosexuelle Veranlagung oder durch Umwelteinflüsse geförderte homosexuelle Entwicklungen führen dazu, daß die Menschen ihre Beziehungen ebenso glücklich oder unglücklich gestalten wie Heterosexuelle. Auch sie haben die Aufgabe, ihre Gestaltung der Sexualität personal verantwortlich durchzuführen und die Sexualität in ihre Persönlichkeit zu integrieren. Sie leiden aber oft sehr an der sozialen Ablehnung und Abwertung durch die Mehrheit. Herablassende Toleranz gegenüber Homosexuellen ist daher ebenso unangebracht wie moralische Verurteilung! Keine Mehrheit hat das Recht, eine Minderheit allein deshalb zu verachten, weil sie anders ist – wir sollten das schreckliche Elend Homosexueller im Faschismus nicht vergessen! Diesbezüglich sind wir aufgerufen, an eingefleischten Vorurteilen energisch zu arbeiten und echte Toleranz einzuüben.

Wir werden nie die Definition vergessen, die ein katholischer Richter über Homosexuelle abgab: „Das sind solche Menschen, die mit den gewöhnlichen Schweinereien nicht genug haben." Es ist erschütternd zu sehen, wieviel Ahnungslosigkeit und Befangenheit gegenüber der Sexualität existieren und zu solch einem Urteil führen.

Als Christ fällt es einem schwer, zu bekennen, daß diese Religion, besonders in ihrer katholischen Ausformung, einen sehr großen Anteil an der anhaltenden Verdrängung und Denaturierung der Sexualität auch in unserer Zeit hat. Man muß einfach zugeben, daß es der Kirche bis zum heutigen Tag nicht gelungen ist, ihre befangene Einstellung gegenüber diesem Bereich aufzugeben. Wenn sich auch rein verbal gewisse Änderungen abzeichnen, so haben sie doch in der Praxis nur geringe Auswirkungen. Das hat viele Gründe: Zunächst gibt es theologische Verzerrungen und Fehldeutungen, die zu massiver Sexual- und Körperfeindlichkeit, insbesondere zu Frauenfeindlichkeit und zu einem seelen- und fleischlosen Spiritualismus beitragen.

So wird Eva in der patriarchalisch gefärbten Schöpfungsgeschichte und in der kirchlichen Ausdeutung gerne als die Urverführerin mit der Tendenz dargestellt: Durch das Weib kam alles Übel in die Welt! Als Gegenbild wird dann Maria völlig entsexualisiert, als Jungfrau und als Mutter verstanden. Dies führt zu einer gefährlichen Polarisierung: hier die heillose, sexuelle Eva, dort die heilbringende, asexuelle Maria. Dem entspricht auch die weitere Polarisierung in die Heilige und die Hure, die nicht nur im Hexenwahn grauenhafte Auswirkungen hatte! Es wird übersehen, daß beide Tendenzen in jedem Menschen wirken. So kam es, daß Liebe ohne Sexualität verklärt, Sexualität ohne Liebe aber verteufelt wurde. Ganz entscheidend war schließlich auch, daß man die Menschwerdung Gottes, also die Inkarnation, die Fleischwerdung Gottes, durch eine einseitige Vergöttlichung Jesu enorm verkürzt und verdünnt hat und so dem Mißverständnis und der Verachtung des Leiblichen Tür und Tor geöffnet hat. Es ist sehr bezeichnend, daß man den Teufel als den „Leibhaftigen" bezeichnet, als ob der menschgewordene Gott nicht auch Leib-haftig wäre! Es gibt also viele Momente in der Theologie, von der Moraltheologie ganz zu schweigen, die zur Verdrängung der Sexualität auffordern und einladen.

Den entscheidenden Grund für die gestörte Beziehung zur Sexualität sehen wir aber im Zölibatsgesetz. Wir möchten ausdrücklich betonen, daß wir keineswegs grundsätzlich gegen die Ehelosigkeit von Priestern eintreten, wohl aber für die wirklich freie Entscheidung hinsichtlich dieser Lebensform. Priester, die sich wirklich frei entscheiden könnten, wären sowohl der Sexualität als auch Frauen gegenüber unbefangen und natürlich. In der gegenwärtigen Situation aber ist diese Natürlichkeit und Freiwilligkeit kaum gegeben.

Jedermann weiß, welcher Priestermangel heute (vielleicht nicht zuletzt deswegen) herrscht. Jeder, der mit Alumnen zu tun hat, sieht, wie sie selbst, und natürlich erst recht ihre Vorgesetzten, sich panisch vor einer Begegnung mit einer Frau und damit vor der „sexuellen Versuchung" fürchten. Unter solchen Umständen kann man noch so oft versichern, man habe jetzt eine normale, gesunde Einstellung zur Frau und Sexualität; dies muß ein Lippenbekenntnis bleiben. Ein Priester, der dies alles mitmachen mußte, wird nur unter äußerst glückhaften Bedingungen die Befangenheit gegenüber Sexualität und Frauen ablegen können. Hier ist auch ein Grund für die anhaltende Demütigung der Frau in der Kirche zu suchen. Die Kirche hat im vergangenen Jahrhundert durch konsequentes Nicht-wahrhaben-Wollen der Probleme der Arbeiter diese weithin verloren (siehe auch das nächste Kapitel). Es gehört keine prophetische Gabe dazu, vorauszusagen, daß sich bei anhaltender Verachtung und Zurückstellung der Frau durch eine verengte „Männerkirche" etwas Vergleichbares ereignen wird. Außerdem ist zu bedenken, daß Menschen, die von der normalen Gestaltung des sexuellen Zusammenlebens ausgeschlossen sind, nicht selten einen gewissen Neid gegenüber den anderen entwickeln. Bezeichnend ist in diesem Zusammenhang der Ausspruch eines Theologen: „Wir können zwar nicht verhindern, daß die Menschen koitieren, aber wir können wenigstens erreichen, daß sie es mit schlechtem Gewissen tun, ihnen also das Vergnügen zerstören." Meistens werden die Priesteramtskandidaten auch entsprechend puritanisch und prüde erzogen, so daß sie nur mühsam und über Umwege zu einer gesunden Einstellung gegenüber der Sexualität gelangen können.

Sehen wir uns ein sehr problematisches Beispiel für die Idealisierung des Priesterberufes an, die notwendigerweise zur Verdrängung führt und zu einem äußerst gefährlichen Supranaturalismus beiträgt. Im Jahre 1979 hielt Johannes Paul II. vor römischen Priesterseminaristen eine vielbeachtete Ansprache. Der Papst sagte u. a.: „Es ist wirklich beeindruckend zu denken, im Besitz der Wahrheit zu sein. Wie viele Jugendliche besitzen nicht die Wahrheit und schleppen ihre Existenz ohne ein Warum weiter." In Anspielungen an den hl. Augustinus und andere berühmte suchende Menschen sagte der Papst weiter:

> „Sie sind dorthin gekommen, wo ihr jetzt schon seid. Denn ihr besitzt (!) in der Tat schon die Wahrheit, die ganze, leuchtende, tröstliche. . . . Eines Tages werdet ihr in der Person Christi handeln müssen. Somit seid ihr nicht wie andere junge Leute, die hauptsächlich nur die normalen Ziele der Karriere, der sozialen Position, der Ehe, der irdischen Befriedigung (!) anstreben, wenn auch mit christlichen und selbst apostolischen Idealen. Ihr seid anders, weil ihr zum Priestertum berufen seid!"

Ein solches Priesterbild wird sicher nicht zur emotionalen Reife der Seelsorger beitragen, viel eher schon zu Überheblichkeit, zu Absolutheitsansprüchen, zur Verachtung der irdischen Wirklichkeit, zur Überforderung und Verdrängung natürlicher Lebensbereiche. Wir müssen mit Nachdruck darauf hinweisen, daß Seelsorger, die ihrer Sexualität in einer derartigen Befangenheit gegenüberstehen, kaum eine gesunde emotionale Beziehung zu ihren Mitmenschen entwickeln können. Und dadurch ist die Basis ihrer Glaubensvermittlung gestört.

Die schon erwähnten Momente kulminieren dann auch in der katholischen Sexual- und Ehemoral, deren Einfluß eine gesunde Entwicklung oft sehr erschwert. Wir sind davon überzeugt, daß Jesus, wenn er heute in seine Kirche käme, die übliche Moraltheologie und das Kirchenrecht als erstes abschaffen würde, weil sie in vielfacher Weise dem Geist seiner Botschaft widersprechen! Sehen wir uns einige Beispiele aus diesem Bereich an. So wurde etwa, wie schon erwähnt, die sexuelle Selbstbefriedigung als schwere Sünde hingestellt – heute besteht diesbezüglich Gott sei Dank unter den Moraltheologen keine Einigkeit mehr –, und die irdischen wie jenseitigen Auswirkungen dieser angeblichen Todsünde wurden in angst- und schuldgefühlerzeugenden Bildern des Schreckens ausgemalt.

Weiters wird immer noch die Ehe als einzig legitimer Raum sexueller Betätigung gesehen und als einziges Kriterium für die sittliche Erlaubtheit des Koitus bezeichnet. Der vor- und außereheliche Verkehr gilt weiterhin als schwere Sünde.

Die kirchliche These, daß als Kriterium für die Gültigkeit der Ehe der vollzogene Beischlaf gilt, kann nur als biologistisches Mißverständnis der menschlichen Sexualität bezeichnet werden. Es wäre grotesk, wenn durch e i n e n Koitus eine untrennbare Verbindung zustande käme, die nur auf einer wirklich freien personalen Entscheidung beruhen kann. Es ist längst erwiesen, daß es einer enormen Reife bedarf, den passenden Lebenspartner zu finden, einer Reife, die viele Menschen in dem Alter, in dem die Mehrzahl der Ehen geschlossen wird, einfach noch nicht erreicht haben. Die Kirche prüft und fördert diese Reife kaum, ja sie verhindert sie nicht selten, setzt sie aber doch voraus und erweist sich meist als unbarmherzig, wenn eine solche

Ehe in Brüche geht. Insbesondere bezüglich der geschiedenen wiederverheirateten Partner verhält sich die Kirche vielfach unmenschlich und unchristlich! Sie fügt dem menschlichen Elend, das mit dem Scheitern einer Beziehung immer verbunden ist, noch ein weiteres hinzu. Auch hier müßte man sich auf das Jesuswort besinnen: „Der Sabbat ist für den Menschen da, nicht der Mensch für den Sabbat!" In dieser Hinsicht wären Reformen überfällig!

Wie wir bereits ausgeführt haben, ist die menschliche Sexualität ein grundlegendes, vitales Medium menschlicher Kommunikation und Begegnung. Sie läßt sich nicht bloß als Mittel zum Zweck der Fortpflanzung, aber auch nicht als Selbstzweck verstehen. Richtig verstandene menschliche Sexualität kann in unterschiedlicher Intensität und Gestalt mit jeder menschlichen Begegnung verbunden sein. Sie läßt sich deshalb auch nicht bloß auf die Ehe einschränken, die, derart mißverstanden, wirklich zum „Grab der Erotik" werden kann. Und wer die Natürlichkeit der Sexualität einer falsch verstandenen Übernatürlichkeit opfert, wer natürliche Äußerungen der Sexualität mit Schuldgefühlen belastet, der erweist der ohnehin schwierigen Aufgabe der Menschwerdung und der Gestaltung von Partnerschaften nur einen schlechten Dienst! Es gibt immerhin schon Moraltheologen, die mit Nachdruck auf die Unhaltbarkeit der moralischen Verurteilung jedes außerehelichen Verkehrs hinweisen, auch wenn die römische Glaubenszentrale in den letzten Jahren wieder verstärkt repressive Moralvorstellungen vertritt und propagiert. Unlängst hat Johannes Paul II. gesagt, daß man auch seine eigene Frau nicht begehrlich ansehen dürfe! Dazu können wir nur eines sagen: das ist ja die Tragödie in den meisten Ehen, daß die Ehemänner ihre eigene Frau nicht mehr begehrlich ansehen!

Hier ist wieder einmal die Tragik der Kirche erlebbar, die wir in unseren Ausführungen wiederholt aufgezeigt haben: Daß sie nämlich absolut Gutes will, aber durch die Art, wie sie es zu erreichen versucht, das gerade Gegenteil erreicht. Außer Zweifel ist die Einehe, als dauernde Beziehung, ein hohes sittliches

Ziel des Menschen. Aber es ist ein sehr schwer zu erreichendes Ziel und bedarf einer hochgradigen beiderseitigen Reife.

Man muß nicht Psychotherapeut sein, um erkennen zu können, wie sehr sich im Bereich der Partnerschaft und Ehe menschliches Glück und Unglück ereignen, wie schwer es ist, eine gelingende Partnerschaft zu gestalten. Blicken wir in die Weltliteratur, sie ist vielfach mit diesen Problemen und Erfahrungen beschäftigt.

Die christliche Ehe wird heute noch vielfach so aufgefaßt, als hätte man damit ein „ewiges" Besitzrecht auf den Partner erhalten. Nun ist aber der Mensch (und insbesondere der Mann) so geartet, daß ihn das, was er besitzt, noch dazu „garantiert" besitzt, von Jahr zu Jahr immer weniger interessiert. So beginnen Vernachlässigung und Gleichgültigkeit zu wachsen, und schließlich lebt man immer fremder nebeneinander her, aber keineswegs mehr miteinander, wie es Anton Wildgans im folgenden Gedicht so schrecklich realistisch ausdrückt:

„O, du kannst einsam sein, daß Gott erbarm
und es dann merken an dem Fliegenschwarm
der Menschen jäh befällt wie Scham und Grauen.
Und manchmal mußt du vor den Spiegel gehen
und voller Angst nach deinem Bilde sehen,
um in ein Antlitz, das du kennst, zu schauen.

Und Freunde kannst du haben, Weib und Kind,
und so allein sein wie ein Baum im Wind,
der zitternd steht auf namenloser Heide;
und mit den Freunden hast du viel verbracht,
und mit dem Weibe schläfst du jede Nacht,
und jenes Kind ist deiner Seele Weide.

Sie aber fassen deine Rede kaum,
als sprächest du aus einem Traum,
der nicht Bewandtnis hat in ihrem Leben;
zu deiner Freude sind sie fremd und kühl;
zu deiner Drangsal ohne Mitgefühl,
Neugier ist alles, was sie zögernd geben.

Da wirst du selbst dir mählich unbekannt
und wie ein meindlicher Komödiant,
der jede Miene eingelernt und Gebärde;
nur manchmal hörst du's rauschen innerlich
und hältst erschrocken inne:
Bin das ich ?! –
So einsam kann man sein auf Gottes Erde."

Dazu kommt noch das Nachlassen der sexuellen Attraktivität. Eine repressive, zu enge und unterdrückende Einstellung gegenüber der Sexualität und allem körperlichen Ausdruck von Zuneigung und Zärtlichkeit kann diese Problematik unerhört erschweren, das Leben verarmen lassen und zutiefst belasten. Deshalb möchten wir auf die ungeheure Verantwortung hinweisen, die in jeder menschlichen Kommunikation, auch in der sexuellen, liegt. (Das betrifft auch die unterschiedliche Dauer solcher Beziehungen und die Wandlungen im Beziehungsleben. Hier sind zwischen den Extremen der flüchtigen, einmaligen Begegnung und der Bindung auf Lebenszeit alle Übergänge möglich.)

Das Zusammenleben auf längere Sicht stellt den Menschen vor große, mitunter seine Kräfte fast übersteigende Probleme – das aber wird in der kirchlichen Ehemoral kaum ernsthaft beachtet! Es ist oft so, daß gerade in der Ehe die sexuelle Begegnung nicht selten auf Routine und Gewohnheit reduziert wird, auf Erfüllung der „ehelichen Pflichten", ohne wirkliche Liebe und erotische Verspieltheit. Eine solche sexuelle Begegnung ist dann nicht „die Dankbarkeit des Leibes für das, was die Seele für den Partner empfindet", wie das Peter Altenberg so schön sagt, und stellt nicht selten eine sittlich nicht besonders hochstehende oder gar unsittliche Handlung dar. Ein solcher Koitus sollte dann die Bestätigung einer guten bzw. gültigen Ehe sein?

Vor kurzem war eine Vierzigjährige bei einem von uns, die berichtete: „Wir führen eine gute Ehe, haben keine Schwierigkeiten miteinander, sind beide berufstätig, haben uns ein Haus und vieles andere aufgebaut. Nur zu einem kommen wir nicht:

142

Zum Miteinander-Sprechen. Und wie soll man dann miteinander ins Bett gehen? Da muß doch ein Gefühl da sein, das überfließt, in die Sexualität mündet, aber dieses Gefühl ist einfach nicht da; dazu sind wir einander zu fremd. Und wenn wir ‚es‘ dann trotzdem tun, schämen wir uns beide nachher sehr. Das muß ein Ende haben, muß sich ändern, bevor wir daran zugrunde gehen!“ – Welch eine erschütternde Darstellung und welch ein Glück, daß es beide wenigstens noch bemerken! Es ist offensichtlich, daß die sittliche Qualität einer sexuellen Begegnung nicht durch das Kriterium der Ehelichkeit beurteilt werden kann. Die Gewöhnung bleibt natürlich eine ungeheure Gefahr für die Lebendigkeit menschlicher Beziehungen, ganz besonders im intimen Bereich. Man könnte in diesem Zusammenhang etwas idealistisch von einer „Diätetik der Sexualität“ sprechen, wie sie P. Altenberg nahelegt: „Essen und trinken sollte man nur, wenn man Hunger und Durst hat, daß schon der Gedanke an eine Brotkrume einem das Wasser im Munde zusammenlaufen läßt. In sexuellen Dingen ist es ganz genauso.“ Sexualität ist am schönsten, wenn man sich zutiefst gedrängt fühlt. Es ist daher an alle Partner zu appellieren, ihre Phantasie zu pflegen und alles zu unternehmen, füreinander stets aufs neue anziehend, verführerisch und interessant zu bleiben. Diese weltbewegende Kraft kann auch hier Welten verändern. Sicherlich ist die phantasievolle Sexualität und erotische Verspieltheit nicht unbedingt Voraussetzung für eine dauernde Partnerschaft, aber die Stabilität und Lebendigkeit einer Beziehung wird dadurch enorm gestärkt.

Alle bisher erwähnten Aspekte stehen in einem direkten Zusammenhang mit der kirchlichen Sexualpädagogik, deren Fundament das berüchtigte 6. Gebot darstellt. Dieses Gebot wurde bekanntlich in der kirchlichen Erziehung über alle Maßen strapaziert. Die ursprüngliche Bedeutung „Du sollst nicht die Ehe brechen“ wurde sinnwidrig ausgeweitet in die Formulierung: „Du sollst nicht Unkeuschheit treiben“. Die genauere Betrachtung des Wortes keusch gibt uns nun in diese Verengung einen tiefen Einblick. Denn das Wort keusch leitet sich sprachlich vom lateinischen Wort conscius ab und heißt: besonnen, vernünftig, gewissenhaft und rücksichtsvoll sein, sich also kultiviert verhalten. Es bezog sich ursprünglich auf alle Verhaltensweisen des Menschen, wurde dann auf die Gestaltung körperlicher Bedürfnisse beschränkt, auf die Art des Essens, des Umgangs mit Ärger und Aggression und mit sexuellen Impulsen und Bedürfnissen. In den letzten Jahrhunderten wurde es allerdings nur mehr auf die Gestaltung der sexuellen Bedürfnisse eingeengt. Unkeusch mit körpernahen Bedürfnissen umgehen heißt z. B., wie ein Tier zu fressen, gewalttätig und rücksichtslos Aggression und Wut auszuleben wie auch „tierisch" sexuellen Impulsen zu folgen. Wir möchten aber darauf hinweisen, daß nur ein Mensch „tierisch" sein kann, man müßte sich beim Gebrauch dieses Wortes genaugenommen bei allen Tieren entschuldigen, die sich ja ihrer Natur entsprechend verhalten! Dem Menschen ist es vorbehalten, Kultur zu entwickeln und kultiviert zu leben, seine Triebäußerungen also sozial zu gestalten.

Sehen wir uns dazu ein Beispiel aus dem Religionsunterricht an. In Pichlers „Katholischem Religionsbüchlein", das über dreißig Jahre lang bis in die siebziger Jahre Millionen österreichischen Kindern in der Grundschule zur religiösen Bildung verhalf, wird im 7. Kapitel die „Sündflut" geschildert. Die Überschrift dazu heißt: „Gott bestraft die lasterhaften Menschen durch die Sündflut." Der bildhaften Schilderung dieser Flut folgt dann eine aufschlußreiche Belehrung: „1. Gott hat die Sündflut wegen der Unkeuschheit (!) der Menschen geschickt. Hüte dich vor dieser Sünde ganz besonders! Achte auf deine Gedanken und deine Blicke und fliehe böse Gesellschaft! . . . Kommt dir eine Lust zu etwas Unschamhaftem, so rufe innig zur heiligen Mutter Gottes: Maria, hilf mir."

Stellen Sie sich vor, wie das auf etwa 7jährige, insbesondere sensible Kinder wirken mußte, wie sehr dadurch Verdrängung, Leibfeindlichkeit und eine unnatürliche Einstellung gegenüber den natürlichen Triebregungen gefördert, ja gefordert wurden!

Wir möchten dieses Kapitel, das ja vielfach zu denken gibt, mit folgender Zusammenfassung zu Ende bringen: Wer durch eine spezifisch puritanische und prüde Erziehung dafür sorgt, daß sein Kind sexuell gehemmt und verklemmt wird, so daß es später auf diesem so wichtigen Gebiet zum Außenseiter gerät und weder mit einem anderen kommunizieren kann noch genußfähig erscheint, der leistet einen wesentlichen Beitrag zur steten Verringerung der Lebensqualität durch Behinderung des entscheidenden Kommunikations- und Begegnungsbereichs Geschlechtlichkeit. Mit diesem Verhalten wird direkte Seelenvergiftung betrieben. Es gibt nun gar keinen Zweifel darüber, daß sich die Kirche durch viele Jahrhunderte in diesem Sinne betätigt hat, und es scheint mehr als fraglich, wie sie sich für das dadurch entstandene Unglück von ungezählten Menschen rechtfertigen kann. Auf den Gründer der Kirche, Jesus Christus, kann sie sich dabei sicherlich nicht berufen! Alles, was man angesichts dieser Situation hoffen kann, ist, daß wenigstens jetzt nach und nach Einsicht in dieses schreckliche Versagen gewonnen wird und alles uns Mögliche getan wird, daß es auch in dieser Hinsicht besser wird.

Daß dieses Versagen zu wiederholten Malen auch zu einer Verkümmerung des religiösen Lebens, ja, zum Religionsverlust geführt hat, mag vielleicht ein zusätzlicher Ansporn für die Kirche sein, eine Kursänderung vorzunehmen. Dies wäre die Kirche insbesondere der Jugend gegenüber schuldig, die sich nicht eine „bequemere" Religion, die in allem nachgibt wünscht, wohl aber eine menschlichere!

Sechstes Kapitel
Tiefenpsychologische und theologische Erwägungen zum fünften und siebten Gebot oder: Das Verhältnis des Christentums zu Krieg und Frieden

„Wer das Evangelium liest und nicht sieht, daß Jesus gegen seine heutigen Vertreter gestorben ist, kann nicht lesen. Diese Theologie ist der grimmigste Hohn, der je einem Gedanken widerfuhr." *(Max Horkheimer)*

„Um Christi willen muß die Kirche besorgt sein um das Wohl der Menschen, damit das Leben in dieser Welt mehr und mehr der Würde des Menschen entspricht und in allen seinen Aspekten immer humaner gestaltet werden kann." *(Johannes Paul II. in der Enzyklika „Redemptor Hominis")*

1. Das Christentum – eine „Kriegsreligion"?

Wir sprachen schon im 1. Kapitel von der „Konstantinischen Wende" und den dadurch zunehmenden neurotisierenden Tendenzen in der Kirche. Aus einer Kirche der Verfolgten, der Armen, der Kriegsdienstverweigerer wurde innerhalb weniger Jahrzehnte eine Kirche der Verfolger, der Reichen und Mächtigen, des Kriegsdienstes, der Waffensegnungen und sogenannter „heiliger" Kriege. Während vieler Jahrhunderte stand nicht die befreiende und humanisierende Botschaft Jesu im Vordergrund der Pastoral, sondern herrschaftliche Unterdrückung, Ausbeutung und Erniedrigung des Menschen im Namen Gottes. Wir müssen uns daher mit diesen schrecklichen Verirrungen des christlichen Abendlandes auseinandersetzen, die Kurt Tucholsky in einem Brief an die katholische Journalistin Fuchs so formuliert:

„Liebe Fuchs, ich habe einen Einwand gegen das Christentum; es hat noch nie etwas geholfen. Wie sieht die Geschichte der christlichen, allerchristlichsten Staaten aus? Bluttriefend? Also? Also ist es nichts, hilft nichts – nach so einem Krieg wollt ihr noch was erzählen? . . . Wer so versagt, hat zu schweigen."

Wir glauben aber nicht, daß dies alles ist, was man dazu sagen kann, sondern daß man durch die ehrliche Auseinandersetzung und gründliche Analyse dieser Verirrungen lernen kann, sich neu zu besinnen und Veränderungen einzuleiten. Für uns gilt die Devise: „Es ist nie zu spät!" Außerdem dürfen wir in diesem Zusammenhang die selbstkritischen und nüchternen Worte des Konzilstheologen F. Klostermann nicht vergessen:

„Diese Kirche ist als geschichtliche Größe in allen ihren Rängen notwendigerweise eine Kirche, die sich aus uns konstituiert, das heißt: aus Menschen, die alles dessen fähig sind und bleiben, wessen Menschen fähig sein können; darum ist sie Kirche aus Sündern, Kirche des Abfalls, Kirche der Perversion, Kirche, die dauernd hinter ihrem eigenen Anspruch zurückbleibt, die sich immer wieder den Anliegen Jesu widersetzt, ja ihnen oft genug widerspricht, Kirche der Untreue, weshalb sich die alten Kirchenväter, die noch ehrlicher als wir waren, nicht scheuten, von einer Hurenkirche zu sprechen. . . . Irrtum, Sünde und Unbußfertigkeit sind also nicht nur etwas, was einzelne Menschen von der Kirche entfernt, sondern etwas, was in der Kirche bleiben kann, was sie selbst infiziert, was sie im tiefsten unglaubwürdig, zur sündigen Kirche macht, so daß Menschen das Antlitz Jesu in ihr nicht mehr zu erkennen vermögen. Und solche Dinge sind nicht nur als außergewöhnliche Unfälle ihrer Geschichte möglich; sie können sich durch ganze Perioden ihrer Geschichte hinschleppen, sie können sich in Strukturen niederschlagen, die die innere Umkehr eher hemmen als fördern."

In einem globalen Sinn kann man zweifellos davon sprechen, daß sich die christliche Liebesreligion bzw. Friedensreligion vielfach in ihr Gegenteil, in Haß- und Kriegsreligion verkehrte.

Der Psychoanalytiker und Familientherapeut Helm Stierlin legte unlängst eine kritische Studie über „Die Christen in der Weltfamilie: Auserwählt zum Friedenstiften?" vor, in der er sich mit den widersprüchlichen Aussagen in den Evangelien einerseits und mit der widerspruchsvollen Geschichte des christlichen Abendlandes andrerseits befaßt. Das Titelbild weist bereits auf den Grundwiderspruch hin: Während des Falklandkrieges verteilt ein Feldgeistlicher auf einer der Inseln die heilige Kommunion an argentinische Soldaten.

Die Bergpredigt, das wichtigste Zeugnis christlicher Ethik, stellt klar, daß nur Gewaltverzicht, Barmherzigkeit, Versöhnlichkeit und das Streben nach Gerechtigkeit die Welt retten können, daß nur die Kultur dieser Tugenden und Grundeinstellungen „selig" machen kann. Dagegen steht die Realität der Geschichte, wie Stierlin feststellt: „Bei vielen Gläubigen (oder zumindest bei solchen, die sich für Gläubige hielten) verkehrten sich die genannten Einstellungen und Werte in ihr Gegenteil. Statt Gewaltverzicht finden wir bei ihnen oft brutalste Gewaltanwendung, statt Barmherzigkeit gnadenlose Verstoßung und Verfolgung anderer, statt Friedenstiftung Kriegsführung, statt Streben nach Gerechtigkeit die Bejahung krasser Ungerechtigkeit, also genau die Einstellungen und Verhaltensweisen, die heute eine Weltkatastrophe herbeizuführen drohen."

Auch die Ideologie des „Macht euch die Erde untertan" wurde in gefährlicher, ja perverser Weise angewandt und führte, ökologisch, politisch und psychologisch betrachtet, zu Gewaltherrschaft, zur Denaturierung des Menschen, zur ökologischen

Katastrophe. Die ursprüngliche Bedeutung dieses Satzes aus der biblischen Schöpfungsgeschichte könnte so umschrieben werden: Bedient euch verantwortungsbewußt aller Kräfte der Erde, geht mit der Natur verantwortlich, nicht ausbeuterisch um und benützt sie für die Entfaltung eures Lebens. Diese positive Einstellung gegenüber Erde, Natur und Mensch kommt im Schreiben eines Nichtchristen, des Indianerhäuptlings Seattle, im Jahre 1855 an den Präsidenten der Vereinigten Staaten klar zum Ausdruck: „Die Erde gehört nicht den Menschen, der Mensch gehört der Erde – das wissen wir. Alles ist miteinander verbunden, wie das Blut, das eine Familie vereint. Alles ist verbunden. Was die Erde befällt, befällt auch die Söhne der Erde. Der Mensch schuf nicht das Gewebe des Lebens, er ist darin nur eine Faser. Was immer ihr dem Gewebe antut, das tut ihr euch selber an."

H. Stierlin macht also auf die Stärken und Schwächen des Christlichen aufmerksam, auf das Doppelgesicht eines Auserwähltheitsglaubens, auf die Wiederkehr des Verdrängten in einer christlichen Verdrängungskultur. Er zeigt am klinischen Beispiel der nervösen Magersucht den selbstmörderischen Kampf des „Willens" gegen körperlich-vegetative Bedürfnisse und sieht darin berechtigte Parallelen zu mancher spiritualistischen christlichen Orientierung, die im Kampf gegen alles Natürliche in einen schrecklich destruktiven Clinch führt und nur noch als Sadomasochismus bezeichnet werden kann. Er sagt abschließend:

„Und dennoch muß, soll die Menschheit überleben, ein *Bewußtseinswandel* zustande kommen. Das aber verlangt, so meine ich, unter anderem einen Prozeß der Reflexion, der uns einerseits zu der christlichen Botschaft ,Liebe deinen Nächsten, sei barmherzig und versöhnungsbereit und demütig, strebe nach Gerechtigkeit' zurückführt, uns aber anderseits fragen läßt, warum diese Botschaft ihre Empfänger nicht von einem Verhalten abzubringen vermag, das nunmehr unser aller Überleben bedroht."

Diesem Prozeß der Reflexion werden wir uns jetzt zuwenden, und es ist sehr erfreulich, daß sich in dieser Hinsicht in zunehmendem Maße ein Wandel anbahnt. Denn sowohl tiefenpsychologische Analysen als auch nüchterne historische und theologische Auseinandersetzungen und vor allem das Praktischwerden dieser Einsichten in vielen kirchlichen Gruppierungen (z. B.: Dritte-Welt-Gruppen, Friedensgruppen), „Basisgemeinden" und selbst ganzen Diözesen (insbesondere in der Dritten Welt) sind echte Zeichen der Hoffnung. Viele Christen wenden sich von „Herrschaftstheologien" ab und „Befreiungstheologien" zu. Darüber wird später noch ausführlich zu sprechen sein.

Hier möchten wir auf ein solches Zeichen der Hoffnung hinweisen, nämlich auf die energische Friedensinitiative eines kirchlichen Würdenträgers, der mutig bekannte, daß in einer von Machtwahn beherrschten Welt die erste Christenpflicht darin besteht, die mörderische Spirale der Gewalt aufzubrechen und auf Vertrauen hin mit Abrüstung zu beginnen. Es ist schlimm, vom Feind überwältigt zu werden, aber noch schlimmer ist es, Waffenarsenale zu errichten, die zur Vernichtung dienen! Der katholische Erzbischof Raimund Hunthausen, in dessen Diözese Seattle sich der größte Trident-Raketenstützpunkt befindet, hat diese Raketen „das Auschwitz der Menschheit und die zweite Kreuzigung Christi" genannt. Die amerikanische katholische Bischofskonferenz hat sich übrigens in weit radikalerer Weise im Sinne Erzbischof Hunthausens geäußert als etwa die deutsche Bischofskonferenz.

In dem Interview, das Hunthausen dem „Spiegel" gegeben hat, heißt es u. a.:

Spiegel: Sie treten für eine einseitige Abrüstung ein?"

Hunthausen: „Ich bin für eine bilaterale Abrüstung, aber ich spreche von einseitiger Abrüstung, weil ich unsere Bürger und unsere Politiker aufrütteln möchte. Ich sehe hingegen keine Möglichkeit, den Kreml zu beeinflussen. Meiner Meinung nach müssen wir in diesem Land mit der Abrüstung beginnen, und wir müssen fortfahren, die Waffen in dieser Welt abzubauen, selbst wenn die Russen nicht mitziehen sollten. Das wird vielen Leuten naiv erscheinen. Naiver erscheint mir zu glauben, daß ein andauerndes Wettrüsten nicht schließlich zu einem schrecklichen Atomkrieg führen wird."

Spiegel: „Aber einseitige Abrüstung halten selbst Politiker für riskant, die keineswegs kalte Krieger sind."

Hunthausen: „Mir erscheint sie weniger riskant als hemmungsloses Weiterrüsten. Ich leugne nicht, daß wir uns verwundbar machen, aber ich komme nicht zu der Schlußfolgerung, daß einseitige Abrüstung notwendigerweise einen Krieg heraufbeschwören würde. Ich sage der christlichen Gemeinschaft, daß wir uns nicht identifizieren können mit diesen schrecklichen Waffen, das hätte auch Christus gesagt, so wie ich die Heilige Schrift verstehe. . . . Man muß das Leben Christi als Ganzes sehen, es ist der klare Beweis für Gewaltlosigkeit bei der Lösung von Problemen. Jesus entschied sich für das Kreuz und nicht für das zu seiner Verteidigung gezogene Schwert, das ist die Aussage der Heiligen Schrift zur einseitigen Abrüstung. Unsere Sicherheit als Gläubige beruht nicht auf dämonischen Waffen, die alles Leben auf der Erde bedrohen."

Spiegel: „Und wenn die Russen kämen, hieße dann die Devise, lieber rot als tot?"

Hunthausen: „Wenn es zum schlimmsten aller Szenarien käme und wir besetzt und Geißeln der Russen würden, dann wäre das wohl, das habe ich schon in Predigten gesagt, unsere Kreuzigung. Sich kreuzigen zu lassen ist christlicher, als anderen mit Zerstörung zu drohen. Absolut das größte Übel ist nicht, daß wir zerstört werden könnten, das größte Übel ist unsere Bereitschaft, Millionen andere zu zerstören. Jesus lehrt uns die Bereitschaft, unser Leben für andere zu opfern. Er hat uns nicht gelehrt, schützt euch, indem ihr so viele andere tötet, wie es dazu notwendig erscheint. Aber wir sprechen hier über das schlimmste Szenarium. Meine Hoffnung ist, daß die Welt aufatmen würde, wenn wir mit nuklearer Abrüstung beginnen, und daß uns die andere Seite folgen würde. Das erfordert Vertrauen, an dem fehlt es. Wir müssen unsere Zuversicht und unser Vertrauen auf Gott richten, das erfordert unser Glauben und das erfordert Glauben."

Wir möchten weiters auf ein sehr erfreuliches Projekt hinweisen, das zu einer gemeinsamen und energischen Friedensinitiative aller Christen und anderer Religionsgemeinschaften werden könnte.

Denn in den letzten Jahren, besonders aber seit dem 21. Evangelischen Kirchentag in Düsseldorf (1985), findet die Idee eines *ökumenischen Friedenskonzils* aller Kirchen zunehmend starken Anklang. So hat der Philosoph und Physiker Carl Friedrich von Weizsäcker für ein solches Konzil votiert. Unter den zahlreichen auch prominenten Teilnehmern des Kirchentages trat der deutsche Bundespräsident Richard von Weizsäcker für die baldige Abhaltung eines solchen Konzils ein. Er warnte dabei besonders vor den tödlichen Folgen eines Freund-Feind-Denkens, das in nächster Zeit schon zur Eskalation des Rüstungswahnsinns führen könnte:

„Gut und Böse, Gerechtigkeit und Selbstgerechtigkeit, Irrtum und Schuld gibt es überall. Zum Frieden gehört es, sich gegenseitig nicht festzunageln auf konfrontative Äußerungen, die es auf jeder Seite gibt. Besser ist es, an positive Ansätze der anderen Seite anzuknüpfen, die auch auf beiden Seiten vorkommen. Es ist überhaupt kein Triumph, wieder einmal beweisen zu können, der Gegner sei und bleibe so verstockt wie stets. Man habe es ja immer gewußt. Hinter einer solchen Haltung verbirgt sich in Wahrheit nur das Bedürfnis, sich den Gegner stets als Gegner zu erhalten, damit man sich auch selbst nur ja nicht zu korrigieren braucht."

2. Die Affinität einer neurotischen Entwicklung zum Krieg

Wir werden jetzt auf wichtige Aspekte und Prozesse hinweisen, die einen Zusammenhang zwischen *Neurotisierung* und *Kriegs-*

bereitschaft nahelegen. Diese tiefenpsychologischen Einsichten können uns helfen, besser zu verstehen, wie Menschen dazu kommen, ihr eigenes Leben und das anderer Menschen zu schädigen oder gar zu zerstören. Und dieses Verständnis soll uns einsichtig machen, warum heute eine Friedenspädagogik überlebensnotwendig ist.

Bei der Darstellung der Entstehung der Neurose sprachen wir davon, daß durch die Neurotisierung *zerrissene Menschen* entstehen, Menschen, die nicht fähig sind, die Konflikte des Lebens auszutragen, mit vielfältigen Gegensätzlichkeiten des Lebens kreativ umgehen zu lernen. Sie müssen daher übermäßig stark verdrängen, projizieren, verleugnen. Sie müssen daher gegnerische Kräfte zu Feinden machen und be-kriegen, sich selber klein-kriegen! Und allzuoft herrscht dabei ein Weltbild, das als Schwarzweißmalerei bezeichnet werden muß. Wir möchten hier an einen alten lateinischen Satz erinnern, der allen Herrschenden immer wieder als zentrale Unterdrückungsstrategie dient: Divide et impera! Teile und herrsche! Das gilt für den innerseelischen Bereich ebenso wie für den gesellschaftlichen Raum. So haben z. B. katholische Moraltheologen den menschlichen Leib in ,,ehrenwerte" und in ,,unehrenwerte Teile" zerrissen (partes honeste et inhoneste). Unehrenwert sind natürlich alle Bereiche, die mit der Sexualität zu tun haben. Dies hatte zur Konsequenz, daß der spannungsvolle Lebensraum, die Vielfalt der geistigen, sinnlichen und triebhaften Kräfte und Strebungen, zum Kriegsschauplatz entartete. Die lange Tradition der ,,Abtötungsgeschichte", besonders gegenüber der Sexualität, steht zweifellos im Zusammenhang mit der ,,Tötungsgeschichte" aller ,,Feinde" durch ,,heilige Kriege".

Sehen wir uns jetzt genauer an, inwiefern die Neurotisierung die Kriegsbereitschaft erhöht und die Friedensfähigkeit untergräbt: Wir sind als Tiefenpsychologen davon überzeugt, daß die Kriegs- bzw. Friedensbereitschaft eines Menschen ganz wesentlich von den Umständen, die in seiner Kindheit geherrscht haben, abhängig ist. Wenn das Kind unterdrückt und nicht als

Partner anerkannt wird, wenn das Gesetz der Stärke herrscht, wenn sich das Kind fügen muß, nicht wachsen darf, sondern autoritär „erzogen" wird, dann gerät es in den Zustand einer tiefen Erbitterung. Dann spürt es das Unrecht und spürt zugleich, daß es all dem gegenüber wehrlos und ausgeliefert ist. Das kann als die Geburtsstunde der Kriegsbereitschaft bezeichnet werden. Die Verlassenheit des Säuglings, das Nicht-angenommen-Werden und das Unterdrückt-Werden sind entscheidende Erfahrungen, die meist zu elementaren Frustrationen und destruktiven Aggressionen führen.

Dafür hat David Mantell in einer eindrucksvollen Studie, welche die Psyche von 25 Vietnamfreiwilligen mit der von ebensovielen Kriegsdienstverweigerern verglich, einen neuerlichen Beweis erbracht: Die Kindheit der späteren Vietnamfreiwilligen schildert Mantell zusammengefaßt so: „Die Eltern sind zueinander und zu ihren Kindern streng, kalt und objektiv. Häufige Strafen in Form von Drohungen, Restriktionen und Schlägen wie auch andere Formen der Einschüchterung werden im allgemeinen angewandt, um den Gehorsam der Kinder sicherzustellen. Es gibt wenig Raum für eigene Gefühle und Meinungen. Meistens gibt es nur eine Meinung, die des dominierenden Elternteils; sie wird nicht als Meinung, sondern als absolutes Gesetz geäußert. Gleichzeitig nehmen sich die Eltern Vorrechte heraus, die mit dem von ihnen gepredigten Grundsatz der Selbstbeherrschung unvereinbar sind. Ganz anders verlief die Kindheit der späteren Kriegsdienstverweigerer: die besonderen Eigenschaften ihres Familienlebens, auf die sie wiederholt hinwiesen, waren Gewaltlosigkeit, Rationalität, Toleranz, Flexibilität, Anpassungsfähigkeit, gegenseitige Anteilnahme, Wärme und unautoritäres Verhalten. Die Jugendzeit der Kriegsdienstverweigerer ist durch ein immer stärker werdendes Ringen gekennzeichnet, ihre Glaubenssätze mit ihren Handlungen in Einklang zu bringen. Individuelle Gewissensakte, Selbstkritik und intensive intellektuelle und emotionale Anregung waren Teil dieses Prozesses, der dann in der Entscheidung, den Militärdienst zu verweigern, gipfelte."

Wir wollen hier die wesentlichen Faktoren, die den Menschen in neurotisches Elend hineinstürzen, nicht noch einmal anführen – davon war in den ersten Kapiteln schon die Rede. Aber wir müssen besonders hervorheben, daß der Friede ebenso wie der Krieg in der Familie beginnt. In diesem Sinn schrieb Anton Wildgans am Anfang dieses Jahrhunderts:

„Die Liebe zwischen Eltern und Kindern ist ebenso selten wie die Liebe zwischen Mann und Weib. Die Gebärden dieser beiden Arten von Liebe sind zwar alltäglich, aber deswegen um so verdächtiger. Vielfach herrscht geradezu Feindschaft zwischen Mann und Weib und Eltern und Kindern, und nur der Illusionist wird das leugnen und aus der Wirklichkeit zu lügen versuchen. Der Idealist wird diesen Sachverhalt anerkennen, der Realist nach den Mitteln suchen, hier Besserung zu schaffen. Die beiden Phänomene hängen innig zusammen: würden die Ehen aus anderen Gründen geschlossen als sie meist geschlossen werden, d. h. aus wirtschaftlichen Interessen, aus Bequemlichkeit, Feigheit, Phantasielosigkeit, Gedankenlosigkeit, Berechnung, ginge diesem Bunde, der auch noch etwas anderes ist, als die vom Staat gewünschte und begünstigte Grundlage seiner Existenz, eine genaue gegenseitige Prüfung aufgrund beiderseitiger Mündigkeit voraus, dann würden die Eltern an ihren Kindern nicht jene Überraschungen erleben, die zu spät kommen und sie über die Unrichtigkeit ihrer gegenseitigen Wahl aufklären könnten.“

Nachdem wir generell vom Zusammenhang zwischen Neurose und Kriegsbereitschaft gesprochen haben, werden wir jetzt einige entscheidende Aspekte dieses Prozesses beleuchten.

a) Ein mehr oder weniger ausgeprägtes *Minderwertigkeitsgefühl* ist mit jeder Neurose verbunden. Wer sich aber minderwertig fühlt, der hat das Bedürfnis, aus dieser Position herauszukommen, verbindet es also sehr oft mit einem geheimen „Macht- und Geltungsstreben", und gerade die, die sich am minderwertigsten fühlen, beginnen dann immer mehr – die Geschichte beweist es immer wieder –, sich der Gewalt zu verschreiben; ein Weg zu dem gleichen Ziel ist oft die Bereitschaft, willenlos in einem Kollektiv, in der Masse, unterzutauchen, wo alle zusammen sich stark genug fühlen, das wiederzugewinnen, was man verloren hat, nämlich die Achtung vor sich selber und das Gefühl, die Dinge mitgestalten zu können. Aus Ohnmacht zur Macht, lautet dann die Devise.

b) Ein neurotisierter Mensch ist ein im Tiefsten seines Wesens *frustrierter Mensch.* Und in seinem Unbewußten stauen sich verdrängte Gefühle des Hasses, der Erbitterung und Aggression. Eine ohnmächtige Wut wartet auf die Gelegenheit, sich ausleben zu dürfen. Die allzuoft gegebene Erziehung zu autoritärer Unterdrückung erlaubt keine Auseinandersetzung mit diesen emotionalen Kräften, die sich daher der bewußten Kontrolle weithin entziehen. Dies ist ein entscheidender Faktor der Kriegsbereitschaft.

In den Träumen neurotisierter Menschen spielt dementsprechend regelmäßig die Gewalt eine entscheidende Rolle, und wenn man genau hinsieht, so ist in vielen von ihnen der Wunsch, es möge endlich „Krieg" werden, damit sie die Gewalt, die normalerweise verboten ist, ausüben dürfen. So sagte z. B. eine Patientin: Ich habe den Wunsch, mit mir die ganze Menschheit zu vernichten, totzuschlagen – sie hätte auch sagen können: ich wünsche mir, daß Krieg kommt.

c) Während eine gesunde Erziehung zur Entfaltung von Selbstsicherheit und Urvertrauen in sich und die Welt führt, ist ein Neurotiker von den Gefühlen des *Mißtrauens* und der *Unsicherheit* erfüllt. Dadurch werden die zwischenmenschlichen Beziehungen vergiftet, unglücklich und nicht selten kriegerisch.

Und dieses tiefe Mißtrauen stört nicht nur die Entfaltung des eigenen Lebens, sondern auch das gesellschaftliche Leben. Der Nächste erscheint oft als Feind, die Bereitschaft, auf „Feindbilder" zu projizieren, wächst und damit auch die Kriegsbereitschaft. Außerdem führt die Angst vor dem Mitmenschen auch häufig zu Teilnahmslosigkeit gegenüber dem Leben.

d) Das Leben eines Neurotikers ist ein *unglückliches* Leben. S. Freud sprach zu Recht davon, daß eine Psychotherapie das „neurotische Elend" in „gewöhnliches Elend" verwandeln kann. Und für schwer neurotisierte Menschen trifft zu, was Karl Kraus so sagt: „Man lebt nicht einmal einmal." So kann der Sinn des Lebens verlorengehen, die eigenen Existenz erscheint wertlos, man wünscht sich den Tod. Auch dieses schreckliche Grundgefühl erzeugt eine verständliche Affinität zum Tod, zur Selbst- und Weltzerstörung, zum Krieg. Denn für solche Menschen hat der Tod alle seine Schrecken verloren. Sie haben das Gefühl, daß sie nichts zu verlieren haben. So sagte einer unserer Patienten: „Wenn Krieg käme, das würde bedeuten, daß ich sterben darf, dann müßte ich nicht mehr grübeln, dann bräuchte ich keine Lebens- und Zukunftsangst mehr zu haben."

e) Die Mehrzahl der neurotisch strukturierten Menschen hat keine Ahnung davon, daß ihr seelisches Innere einem Pulverfaß gleicht, das nur auf den zündenden Funken wartet, um explodieren zu können. Denn die destruktiven Tendenzen sind sorgfältig aus dem Bewußten ins *Unbewußte verdrängt* worden. Es braucht daher nicht besonders betont zu werden, wie wichtig es gerade hier ist, Unbewußtes in Bewußtes zu verwandeln, denn nur, wer sich selber kennt, kann sich verändern. Wer sich nicht kennt, bleibt kritiklos und rettungslos Befehlen ausgeliefert, die den unbewußten Wünschen entsprechen. Ihm bleibt am Schluß oft nichts anderes übrig, als fassungslos festzustellen, daß er zu Schrecklichem fähig war.

Je mehr wir nämlich unsere negativen Eigenschaften, Gefühle und Empfindungen verleugnen, desto mehr projizieren wir sie in andere hinein, erleben wir in anderen den Bösewicht, der wir eigentlich selber sind, den „Feind", den Unmenschen, der uns nach dem Leben trachtet und uns damit die Berechtigung gibt, gegen die „Gefahr" zu rüsten und loszuschlagen, bevor er uns umbringt. Wer kriegsbereit ist, wissend oder unwissend, in seinem Innern, der findet immer einen Grund, Krieg zu führen! Er tut alles, um Konflikte heraufzubeschwören.

Ein gefährlicher Mechanismus, der den Krieg herausfordert, ist das „Feindbild", von dem Manés Sperber mit Recht gesagt hat, daß es in einer Primitivisierung, einer Vereinfachung besteht, indem der Gegner auf eine Ebene erniedrigt wird, die uns paßt, er ist dann eben so, wie wir ihn sehen wollen.

Ein klassisches Beispiel aus dem Jahre 1793: Da schreibt der „Teutsche Patriot Heinrich Theodor Steller" zur möglichen Verbrüderung mit den Franzosen im Zeichen der Französischen Revolution: „Es wäre nichts Sonderbareres in der Welt, als eine solche Verbrüderung. Unser Charakter ist offen, ehrlich und bieder, der Eurige ist versteckt, betrügerisch und falsch. Wir sind keusch, züchtig, gerecht. Ihr seid unkeusch, schamlos und ungerecht. Wir stehen des Morgens früh auf und essen im Schweiße unseres Angesichts unseren Bissen Brot. Ihr schlaft lange, frühstückt, wenn wir zu Mittag essen, und arbeitet, wenn Ihr anders nicht dazu gezwungen seid, äußerst ungern."

Erich Mühsam enthüllt in seinem „Kriegslied" die schreckliche Aggressivität, die durch religiöse und ideologische Übertünchung verdrängt wird:

„Sengen, brennen, schießen, stechen,
Schädel spalten, Rippen brechen,
spionieren, requirieren,
patrouillieren, exerzieren,
fluchen, bluten, hungern, frieren . . .

So lebt der edle Kriegerstand,
die Flinte in der linken Hand,
das Messer in der rechten Hand –
mit Gott, mit Gott, mit Gott,
mit Gott für König und Vaterland.

Aus dem Bett von Lehm und Jauche
zur Attacke auf dem Bauche!
Trommelfeuer – Handgranaten –
Wunden – Leichen – Heldentaten –
bravo, tapfere Soldaten!
So lebt der edle Kriegerstand,
das Eisenkreuz am Preußenband,
die Tapferkeit am Bayernband,
mit Gott, mit Gott, mit Gott,
mit Gott für König und Vaterland.

Stillgestanden! Hoch die Beine!
Augen gradeaus, ihr Schweine!
Visitiert und schlecht befunden.
Keinen Urlaub. Angebunden.
Strafdienst extra sieben Stunden.
So lebt der edle Kriegerstand.
Jawohl, Herr Oberleutenant!
Und zu Befehl, Herr Leutenant!
Mit Gott, mit Gott, mit Gott,
mit Gott für König und Vaterland.

Vorwärts mit Tabak und Kümmel!
Bajonette. Schlachtgetümmel.
Vorwärts! Sterben oder Siegen!
Deutscher kennt kein Unterliegen.
Knochen splittern, Fetzen fliegen.
So lebt der edle Kriegerstand.
Der Schweiß tropft in den Grabenrand,
das Blut tropft in den Straßenrand,
mit Gott, mit Gott, mit Gott,
mit Gott für König und Vaterland.

160

Angeschossen – hochgeschmissen –
Bauch und Därme aufgerissen.
Rote Häuser – blauer Äther –
Teufel! Alle heiligen Väter! . . .
Mutter! Mutter!! Sanitäter!!!
So stirbt der edle Kriegerstand,
in Stiefel, Maul und Ohren Sand
und auf das Grab drei Schippen Sand –
mit Gott, mit Gott, mit Gott,
mit Gott für König und Vaterland."

3. Die kriegerischen Folgen einer autoritären Gewissensbildung

Die Gewissensbildung (vgl. Kapitel 4 auf Seite 77) spielt bekanntlich für die gesunde oder neurotische Entwicklung des Menschen eine entscheidende Rolle. Die Art der Gewissensbildung ist ein wesentlicher Faktor sowohl für die *Kriegsbereitschaft* als auch für die *Friedensfähigkeit* – diesem wichtigen Thema werden wir uns jetzt zuwenden. Bevor wir dies tun, ist zu bedenken, daß der Krieg offenbar Forderungen unseres Gewissens in elementaren Bereichen zu verändern vermag. Handlungen, die sonst verboten sind, werden erlaubt und befohlen, wofür man sonst schwerstens bestraft würde, dafür wird man in Kriegszeiten ausgezeichnet. Nicht zufällig hat Adolf Hitler in einer seiner „berühmten" Reden gesagt: „Das Gewissen ist eine jüdische Erfindung." (Worauf er anspielte, war der Über-Ich-Begriff von S. Freud.) Er hat zusammen mit vielem anderen allerdings erreicht, daß viele Österreicher und Deutsche ihr Gewissen (zumindest vorübergehend) ebenso gemordet wie sie Millionen Juden vernichtet haben.

Durch eine Erziehung also, die ein autoritäres, ein enges, strenges und starres Gewissen fördert, wird die Fähigkeit, sich mit inneren und äußeren Konflikten offen und kreativ ausein-

161

anderzusetzen, zumindest sehr erschwert, wenn nicht überhaupt unterbunden. Dadurch entsteht in der Seele des Kindes sozusagen der erste Kriegsschauplatz, der später eine hohe Affinität auch zu äußerer Kriegsbereitschaft zur Folge hat. Wir haben diese Prozesse bei der Entstehung der Neurose genauer beschrieben (1. und 4. Kapitel). Auch die Untersuchungen von Theodor W. Adorno und seiner Mitarbeiter über die Entstehung des autoritären Charakters bestätigen diese tiefenpsychologischen Einsichten.

Die Ausbildung eines autoritären Gewissens führt vor allem zu einer kritiklosen Überanpassung an von außen bzw. oben gestellte Erwartungen und Forderungen und bewirkt oft das, was Franz Grillparzer so treffend beschreibt: „Das Volk, das sind die vielen leeren Nullen, die gerne bei sich fügt, wer sich fühlt als Zahl." Ein einigermaßen autonomer Mensch läßt sich aber nicht zur „Null" degradieren! Er weiß, daß er seine Verantwortung und seine Lebenskompetenz weder nach oben abschieben kann, noch läßt er sie sich abnehmen. Er weiß, daß es ganz entscheidend auch auf ihn, weil auf jeden einzelnen, ankommt, auch in Sachen Politik. Die einfache Aufteilung in Obertanen und Untertanen, in Führer und Geführte, in Befehlende und Gehorchende wird dann nicht mehr möglich sein.

Anschaulich hat auch der Tübinger Bibelwissenschaftler Fridolin Stier die unterdrückende Macht des „Man" beschrieben, die vor allem durch eine autoritäre Gewissensbildung grundgelegt wird und zu blinder Anpassung führt:

„Den Menschen verknechtende, seinem Selbst entfremdende Macht: Man ist ihr Name.
Man denkt so . . .
Man spricht so . . .
Man tut so . . .
Man kleidet sich so . . .
Man benimmt sich so . . .
Man lebt so . . .
Man ist so . . .

Wer ist Man? Oder ist zu fragen, was Man sei – ein Sammel-Ich? Ein apersonales Es? Ich schreibe Man groß. Denn Man ist eine Großmacht. Überall krieg ich's mit Man zu tun, alle Tag' macht Man mir zu schaffen. Man ist in mir, Man ist um mich herum, ich lebe im Man. Ich erschrak, als ich eines Tages entdeckte, daß ich bin, wie Man ist. Die Augen sind mir aufgegangen. Ich weiß seitdem, was mit mir los ist: Man hält mich gefangen, Man ist mein Kerker. Ich hasse Man! . . . Man arbeitet leise, Menschen formend nach seinem Bild, nicht prahlend wie Prometheus. Aber Mans Werke sind Pfusch. Man-Menschen laufen mit Buckeln herum, ihre Augen sind blöd, ihre Ohren doof. . . . Ich weiß nur, daß Man über Jesus keine Macht hatte. . . ."

Wenngleich wir über die ausgeprägten kirchlichen Tendenzen zu einer autoritären, neurotisierenden Gewissensbildung bereits gesprochen haben, müssen wir im Zusammenhang mit dem Thema Krieg und Kirche nochmals darauf zurückkommen. Wir dürfen niemals vergessen, also verdrängen oder verleugnen, daß die katholische Kirche im Hitlerfaschismus besonders aufgrund ihres autoritären Gehorsamsverständnisses eine äußerst traurige Rolle gespielt hat. Dazu werden wir eine entscheidende Stelle aus dem „Gemeinsamen Hirtenbrief der Oberhirten der Diözesen Deutschlands" vom 8. Juni 1933 anführen:

„Neben der gesteigerten Liebe zum Vaterland und Volk kennzeichnet sich unsere Zeit durch eine überraschend starke Betonung der Autorität und durch die unnachgiebige Forderung der organischen Eingliederung der einzelnen und der Körperschaften in das Ganze des Staates. Sie geht damit vom naturrechtlichen Standpunkt aus, daß kein Gemeinwesen ohne Obrigkeit gedeiht, und nur die willige Einfügung in das Volk und die gehorsame Unter-

ordnung unter die rechtmäßige Volksleitung die Wieder-
erstarkung der Volkskraft und Volksgröße gewährleisten.
. . . Gerade in unserer heiligen, katholischen Kirche kommen Wert und Sinn der Autorität ganz besonders zur Geltung und haben zu jener lückenlosen Geschlossenheit und
sieghaften Widerstandskraft geführt, die selbst unsere
Gegner bewundern. Es fällt deswegen uns Katholiken
auch keineswegs schwer, die neue, starke Betonung der
Autorität im deutschen Staatswesen zu würdigen und uns
mit jener Bereitschaft ihr zu unterwerfen, die sich nicht
nur als eine natürliche Tugend, sondern wiederum als eine
übernatürliche kennzeichnet, weil wir in jeder menschlichen Obrigkeit einen Abglanz der göttlichen Herrschaft
und eine Teilnahme an der ewigen Autorität Gottes erblicken!"

Und angesichts der unermeßlichen mörderischen Auswirkungen dieser Entwicklung ist es doch sehr befremdend, wenn
es 40 Jahre später (!) in einem bundesdeutschen Arbeitsbuch für
Religionslehrer immer noch heißt:

„Gott will, daß es eine Regierung gibt und Richter usw.
Ihre Gewalt kommt also von Gott. . . . Daher finden wir
bei allen Naturvölkern einen Häuptling oder König oder
einen Rat der Ältesten; darum die Ehrfurcht vor dem
Häuptling oder König, dem Scheich, dem Schah. Darum
die Zeichen der Herrschaft: Thron, Krone: In diesen
Menschen ist etwas Hohes, das von Gott kommt."

(Wenn man solches liest, kommt einem die Vermutung Hans
Küngs, die Kirche würde auch eine kommunistische Diktatur
positiv beurteilen, wenn sie nicht so kirchenfeindlich wäre,
leider sehr plausibel vor.)
Angesichts dieser Tendenzen stellte der Religionspädagoge
H. Halbfas zu Recht fest: „Die Kirche ist in ihrer Rechtsstruk-

164

tur, in der Glaubensverwaltung und Sittenlehre zur Gesetzeskirche geworden, die ihre eigenen, oft ideologisch bestimmten Ordnungsvorstellungen über die Emanzipation des einzelnen stellt. Darum hat diese Kirche auch keine emanzipierende Funktion für die Gesellschaft. Sie ist auf großen Teilstrecken ihrer Tätigkeit unchristlich und antihuman."

Schließlich möchten wir in diesem Kontext noch auf eine besonders tragische Figur hinweisen. Rudolf Höß, der Kommandant von Auschwitz, war der Sohn eines fanatischen Katholiken. Er, der zwischen 1940 und 1945 die Exekution von Hunderttausenden von Menschen leitete, berichtet in seinen autobiographischen Aufzeichnungen über seine Erziehung zu absolutem und blindem Gehorsam:

„Von meinen Eltern war ich so erzogen, daß ich allen Erwachsenen und besonders Älteren mit Achtung und Ehrerbietung zu begegnen hätte, ganz gleich, aus welchen Kreisen sie kämen. . . . Ganz besonders wurde ich immer darauf hingewiesen, daß ich Wünsche oder Anordnungen der Eltern, der Lehrer, Pfarrer usw., ja aller Erwachsenen bis zum Dienstpersonal unverzüglich durchzuführen bzw. zu befolgen hätte und mich durch nichts davon abhalten lassen dürfte. Was diese sagten, sei immer richtig. Diese Erziehungsgrundsätze sind mir in Fleisch und Blut übergegangen."

Es ist zweifellos sehr ernüchternd, wenn man diese Zusammenhänge überblickt. Ehe wir nun darauf eingehen, was wir tun können und müssen, damit diese schrecklichen Tendenzen abgeschwächt und allmählich überwunden werden können, möchten wir noch über ein sehr ermutigendes Ereignis in dieser dunklen Zeit berichten, das wir nie vergessen dürfen: Ein großartiges Beispiel für Widerstand gegen eine blinde Obrigkeit und ein Hören auf das ureigenste Gewissen gab uns der oberösterreichische Bauer Franz Jägerstätter. Dieser Mann hatte einen

Traum etwa folgenden Inhalts: Es fährt ein Zug ab, und viele Menschen scharen sich um diesen Zug und wollen aufsteigen. Dieser Zug erweist sich aber als Zug des Teufels, der ins Verderben, in den Tod und Untergang führt. Jägerstätter verstand diesen Traum, der sich in seiner Auseinandersetzung mit dem Problem des Zweiten Weltkriegs aus seinem Unbewußten erhob, als Bestätigung seiner Vermutung, daß dieser Krieg ein ungerechter Krieg ist und daß er den Wehrdienst verweigern müsse. Dieser einfache Bauer ist zweifellos viel unverbildeter als viele Intellektuelle, die durch die Obrigkeit meist noch viel verführbarer sind als viele sogenannte „einfache Leute": der Hitler-Faschismus hat dies reichlich belegt. Sein christliches Gewissen und menschliches Gespür haben Jägerstätter die Teilnahme an diesem Krieg untersagt. Er wurde deshalb zu seinem Bischof zitiert. Und der damalige Linzer Bischof hat also – um ihn, aber wohl auch sich selbst zu retten – versucht, ihm zu erklären, daß er ein „irriges Gewissen" habe; man sei in Wirklichkeit verpflichtet, der von Gott eingesetzten Obrigkeit zu gehorchen. Er sagte dies wohl auch, weil der Vatikan mit dem Dritten Reich ein Konkordat abgeschlossen hatte, wodurch Hitler und sein Regime von der Kirche als gesetzliche Herrscher anerkannt waren. F. Jägerstätter entgegnete dem Bischof: „Herr Bischof, nicht mein Gewissen ist irrig, sondern das Ihre. Ich weiß, daß mich meine Haltung das Leben kosten wird, aber besser, das Leben zu verlieren, als mit einer Todsünde in die ewige Verdammnis zu kommen." F. Jägerstätter hatte nur noch die Wahl, ob er für das Gute oder das Böse sterben sollte. Er entschied sich für das erstere, verweigerte den Wehrdienst und wurde getötet. Dieses prophetische Beispiel soll uns auffordern, unser Gewissen zu schärfen und die persönliche Verantwortung nicht nach oben abzuschieben bzw. sich von oben abnehmen zu lassen.

Auf zwei entscheidende Faktoren, die für eine personale Gewissensbildung und somit für die Eigenverantwortung und die soziale Sensibilität von größter Bedeutung sind, werden wir jetzt noch hinweisen, nämlich auf die Pflege der *Phantasie* und der *Konfliktfähigkeit.* Beide Momente sind ganz entscheidend für eine Friedenserziehung.

Neurotisch nicht verengte, verängstigte, also freie und freigewordene Menschen sind ohne Zweifel Bauleute des Glücks. Weil sie über eigene Möglichkeiten, Glück zu erfahren, verfügen, deshalb können sie sich auch für das Glück anderer Menschen einsetzen. Wir möchten dazu Dorothee Sölle zu Wort kommen lassen, die in ihrem kleinen Buch „Phantasie und Gehorsam" aus christlicher Sicht zur Pflege der *Phantasie* aufruft, welche sie als *Mutter aller Tugenden* von morgen einer einseitigen und tödlichen Gehorsamsethik gegenüberstellt:

> „Im Interesse des *Glücks* ist von jener Tugend, die bei Glücklichen gedeiht, zu sprechen: der Phantasie. Suche ich ein Vorbild für jene weithin noch unbekannte Art der Phantasie, so finde ich es in dem Menschen, den ich für den glücklichsten halte: in Jesus von Nazareth. Von seiner Phantasie zu sprechen klingt gewagt. Lange Zeit ist gerade er in Anspruch genommen worden für die älteren Formen der Tugend, die Opferbereitschaft, die Selbstverleugnung und den Gehorsam. . . . Tatsächlich verlangt Jesus ein äußerst waches Bewußtsein und eine äußerste Wahrnehmungsfähigkeit für andere Menschen, ein neues Sehen des anderen, das seine Ängste und seine Hoffnungen erkennt. . . . Gehorsam in dem Sinn, daß eine bestehende Ordnung erhalten werden soll, genügte Jesus nicht. Er erwartete, daß wir die Welt verändern – und eben dazu befreite er unsere Phantasie. . . . In Wirklichkeit ist Phantasie eine Form der Freiheit, die ein Mensch in seinem Leben gewinnen kann. Sie entsteht, wie jede andere Tugend, als Frucht unserer Auseinandersetzung mit der Welt. . . . Von Christus ist zu lernen: Je glücklicher einer ist, um so leichter kann er loslassen. Seine Hände krampfen sich nicht um das ihm zugefallene Stück Leben. Da er die ganze Seligkeit sein nennt, ist er nicht aufs Festhalten erpicht. Seine Hände können sich öffnen. . . . Der Mensch muß

die Art seiner Tugend aus seiner eigenen Situation selber finden können, und er muß Einfluß auf die Situation haben, er muß sie mitbestimmen können. Spontaneität, Mitbestimmung, Freiheit sind Bedingungen jeder Tugend, die überhaupt das Reich des Tieres, nämlich der Notwendigkeit und der Dressur, verlassen hat. Die psychische Grundlage der neueren Tugenden ist dann nicht mehr der Gehorsam, der sich an Normen mißt, der die Schwierigkeiten einer Situation auf sich nimmt, die Ordnung erhält und erträgt, was zu ertragen ist, sondern die Phantasie. Sie ist die Mutter der Tugenden von morgen. . . . Der Gehorsam wird abgelöst. Ordnung, Pünktlichkeit, Sauberkeit, Sparsamkeit und Fleiß – um nur einige Gehorsamstugenden zu nennen – werden nur noch dort Sinn haben, wo sie im Dienst der Einfühlung in den anderen Menschen stehen. . . . Es ist ein ethisches System denkbar, in dem sich alle Tugenden auf Phantasie gründen. Ich nenne einige dieser neuen Tugenden, die gerade für das nahe Zusammenleben der Menschen im privaten Bereich wichtig werden: die Toleranz und der Humor, der gerechte Zorn und die Einfühlung, die Initiative und die Beharrlichkeit einer produktiven Vorstellungskraft. Die Phantasie Christi ist Phantasie der Hoffnung, die nichts und niemanden aufgibt und sich von den konkreten Rückschlägen nur zu neuen Erfindungen provozieren läßt. Die Phantasie des Glaubens hält am Bilde einer gerechten Gesellschaft fest und läßt sich das Reich der Gerechtigkeit nicht ausreden."

Zum zweiten Aspekt möchten wir einen Text von F. Heer zitieren, der nicht nur unsere Sinne für die inneren und äußeren Konflikte schärfen kann, sondern zu mehr Konfliktfähigkeit ermutigt und zur Friedensarbeit animiert. Diese Gedanken gelten für den „Seelenfrieden" ebenso wie für den „Weltfrieden", denn die innere und äußere Kriegsbereitschaft bzw. Friedensfähigkeit stehen ja in engstem Zusammenhang:

„Der eigene Innenraum muß wachsen, damit ich mehr Konflikte aufnehmen kann. Wenn ich eng bin, kann ich ja nicht mehr aufnehmen. Das muß man immer vorausdenken. . . . Wir brauchen die Wahrnehmung, das heißt die Hereinnahme der Gegner in die eigene Existenz, so daß die Konflikte der Gegner in uns selbst arbeiten. In mir selbst müssen die großen Konflikte, die Schwierigkeiten, die Animositäten, ja auch die Haßausbrüche der anderen, der politischen Gegner arbeiten können, so daß sie zu gären vermögen, so daß sie Sturm und Most und Wein des Lebens, bitterer Wein des Lebens, kein süßer Wein . . . werden können. Erziehung bedeutet, von Jahr zu Jahr um die *Erweiterung des eigenen Innenraumes* zu kämpfen, so daß die eigenen Konflikte darin Platz haben, nicht ständig verdrängt werden, und daß die vielen äußeren Konflikte wirklich wahrgenommen werden: . . . Die Sache des Friedens heißt: In den Konflikten leben, die ganz großen in Schwebe halten, sich etwas einfallen lassen und sich auf den Gegner einlassen, immer wieder, immer wieder, unser ganzes Leben. . . .

Friedensarbeit, wie ich sie verstehe, ist die Integrierung, zu deutsch die Einformung, die Einschmelzung von Wut und Haß und Aggression . . . des ganzen Menschen. Diese Integrierung hinein in Friedensarbeit, so daß ein offener Friede entstehen kann, setzt voraus, daß sich Menschen ständig bemühen, das heißt, daß sie nicht Fleischlaberln sind, nicht unerotische, nicht amusische, anämische Naturen. . . . Diese farblosen, konfliktschwachen, selber neurotischen armen Teufelchen, die als Friedensengelchen entwurzelt herumfliegen, herumreisen in der Welt? Nein! Nein! Nein! Nur konfliktreiche, konfliktstarke, also ihrer eigenen Konflikte bewußte Menschen sind fähig zur Freude, es mit ganz anderen immer wieder neu aufzunehmen, und fähig, die Berührungsängste zu überwinden, um möglichst hautnah an einen Gegner, den sogenannten Feind, heranzurücken.“

4. Du sollst nicht morden und anderen Menschen das nehmen, was sie zum Leben brauchen. Gedanken zum fünften und siebten Gebot

Die Gebote Gottes haben ja die Absicht, uns auf entscheidende Aspekte des Lebens aufmerksam zu machen. Ihr Ziel liegt darin, „Leben in Fülle" zu fördern. Im Jüdischen gibt es dafür das schöne Wort Schalom, das heißt Frieden in einem mehrfachen Sinn: innerer Friede, zwischenmenschlicher Friede, ein entsprechendes Verhältnis zur Natur und Friede mit Gott. Die Zehn Gebote sind also Richtlinien, die uns inbesondere darauf aufmerksam machen, daß wir unser Leben nicht verfehlen und daß wir uns auch nicht am Leben anderer vergreifen. Für das Thema dieses Kapitels sind das Tötungsverbot (fünftes Gebot) und die deutliche Warnung vor ungezügelter Habgier (siebtes und zehntes Gebot) von größter Bedeutung.

Was das fünfte Gebot betrifft, so mußten wir bereits feststellen, daß es in der Geschichte der Kirche schrecklich oft mißbraucht und mißachtet wurde. Außerdem wird es immer noch privatistisch angewandt. Auf den kollektiven Aspekt des Tötungsverbotes hat man allzuoft vergessen. Wir dürfen aber nicht übersehen, daß das Christentum seinem Wesen nach nicht personalistisch, also bloß auf den Privatraum bezogen ist, sondern daß es einen eminent sozialen und internationalen Aspekt hat, weil es um das Ganze des Heiles der Menschen geht – davon werden wir im Zusammenhang mit der Befreiungstheologie noch sprechen müssen.

So wurde z. B. mit der Ideologie des *„gerechten Krieges"* mörderisches Elend über Millionen von Menschen gebracht. Man hat einfach nicht wahrhaben wollen, daß man nicht selten eigene Kriege damit gerechtfertigt hat, Kriege der Gegner aber schlichtweg als ungerecht erklärt hat. Dabei war der Tötungswunsch weithin der Vater des Gedankens und einer entsprechenden Beurteilung der Lage.

Doch das Morden und Töten kann nicht vom Problem der *Hab-Gier* getrennt werden, weil diese meist die Ursache für mörderisches Verhalten ist. Deshalb wollen wir jetzt kurz auf die Bedeutung des siebten und zehnten Gebotes hinweisen. Diese Gebote warnen uns vor den lebenszerstörenden Auswirkungen einer falschen Begehrlichkeit und vor ausbeuterischen Besitzverhältnissen. Rufen wir uns kurz den Wortlaut dieser Gebote in Erinnerung. Das siebte Gebot lautet: „Du sollst nicht stehlen und dem Mammon dienen." Und das zehnte Gebot warnt ausdrücklich vor der Habgier und einer falschen Begehrlichkeit: „Du sollst nicht das Haus deines Nächsten begehren, nicht sein Feld . . ., sein Rind oder seinen Esel, nichts, was deinem Nächsten gehört!"

Es ist auffällig, daß diese Gebote, die vor Besitz- und Habgier und der Aneignung dessen warnen, was andere Menschen zum Leben brauchen, in der religiösen Erziehung und kirchlichen Verkündigung keine große Rolle spielen. Wir möchten diesbezüglich nur auf einige Sachverhalte hinweisen.

Daß wir nicht stehlen dürfen, ist einsichtig, aber die Geltung dieses Gebotes wurde auffällig privatisiert, also auf den persönlichen Besitz reduziert. Es gibt heute einen Slogan, der die Gegenposition überspitzt vertritt: „Eigentum ist Diebstahl!" Zwar ist diese These nicht für jede Art von Eigentum gültig, das ist keine Frage, aber wir stehen heute vor dem Problem, daß wenige Menschen unendlich viel besitzen, während Millionen von Menschen in bitterster Not leben und verhungern. Der bei uns übliche Begriff der Wohlstandsgesellschaft trifft außerdem auf weite Schichten unserer Gesellschaft zu, aber keineswegs auf alle! Ein Besuch bei der Caritas genügt, um zu sehen, wieviel materielle Not es auch in unseren Breiten gibt – eine Not, die man weithin verdrängt hat, damit das Gewissen des Wohlstandsbürgers nicht allzusehr belastet wird. Doch das strukturelle Elend besonders in der Dritten Welt ist unfaßbar groß. Die Lebensumstände von Hunderten Millionen von Menschen sind so entsetzlich, daß deren Verklärung als „Wille Gottes" nur noch als reiner Zynismus bezeichnet werden kann. Wie kann man aber angesichts dieses Elends, dieses himmelschreienden Unrechts, das durch unseren „Wohlstand" mitverursacht wird,

171

von der „Menschheitsfamilie", von der Liebe Gottes sprechen?

Angesichts dieser Situation muß man sich die Frage stellen, ob unter solchen extremen Umständen des Unrechts nicht auch aus christlicher Sicht *Gewalt* angewendet werden darf, damit Strukturen und politische Systeme geändert werden, die für viele Millionen von Menschen ein menschenwürdiges Leben unmöglich machen.

Dieses Thema ist sicherlich mit großem Ernst zu bedenken, und die Frage ist nur dann zu lösen, wenn man „Gewalt von oben" und „Gewalt von unten" unterscheidet. Denn während die erstere sich als strukturelles Unrecht äußert, manifestiert sich letztere als Notwehr und Protest gegen diese Gewalt von oben. Mit der Frage des gerechten Krieges ist dieses Problem nicht zu lösen, eher schon durch das Recht auf Notwehr, damit das Überleben gesichert ist. Dem Christentum entspricht in der Theorie – keineswegs bekanntlich in der Praxis – durchaus das Prinzip der Gewaltlosigkeit, aber nicht um jeden Preis! Der Dogmatikprofessor J. B. Metz sagte dazu sinngemäß: Wenn dich dein Feind auf die rechte Wange schlägt, dann ist es in deinem Ermessen, ob du ihm auch noch die linke hinhältst. Wenn das aber deinem Bruder passiert, dann bist du als Christ verpflichtet, alles zu tun, damit ihm nicht auch auf die linke Wange geschlagen wird. Ich bin berechtigt, meine Wange hinzuhalten, aber ich bin nicht berechtigt, meinen Bruder zu lehren, daß er sich auch auf die linke Wange schlagen lassen müsse. Denn dadurch würde ich zum Spießgesellen dessen, der meinen Bruder geschlagen hat! Wenn weiters ein Besitzloser für Gewaltlosigkeit eintritt, kann das eine hohe ethische Leistung sein – aber es kann auch Ausdruck von Resignation sein. Wenn aber ein Besitzender Gewaltlosigkeit fordert, dann setzt er sich dem Verdacht aus, daß er deswegen für Gewaltlosigkeit eintritt, weil er seinen Besitz verteidigen und für unangreifbar und gerecht erklären will. Es ist leicht, als Besitzender und Mächtiger den anderen Gewaltlosigkeit, Geduld und eine Besserung der Verhältnisse im Jenseits zu predigen – es ist aber zugleich zynisch!

Damit werden nur die gegebenen Unrechtsverhältnisse zementiert und verewigt, und mit ihnen das Elend zahlloser Menschen. Der Besitzende muß sich der Verantwortung bewußt sein, die er für Menschen hat, die nichts oder zu wenig besitzen, um menschenwürdig leben zu können.

In diesem Sinn sagt Papst Paul VI. in der Entwicklungsenzyklika „Populorum Progressio" im Jahre 1967: „Es gibt gewiß *Situationen, deren Ungerechtigkeit* zum Himmel schreit. Wenn ganze Völker das Notwendigste entbehren und in einer Abhängigkeit leben, die sie an der Initiative und Verantwortung sowie am kulturellen Aufstieg hindert und der Teilnahme am sozialen und politischen Leben beraubt, dann ist die Versuchung groß, solches gegen die menschliche Würde verstoßende *Unrecht mit Gewalt zu beseitigen.* Trotzdem: Jeder revolutionäre Aufstand – *ausgenommen im Fall der eindeutigen und lange dauernden Gewaltherrschaft,* die die Grundrechte der Person schwer verletzt und dem Gemeinwohl des Landes schwer schadet – zeugt neues Unrecht. . . . Man verstehe uns recht: wir müssen uns der gegenwärtigen Situation mutig stellen und ihre Ungerechtigkeit bekämpfen und überwinden. Das Entwicklungswerk verlangt kühne bahnbrechende Umgestaltungen."

Es ist weiters keine Frage, daß der Glaube an ein jenseitiges Leben nicht dazu führen darf, das Leben und die Lebensbedingungen in dieser unserer Welt geringzuschätzen. Es ist allerdings leidlich bekannt, daß der Jenseitsglaube immer wieder in einem pervertierten Sinn zur Vertröstung eingesetzt wurde – er zählt zu den am meisten mißbrauchten Glaubenslehren und wird auch deshalb weithin abgelehnt! Das siebte Gebot warnt uns nicht nur davor, nicht zu stehlen, sondern dafür Sorge zu tragen, daß die lebensnotwendigen Güter allen Menschen zukommen, daß Strukturen und Systeme, die dies verhindern, radikal geändert werden. Es ist beschämend, daß Christsein politisch fast immer damit verbunden war, die bestehenden Zustände zu erhalten, zu verteidigen und zu legitimieren, als ob diese Zustände nicht in mehrfacher Hinsicht der Verbesserung und der Reform bedürften! Als Christ müßte man ganz im Gegenteil echt gesellschaftsverändernd eingestellt und engagiert sein. Es ist eine menschliche und christliche Pflicht, nach immer besseren Formen der Gemeinschaft und nach gerechteren Strukturen der Gesellschaft zu suchen. Wenn aber nicht energisch an notwendigen Reformen gearbeitet wird, kann es zu blutigen Revolutionen kommen.

Es ist eine psychologische Tatsache, daß Menschen, die am Status quo hängen und ihn verklären bzw. die schweren Mängel unserer Gesellschaftsordnung nicht wahrnehmen können, an Phantasielosigkeit, an einer Störung der sozialen Sensibilität und an einer fatalen Störung des Wirklichkeitssinnes leiden – das muß in aller Deutlichkeit angemerkt werden! Die Verdrängung im psychologischen und die Verdrängung im sozial-politischen Bereich haben gleichermaßen verheerende, lebenszerstörende Auswirkungen. Das kann wahrlich als Sünde wider den Heiligen Geist bezeichnet werden, wie das die Propheten aller Zeiten mutig bekannten.

5. Das Versagen der Kirche im 19. Jahrhundert und die Entstehung des Marxismus

Es ist bekannt, daß die Kirche im 19. Jahrhundert das entstehende Proletariat restlos im Stich gelassen und damit ihre Glaubwürdigkeit bei der Arbeiterschaft verloren hat. Sie hat sich auf die Seite der Mächtigen, der Besitzenden gestellt und die Solidarität der Arbeiter geradezu verteufelt. Daher wurde der Gott, den die Kirche repräsentiert, zu Recht abgelehnt. Und die Konsequenz der Kirche war tragisch, sie war nicht bereit zu energischer Selbstkritik, Bußfertigkeit und Umkehr, sondern sie reagierte aggressiv nach außen. Sie sprach von den „gottlosen Arbeitern", nicht wissend, daß sie sich damit selbst verurteilte. Ohne echte und radikale Umkehr wird die Kirche diese Bevölkerungsschichten auch nicht wieder gewinnen können – aber dafür gibt es in den europäischen Kirchen wenig Anzeichen. Hoffnung besteht diesbezüglich in den Kirchen der Dritten Welt, wo zum Teil eine Solidarisierung mit den Unterdrückten erfolgt und das schreckliche Verbrechen der abendländischen Kirche des 19. Jahrhunderts nicht wieder begangen wird.

Wir möchten jetzt aus Felix Mitterers Theaterstück „Stigma. Eine Passion" eine entscheidende Passage zitieren. Daß der Ablauf der Handlung im 19. Jahrhundert spielt, verstärkt die Aussagekraft und Aktualität des dargestellten Problems. Es handelt sich im folgenden um ein Gespräch zwischen Maria, der Magd, Wolf, dem Sohn der Bauersleute, Thomas, dem Großknecht, Josef, dem Kleinknecht, dem Bauern und vor allem dem Pfarrer:

MARIA: *(ruft zu Wolf, dann in Richtung der reichen Bauern)* Wehe euch, ihr Reichen, ihr habt euren Trost empfangen! Wehe euch, ihr Vollgefressenen, ihr werdet hungern! Wehe euch, die ihr jetzt lacht! Ihr werdet weinen, weinen, bis in alle Ewigkeit!

(Die reichen Bauern hören dies mit Unmut, zum Teil auch mit Furcht. Maria ist verzweifelt darüber, daß sie nicht wirklich helfen kann.)

MARIA: Oh Gott! Oh Gott! Was soll ich tun? Was soll ich tun? Selig ihr Armen, denn euer ist das Himmelreich, hast du gsagt! Das Himmelreich! *(Sie schreit weinend und zornig zum Himmel, die Arme erhoben:)* Ich will, daß auf dieser Welt Gerechtigkeit herrscht und nicht erst im Himmel!

(Maria sinkt zu Boden, schlägt die Hände vors Gesicht, wird von Schluchzen geschüttelt. Die alte Dirn geht zu Maria, kniet sich zu ihr, umfaßt sie, streichelt sanft ihre Wange. Maria beruhigt sich, schaut die alte Dirn an, steht auf, hilft der alten Dirn hoch, führt sie an ihren Platz, die alte Dirn setzt sich. Maria wischt sich die Tränen aus dem Gesicht, schaut die Leute an, schaut zu ihrem Bauern.)

MARIA: *(ruhig)* Was glaubst du, Thomas, hat unser Bauer letztes Jahr eingenommen?

THOMAS: Unser Bauer? Naja, so fünfzehnhundert Gulden, überschlagsmäßig.

BAUER: *(zu Thomas)* Woher willst denn du das wissen, ha?

THOMAS: Ja, ausgrechnet hab ich mir's halt. Stimmt wohl, oder?

BAUER: Ja, und wenn's so wär – geht's euch was an?

MARIA: Eintausendfünfhundert Gulden. Großknecht, was verdienst du im Jahr?

THOMAS: *(etwas verwirrt)* Ja, mein Gott, zehn Gulden halt, und dazu zwei Gulden, vierundzwanzig Kreuzer für die Lederne, ein Paar höhere und ein Paar niedere Schuh, zwei Hemden und einen Rock.

MARIA: Josef, was verdienst du im Jahr?

JOSEF: *(steht hurtig auf)* Fünf Gulden und ein Hemd und ein Paar Schuh und einen Rock! *(Setzt sich wieder nieder, hört aufmerksam zu.)*

MARIA: Und ich verdien vier Gulden, einen Kittel, drei Ellen Tuch, einen Schurz und ein Pfund Wolle. So verdienen wir Dienstboten überschlagsmäßig an die fünfundzwanzig Gulden im Jahr. Das Gwand eingrechnet.

BAUER: Und was ist mit der Kost, ha?

MARIA: Über die Kost kann dir der Kleinknecht besser Auskunft geben! *(Sie schaut Josef an.)*

JOSEF: *(steht auf, zum Bauer)*
Geizkragen, Hennenmagen!
Wart, ich werd's der Mutter sagen!

BAUER: *(drohend)* Du!

(Der Bauer geht auf Josef los, Josef läuft davon, Wolf versucht ihn zu fangen, erwischt ihn aber nicht.)

JOSEF: *(weiter)*
Mutter sagt's dem Vater,
Vater sagt's dem Schmied,
(versteckt sich hinter Maria)
Schmied sagt's dem Hammer,
Hammer schlagt dich tot!

(Der Bauer steht mit erhobener Faust vor Josef und Maria, läßt dann die Faust sinken, weil Maria ihn mit einem Blick anschaut, der so gar kein Dienstbotenblick ist.)

BAUER: *(zu Josef)* Geh, du bist mir ja zu blöd!

176

(Der Bauer geht von den beiden weg und setzt sich wieder, Josef setzt sich neben Maria auf den Boden.)

WOLF: *(in Richtung Josef)* Wart nur, du Hosenbrunzer!

MARIA: Soviel über die Kost! Wollt einer von uns sich was schaffen, möcht er sich zum Beispiel einen Ochsen kaufen, dann muß der Großknecht an die dreizehn Jahr lang sparen, der Kleinknecht und ich bald dreißig Jahr. Und jetzt frag ich euch: ist das gerecht? Kann das Gottes Wille sein?

(Maria schaut um sich. Dem Pfarrer ist längst schon mulmig zumute geworden, er hat mehrmals zu seiner Flasche gegriffen. Die Dienstboten haben aufmerksam zugehört, stimmen Maria wohl zu, denken sich aber, das sei eben so und nicht anders und auch nicht zu ändern. Die Bauern haben mit wachsendem Mißmut zugehört. Der Bauer schaut Maria grimmig an, nickt mehrmals mit dem Kopf, schaut die anderen Bauern an, zuletzt den Pfarrer.)

BAUER: Was sagt denn der Herr Pfarrer zu dieser Predigt?

PFARRER: *(windet sich)* Na ja, das ist *schwierig*, verdammt schwierig! *(Steht auf)* Gerechtigkeit, doch, doch, Gerechtigkeit soll's schon geben auf der Welt. Aber, was ist das, Gerechtigkeit? Es gibt solche Leut und solche, wir sind halt einmal nicht alle gleich! Schön wär's, schön wär's! Und, weißt, Maria, es gibt halt eine obrigkeitliche Gewalt, eine irdische, mein ich. Und diese Gewalt ordnet das Leben, das irdische Leben. Früher, da war die obrigkeitliche Gewalt zum Beispiel für die Leibeigenschaft. Dann aber ist die obrigkeitliche Gewalt zur Einsicht gekommen, Leibeigenschaft, das ist was Schlechtes. Und man hat sie abgeschafft. So sind die Bauern freie Menschen worden. Und was euch Dienstboten anbetrifft, ihr seids jetzt auch freie Menschen. Jeder von euch kann zum Beispiel, wenn's Jahr um ist, zum Bauern sagen: behüt dich Gott, bei dir gfallt's mir nit, und kann gehn und einen anderen Dienst aufnehmen. Das ist doch ein gewaltiger Fortschritt, oder?

(Ein paar Dienstboten nicken und murmeln zustimmend. Der Pfarrer nimmt einen Schluck aus der Schnapsflasche, denkt nach. Maria setzt sich, schaut vor sich hin.)

PFARRER: Erinnert euch doch daran, was der heilige Apostel Paulus gsagt hat im Römerbrief, nämlich folgendes: Jedermann ordne sich der obrigkeitlichen Gewalt unter, denn es gibt keine Gewalt, die nicht von Gott ist! So spricht der Apostel Paulus! Und eure obrigkeitliche Gewalt, die erste zumindest über euch, ist euer Dienstherr, der Bauer!

BAUER: *(befriedigt)* Na, also!

PFARRER: So! Und wer von euch Knecht oder Dirn ist, der geht jetzt heim und legt sich beizeiten nieder, weil morgen ist wieder ein Werktag!

BAUER: Na, also!

Die Ausführungen des Pfarrers erinnern uns fatal an verschiedene kirchenamtliche Botschaften, die zwar das Unrecht tief beklagen, aber im gleichen Moment ausdrücklich betonen, daß keine Gewalt angewendet werden dürfe, um dies zu verändern, ohne dabei imstande zu sein, einen anderen konkreten Weg zur Veränderung anzubieten.

Wir müssen uns jetzt noch einem im kirchlichen Raum vielfach tabuisierten Thema zuwenden, nämlich der sachlichen Beurteilung des Marxismus. Es ist keine Frage, daß der Marxismus in mehrfacher Hinsicht ein illegitimes Kind des Christentums ist. Seine Entstehung steht in engstem Zusammenhang mit dem Versagen der Kirche angesichts des Elends des aufkommenden Proletariats, das ein völlig unkontrollierter, ausbeuterischer Kapitalismus verursachte. Wir glauben, daß der Marxismus nicht primär atheistisch war, sondern daß er es im wesentlichen dadurch wurde, daß Gott von ausbeuterischen Herrschenden schrecklich mißbraucht wurde.

Wir müssen z. B. zur Kenntnis nehmen, daß der Kern der marxistischen Religionskritik darin liegt, daß der Mensch um Gottes Willen erniedrigt und Gott auf Kosten der Menschen erhöht wird. Auch für uns Christen gilt der von Marx formulierte „kategorische Imperativ, alle Verhältnisse umzuwerfen, in denen der Mensch ein erniedrigtes, ein geknechtetes, ein verlassenes, ein verächtliches Wesen ist". Die gesamte prophetische und jesuanische Tradition vertritt den Geist dieser Worte. Und der religiöse Marxist Wilhelm Weitling, ein Zeitgenosse von Karl Marx, schrieb in seinem Werk „Das Evangelium des armen Sünders" (1843) angesichts der sozialen Probleme folgenden programmatischen Satz: „Die Religion muß nicht zerstört werden, sondern benutzt werden, um die Menschheit zu befreien. Das Christentum ist die Religion der Freiheit."

In der schon erwähnten „Entwicklungsenzyklika" Pauls VI. wird diesbezüglich indirekt eine gewisse Selbstkritik geübt, wenn es heißt:

„Mit diesen neuen Formen des Lebens (Industrialisierung) hat sich leider eine Auffassung verbunden, die den Profit als den hauptsächlichen Motor des wirtschaftlichen Fortschritts betrachtet, den freien Wettbewerb als das oberste Gesetz der Wirtschaft, das Privateigentum an den Produktionsmitteln als ein absolutes Recht, ohne Schranken, ohne entsprechende Verpflichtungen der Gesellschaft gegenüber. . . . Man kann diesen Mißbrauch nicht scharf genug verurteilen. Noch einmal sei betont darauf hingewiesen, daß die Wirtschaft im Dienste des Menschen steht. . . .
Die Erde gehört allen, nicht nur den Reichen. Das *Privateigentum* ist also für niemanden ein unbedingtes und unumschränktes Recht. Niemand ist berechtigt, seinen Überfluß ausschließlich für sich zu gebrauchen, wenn andern das Notwendigste fehlt. Mit einem Wort: das Eigentumsrecht darf nach der traditionellen Lehre der Kirchenväter und der großen Theologen niemals zum Schaden des Gemeinwohls genützt werden. Sollte ein Konflikt zwischen den wohlerworbenen Rechten des einzelnen und den Grundbedürfnissen der Gemeinschaft entstehen, dann ist es an der staatlichen Gewalt, unter aktiver Betei-

ligung der einzelnen und der Gruppen eine Lösung zu suchen."

Und der materialistische Aspekt im Marxismus ist historisch auch als notwendige Reaktion auf einen unmenschlichen Spiritualismus zu verstehen, der schon im neutestamentlichen Jakobusbrief scharf verurteilt wird, wenn es dort heißt: „Meine Brüder, was nützt es, wenn einer sagt, er habe Glauben, aber es fehlen die Werke? Kann etwa der Glaube ihn retten? Wenn ein Bruder oder eine Schwester ohne Kleidung ist und ohne das tägliche Brot und einer von euch zu ihnen sagt: Geht in Frieden, wärmt und sättigt euch!, ihr gebt ihnen aber nicht, was sie zum Leben brauchen – was nützt das?" (2, 14–16).

Wir können hier natürlich nicht auf die vielen Aspekte, die mit der Entwicklung des Marxismus und Sozialismus verbunden sind, eingehen. Aber auf eine äußerst problematische und verbreitete Tendenz müssen wir noch hinweisen. Im kirchlichen Bereich herrscht nicht nur ein oft frappantes Nichtwissen und Nichtzurkenntnisnehmen der Ursachen, die zum Marxismus führten und führen, sondern auch ein oft primitiver Antikommunismus, der nur noch als Sündenbocksprojektion zu verstehen ist. Es ist an der Zeit, daß wir uns differenzierter mit den unterschiedlichen Formen des Marxismus auseinandersetzen, ebenso, wie es nötig ist, die verschiedenen Formen des westlichen Kapitalismus differenziert zu beurteilen. Besonders für politisch hochstehende Kriegshetzer stellt ja der Antikommunismus ein ideales Feindbild her, das auch auf alle jene projiziert wird, die damit beginnen, Fehler auf der eigenen Seite zu suchen und einzugestehen! Doch damit sind wir bereits beim letzten Teil dieses Kapitels angelangt.

6. Die Theologien der Befreiung und das Dilemma Roms

Man kann die verschiedenen theologischen Traditionen vereinfacht in zwei Arten einteilen: in „Herrschaftstheologien" und in

„Befreiungstheologien". Während die ersteren (bewußt oder unbewußt) die Herrschaft weniger Menschen über die große Mehrheit legitimieren und religiös interpretieren, versuchen letztere, die allseitige Befreiung der Menschen im Sinne der prophetischen Tradition voranzutreiben. Daß es zwischen diesen unterschiedlichen Richtungen – die einen vertreten eher die gegebenen Machtverhältnisse, die anderen vertreten das unterdrückte Volk, zu dessen Befreiung Jesu Botschaft beitragen soll – zu massiven Auseinandersetzungen kommt und kommen muß, ist einsichtig. So treffen beispielsweise unsere kritischen Überlegungen zur autoritären Gewissensbildung, zur neurotisierenden Unterdrückung, zur Geschichte des Mißbrauchs Gottes bei der Unterdrückung von einzelnen Menschen und ganzen Völkern auf gefährliche Tendenzen der Herrschaftstheologien zu.

F. Heer unterschied im gleichen Sinn, jedoch wesentlich pointierter, zwischen „Atombombentheologen" und „Befreiungstheologen". Er spielt auf eine schreckliche Sache an, die sich nach dem 2. Vatikanischen Konzil ereignet hat: Eine internationale katholische Moraltheologenkommission hatte nämlich festgestellt, daß der Einsatz von Atombomben gegen „Feinde Gottes" zur „höheren Ehre Gottes" gereichen könne! Daß mit den Feinden Gottes die „atheistischen Kommunisten" gemeint waren, ist offensichtlich! Unter „Atombombentheologen" versteht Heer solche Theologen, die der Abtötung nach innen, der Tötung nach außen (gewollt oder ungewollt) das Wort reden, und die heute noch als Ideologen etwa von katholischen Militärdiktaturen in der Dritten Welt fungieren. Befreiungstheologen sind dagegen von schöpferischem Eros erfüllte Theologen, die sich radikal für Versöhnung, Gerechtigkeit und die allseitige Befreiung des Menschen aus allen Formen der Knechtschaft einsetzen.

Wenn die Befreiungstheologien von gewissen Kreisen beschuldigt werden, daß sie sich nur um das irdische Wohl der Menschen kümmerten und die Gottesbeziehung, die Transzendenz und Spiritualität vernachlässigten, kann man nur von einer Unterstellung sprechen. Aber wogegen sich diese Theologien richten, ist sicher ein Supranaturalismus, der zu einer „asozialen" Gläubigkeit führt. Wir möchten dazu eine kurze historische Anmerkung machen: Gegen die Sozialenzyklika Pius' XI. (1931) ging die Opposition mancher lateinamerikanischer Bischöfe so weit, daß sie Gebete zur Aufklärung des Papstes anordneten. Noch ein Jahrzehnt vor dem II. Vatikanum wurde ein Sekretär der christlichen Gewerkschaften auf Veranlassung des Ortsbischofs als „kommunistischer Agent" des Landes verwiesen, weil er in einem Vortrag die päpstlichen Sozialenzykliken zitiert hatte!

In den letzten Jahrzehnten, insbesondere durch das 2. Vatikanum ermutigt, entstanden vor allem in den Ländern der Dritten Welt sogenannte *Basisgemeinden*. Das sind von prophetisch-christlichem Geist erfüllte Gemeinschaften, die ihre konkrete Lebenslage und ihr soziales Elend im Lichte der befreienden Botschaft Jesu sehen lernen und so zum Handeln ermutigt werden. Nach den Aufgaben als Christen fragend, die sie angesichts des sozialen Unrechts haben, das die Würde zahlloser Menschen mit Füßen tritt, setzen sie sich auch mit den wirtschaftlichen, politischen und somit gesellschaftlichen Ursachen für dieses Elend auseinander, damit entsprechende Veränderungen in Angriff genommen werden können. Das berühmte „Evangelium der Bauern von Solentiname" von Ernesto Cardenal gibt z. B. tiefen Einblick in das Leben einer solchen Basisgemeinde. Aus dieser neuen pastoralen Praxis und der Überwindung einer „asozialen Gläubigkeit" (A. Exeler) entstanden die sogenannten Theologien der Befreiung.

Befreiungstheologie, das ist zunächst betroffene Teilnahme am Elend konkreter Menschen und Gruppen, das ist Appell, Engagement, Praxis und Kampf, ist Nachdenken über die Ursachen der wachsenden Verelendung, ist Reflexion auf die im Lichte des Evangeliums erhellte Praxis der konkreten und allseitigen Befreiung von Menschen aus menschenunwürdigen Verhältnissen. Diese Theologie wird aus dem alltäglichen Lebenskampf geboren, sie wächst von unten, sie wurzelt im Volk und macht natürlich den zentralen Verwaltern von Theologie großes Kopfzerbrechen. Denn die herrschende europäische Theologie ist vergleichsweise weithin vom konkreten Leben abgekoppelt und akademisch.

Wir können uns hier nicht ausführlicher mit den Basisgemeinden und den Befreiungstheologien befassen. Der Tübinger Pastoraltheologe Norbert Greinacher gibt in seinem gut lesbaren und engagiert geschriebenen Buch „Die Kirche der Armen. Zur Theologie der Befreiung" einen sehr guten Einblick in diese hoffnungsvollste Bewegung der Kirche, aber auch in den blutigen und ideologischen Terror gegen diese Gemeinden und ihre Theologien. Denn diese Gemeinden werden nicht nur immer wieder von Todesschwadronen katholischer Militärdiktaturen – die durch die US-Politik unterstützt werden – bekämpft. Zahllose Menschen, Männer und Frauen, Kinder und Greise, Priester und Nonnen solcher Gemeinden wurden grausamst gefoltert und ermordet. Sondern auch die ideologische und kirchenamtliche Verfolgung der Befreiungstheologien nimmt erschreckende Ausmaße an.

Unserer Meinung nach findet sich jetzt in Mittel- und Südamerika die folgende tragische Situation vor: Die Vereinigten Staaten sehen sich in ihrer bis zu einem gewissen Grad nachfühlbaren Angst vor dem Kommunismus gezwungen, die verschiedenen Militärdiktaturen, also Unrechts-Staaten, zu unterstützen. Sie erreichen aber damit nur das Gegenteil dessen, was sie wünschen, nämlich immer mehr Menschen in die Arme des Kommunismus zu treiben. Man steht also dort vor der Wahl zwischen zwei gleich schlimmen Möglichkeiten, nämlich Fortbestand der Militärherrschaft und damit des Elends einerseits oder aber Errichtung kommunistischer Diktaturen, wobei die zweite von Jahr zu Jahr an Wahrscheinlichkeit gewinnt. In diesem schrecklichen Dilemma gibt es unserer Überzeugung nach nur eine einzige echte Hoffnung: die Basisgemeinden und die Befreiungstheologien. Nur sie allein könnten Verhältnisse schaffen, welche das Ende der Unrechtsregime und gleichzeitig die Verhinderung kommunistischer Diktaturen erreichen.

Sollte die US-amerikanische Politik ihren ungerechten militärischen Kampf gegen diese Basisbewegung und auch ihren ideologischen Krieg gegen die Befreiungstheologien – tragischerweise zum Teil gemeinsam mit römisch-katholischen Instanzen – fortsetzen, dann könnte es tatsächlich dazu kommen, daß diese Länder einem marxistischen System Moskauer Prägung ausgeliefert werden. Das derzeit bestehende, durch brutalste kapitalistische Ausbeutung verursachte Unrechtssystem kann und darf nicht weiter aufrechterhalten werden! Uns erscheint der Weg, den die Basisgemeinden und die Befreiungstheologien weithin einschlagen, als „dritter Weg", als einziger Ausweg, der das Unrecht radikal beseitigen könnte, und der zu einer eigenständigen Entwicklung führen würde. Ohne wirklich radikale Reformen wird es notwendigerweise zu noch blutigeren Kriegen und Revolutionen kommen. Und dafür sind vor allem wir, die Angehörigen der Ersten Welt, mitverantwortlich.

Auf ein entscheidendes Ereignis der lateinamerikanischen Kirche möchten wir noch kurz hinweisen. So führten die betroffene Teilnahme am Elend des Volkes und die kritische und genaue Analyse der Ursachen für dieses strukturelle Elend in Südamerika in der bedeutenden Lateinamerikanischen Bischofskonferenz von Medellin (1968) zu einem radikalen Neubeginn und zur Umkehr in der pastoralen Praxis wie auch in der theologischen Akzentsetzung. Die schwere Schuld, welche die Kirche an der jahrhundertelangen kolonialen Ausbeutung des Volkes auf sich geladen hatte, sollte energisch wiedergutgemacht werden. Deshalb wurde die „Option für die Armen" als Maxime für jedes pastorale Handeln aufgestellt. In diesem Sinn schrieb z. B. das lateinamerikanische Komitee der christlichen Gewerkschaften während des Eucharistischen Kongresses von 1968 in Bogotá einen Brief an Papst Paul VI., in dem es heißt: „Nimm dich in acht, Bruder Paul, Religion und Kirche sind in Lateinamerika fortwährend dazu benutzt worden, Ungerechtigkeit, Unterdrückung, Ausbeutung, Verfolgung und Mord an den Armen zu rechtfertigen und zu stützen."

Doch diese von christlichem Geist geprägte Bewegung wird besonders in den letzten Jahren durch maßgebliche kirchenamtliche Kreise zunehmend stärker verfolgt, verdächtigt und des Kommunismus bezichtigt. Wie schon erwähnt, wurden in den letzten Jahren Tausende Priester, Nonnen und Laien deshalb ermordet, weil sie Jesu Leitsatz: „Mich erbarmt des Volkes", ernstgenommen haben – unter ihnen befindet sich auch der Erzbischof von San Salvador, Arnulfo Romero, der 1980 während des Gottesdienstes ermordet wurde.

Eine wesentliche Ursache dieser mörderischen und akademischen Verfolgung von Befreiungstheologen sehen wir in der oben schon angeführten Habgier, die von bestimmten Machtzentralen nur ideologisch verbrämt wird – und vor welcher der Prophet Micha (2, 1ff.) mit so erschreckend aktuellen Worten warnt: „Wehe denen, die auf ihrem Lager Unheil planen und Böses ersinnen. Wenn es Tag wird, führen sie es aus; denn sie haben die Macht dazu. Sie wollen Felder haben und reißen sie an sich, sie wollen Häuser haben und bringen sie in ihren Besitz. Sie wenden Gewalt an gegen den Mann und sein Haus, gegen den Besitzer und sein Eigentum."

Die Parallele zum Problem der sozialen Frage im 19. Jahrhundert ist offensichtlich. Wir sprachen vorher vom Versagen der Kirche angesichts des proletarischen Elends und der Arbeiterfrage. Wenn es von „Rom" abhinge, dann wäre zu fürchten, daß sich dieses schreckliche Versagen der Kirche heute in weltweitem Ausmaß wiederholte! Denn die Kampagnen und Verdächtigungen von Befreiungstheologen (so bekam unlängst der prominente Befreiungstheologe Leonardo Boff ein befristetes Lehrverbot) durch Rom, aber auch durch bundesdeutsche Kirchenfürsten und Wirtschaftskreise, erwecken den Eindruck, daß man aus der Geschichte nichts gelernt hat.

Der vor kurzem verstorbene evangelische Theologe Martin Niemöller, einer der charaktervollsten Vertreter der Bekennenden Kirche in Deutschland (der deshalb auch im KZ Dachau war), schrieb als 90jähriger: „Ich kann nur hoffen, daß die Christenheit in Europa von der jungen Christenheit der sogenannten Dritten Welt eines Tages so angesprochen wird, daß sie wieder auf Jesus von Nazareth als das Wort Gottes (‚Das Wort ward Fleisch‘) zu hören willens ist. Das ist alles, was ich hoffen kann.‘‘

Wie wünschenswert wäre es, wenn dieser jetzige Papst verstände, worum es in den Theologien der Befreiung wirklich geht, warum sie die einzige große Hoffnung für die Zukunft der katholischen Kirche sind, und wenn er mit allen daraus folgenden Konsequenzen das so notwendige Schuldbekenntnis der Kirche ablegte, wie es einer seiner ehrlichsten Vorgänger getan hat. Wie schön wäre es, wenn Johannes Paul II. von seinem in einer Hinsicht unmittelbaren Vorgänger lernte! Denn der letzte nichtitalienische Papst, der deutschstämmige Hadrian VI., ließ – leider zu spät – auf dem Reichstag zu Nürnberg 1523 durch seinen Legaten das große Schuldbekenntnis der Kirche verlesen, aus dem wir jetzt zitieren:

„Wir wissen wohl, daß auch bei diesem Heiligen Stuhl schon seit manchem Jahr viel Verabscheuungswürdiges vorgekommen, Mißbräuche in geistlichen Sachen, Übertretungen der Gebote, ja daß alles sich zum Argen verkehrt hat. So ist es nicht zu verwundern, daß die Krankheit sich vom Haupt auf die Glieder, von den Päpsten auf die Prälaten verpflanzt hat. Wir alle, Prälaten und Geistliche, sind vom Weg des Rechtes abgewichen, und es gab schon lange keinen einzigen, der Gutes tat.“

Der evangelische Theologe Georges Casalis hat in dem wichtigen, von Norbert Sommer herausgegebenen Buch „Zorn aus Liebe“ (Die zornigen alten Männer der Kirche) Gedanken über Dummheit und Reichtum ausgedrückt, die auf uns beunruhigend und herausfordernd wirken können.

„Ich bin oft schnell zornig, vor allem, wenn ich der *Dummheit* begegne. Unerträglich, mit einem zu tun zu haben, der nichts vernimmt noch versteht von der Wirklichkeit, der durch die Welt blind und taub wandelt, der sein Leben von sich fahren läßt, statt es vernünftig und großzügig zu führen und zu schenken. Diesen Lebensidioten, diesen Existenzdummkopf, den entdecke ich immer mit Entrüstung in mir selbst! Wie kann ich meine Zeit und Kraft so oberflächlich und egoistisch vergeuden? Wie kann ich bloß abseits von den Nöten, Hoffnungen und Freuden meiner Mitmenschen träumen und schlummern? Wie kann ich weiter so tun, als ob alles sinnlos wäre und jeder Augenblick nicht nach einer verantwortlichen Entscheidung verlangte? Ja, warum, warum? Ein katholischer Priester, mein Freund Abbé Pierre, der sein ganzes Leben im Dienste der sogenannten ‚Vierten Welt' eingesetzt hat, also in der Solidarität mit den Elenden unserer reichen und satten Konsumgesellschaft, sagte mir einst: ‚Weil wir Reiche sind!', und fügte hinzu: ‚Das Schlimmste bei den Reichen ist eben, daß sie dumm sind, getrennt von der großen Mehrheit ihrer Zeitgenossen, dessen, was man das Volk nennt, oder besser gesagt: der Armen; die Reichen, ob Privatmenschen, wie man sagt – als ob irgendeiner nur für sich leben könnte –, oder Politiker und Beamte, die einen öffentlichen Dienst zu leisten haben, sind unfähig, die Realität zu erkennen, das Los dessen zu verstehen, der Hunger und Kälte erleiden muß und als Arbeitsloser nicht weiß, wie er und seine Kinder überleben werden.' *Reichtum macht dumm und herzlos,* und dies – in mir selbst, in anderen Reichen und in der kapitalistischen Gesellschaft – erweckt immer wieder meinen Zorn. Der religiöse Reichtum auch verschließt Auge und Geist."

Wir möchten dieses Kapitel mit den aufschlußreichen Worten von Pfarrer Wilhelm Willms schließen:

Gott spricht
ich bin ein ohnmächtiger Gott
glaubt ihr denn
ich ließe H-Bomben und Napalm fallen

und ließe Menschen verhungern
glaubt ihr denn
ich machte Korruption
überall wohin man sieht
glaubt ihr denn
ich hätte die Erde verseucht
ich bin ohnmächtig ohne euch

glaubt ihr denn
ich kippte Weizen ins Meer
um die Wirtschaft anzukurbeln
glaubt ihr ich euer Gott
vernichtete Butterberge
glaubt ihr denn ich sorgte dafür
daß die Wirtschaft
ein Riesenrad schlägt
ohne Rücksicht auf Verluste
meint ihr ich teile die Erde ein
in zwei Drittel Hungernde
und ein Drittel Wohlstandsverseuchte

ich bin ohnmächtig
ich sterbe wenn ihr sterbt
ich bin machtlos wenn ihr machtlos seid
wenn euer Herz herzlos ist
ist auch mein Herz herzlos
wenn euer Verstand nicht verständig ist
ist auch mein Verstand nicht verständig
wenn eure Hände nichts hergeben
geben meine Hände auch nichts her
ich sterbe wenn ihr sterbt

ihr habt mich allmächtig genannt
ich habe den starken Verdacht
ihr Menschen wolltet mir für
alles Dunkle und nicht Vollbrachte
den Schwarzen Peter zuschieben
den Teufel

ohnmächtig bin ich
und nicht allmächtig gegenwärtig bin ich
aber nur in euch
und wenn ihr mich wollt
die Güte bin ich aber nicht ohne euch
ich vermehre Brot aber nur durch euch
wenn ihr Weizen züchtet
wenn ihr teilt und nicht alles
für euch behaltet
mein Erbarmen kann nur
durch euer Erbarmen wirksam werden
ich bin nichts wenn ihr nichts seid
mein Leben ist euer Leben
mein Tod kommt unweigerlich
wenn ihr mit eurer Sprache
mich totmacht
ihr müßt mich neu erfinden
ihr müßt mich glaubhaft aufweisen
diese Stadt ist gottlos
wenn ihr nicht göttlich
nicht heilig seid
diese Welt ist ohne Vater und Beistand
wenn ihr nicht
wirklich Söhne und Töchter
im höchsten Sinne seid . . ."

Siebentes Kapitel
Tiefenpsychologische Erwägungen
zum Religionsunterricht

„Die Schule wird einst eine völlig andere Gestalt haben als heute. Das organisierende Prinzip wird nicht mehr die Übermittlung eines immer herrischer sich gebärdenden Wissensquantums sein, sondern die Erzeugung einer sittlichen Gemeinschaftsgesinnung, der sich das Prinzip einer Wissensübermittlung und Fertigkeitsgestaltung erst als sekundäres Prinzip unterordnet. Dann wird auch im Lehrer der Erzieher den Unterrichter weit überragen müssen.“ *(Oskar Spiel)*

„Wenn Glaube nicht eine bloße Überzeugung und Gewißheit bedeutet, daß Etwas ist, sondern ein Sich-an-Etwas-Binden, einen Einsatz der eigenen Person, ein maßlos verbindliches Wagnis, dann gibt es keine Erziehung zum Glauben. Aber es gibt eine Erziehung zu dieser Einsicht, was Glaube ist und was nicht. . . . Aber wenn irgendeine, dann beginnt diese Erziehung im Bereich der tiefsten Selbstbesinnung: da, wo man sich selber befragt, sich entscheidet und sich erprobt.“ *(Martin Buber)*

1. Zur Lage der Religionspädagogik und des Religionsunterrichts

Es ist keine Frage, daß sich in den letzten Jahrzehnten sowohl in der religionspädagogischen Theorie und Ausbildung als auch im Bereich der Schulreform Veränderungen angebahnt haben.

Wir denken dabei z. B. an die Überwindung eines bloßen „Katechismus-Unterrichts" durch einen problemorientierten Unterricht, an die verstärkte Hinwendung zum Menschen, an die stärkere Berücksichtigung des jeweiligen psychischen und sozialen Entwicklungsstandes der Schüler, an die Bemühungen um eine bessere, alters- und problemgemäßere Didaktik und Methodik, an die verstärkte Mitsprache von Schülern und Eltern in schulischen Belangen, an die Verringerung der Schülerzahlen pro Klasse und vieles andere mehr. Es ist in diesem Rahmen gar nicht möglich und nötig, auf alle diese wichtigen Momente genauer einzugehen. Unser Anliegen besteht darin, insbesondere aus tiefenpsychologischer Sicht auf Schwachstellen, vor allem auf die allzugroße Diskrepanz zwischen Theorie und Praxis hinzuweisen, auf Konflikte aufmerksam zu machen, die allzuoft übersehen oder insbesondere „von oben" übergangen und weggedrängt werden.

Der Aufbruch des 2. Vatikanums und der selbstkritische, dialogbereite, experimentierfreudige, ermutigende „Geist des Konzils" sind aber heute durch zunehmend reaktionäre Tendenzen in der Amtskirche schwer gefährdet. Wir möchten die Religionslehrer, die zum Teil Enormes leisten, die das eben angesprochene Dilemma ganz besonders stark empfinden und die „von oben" nicht selten mit Mißtrauen verfolgt werden, wenn sie lebendig, phantasievoll und aufgeschlossen sind, auf ihrem Kurs ermutigen! Wir müssen aber auch auf die größten Gefahren in dieser Lage hinweisen: auf die Gefahren der Resignation, der Apathie, der inneren Emigration aus einer Kirche, von der man sich nicht mehr verstanden fühlt, von der man aber in mehrfacher Hinsicht, besonders ökonomisch, abhängig ist.

Die Religionslehrer befinden sich zweifellos in einer schwierigen Situation – man könnte zumindest von einem Dilemma sprechen: Einerseits sind sie als Lehrer den Anforderungen und Erwartungen aller schulischen Instanzen und Strukturen ausgesetzt, andererseits der Kirchenleitung mit ihren spezifischen Erwartungen (z. B.: sollen sie die Schüler in oft völlig leblose Pfarrgemeinden integrieren!), und schließlich stehen sie den vielfältigen Erwartungen (oder gar der Erwartungslosigkeit!) der Schüler gegenüber. Zu dieser Situation möchten wir ein Zitat von Sigmund Freud anführen, in welchem er nicht nur die Bibel indirekt erwähnt, sondern von seinem Konfliktmodell der Persönlichkeit spricht:

„Ein Sprichwort warnt davor, gleichzeitig zwei Herren zu dienen. Das arme Ich hat es noch schwerer, es dient drei gestrengen Herren, ist bemüht, deren Ansprüche und Forderungen in Einklang miteinander zu bringen. Diese Ansprüche gehen immer auseinander, scheinen oft unvereinbar zu sein; kein Wunder, wenn das Ich so oft an seiner Aufgabe scheitert. Die drei Zwingherren sind die Außenwelt, das Über-Ich und das Es. . . . So vom Es getrieben, vom Über-Ich eingeengt, von der Realität zurückgestoßen, ringt das Ich um die Bewältigung seiner ökonomischen Aufgabe, die Harmonie unter den Kräften und Einflüssen herzustellen, die in ihm und auf es wirken, und wir verstehen, warum wir so oft den Ausruf nicht unterdrücken können: Das Leben ist nicht leicht!"

In diesem Zusammenhang müssen wir auch kurz auf das Problem der *Benotung* und die Abmeldung von der Teilnahme am Pflichtfach Religion eingehen. Wir wissen, daß die Situation in den verschiedenen Schulen und Schultypen recht unterschiedlich ist. Aber wir sind davon überzeugt, daß die Benotung eine umso geringere Bedeutung hat, je besser der Unterricht gestaltet wird! Nicht wenige Religionslehrer und kirchliche Schulfunktionäre glauben, daß die Möglichkeit der Benotung das Ansehen des Faches erhöhe, daß durch die Noten der „nötige" Druck auf die Schüler ausgeübt werden könne und daß nur so das Fach Religion ernstgenommen werde. Wenn die Notengebung aber als angstmachendes Druckmittel (Note = unnötige

Not) und zur Hebung des Ansehens des Faches in der schulischen Fächerhierarchie eingesetzt wird, dann leidet zumindest die Glaubwürdigkeit eines solchen Unterrichts.

Auch wenn nicht die persönliche Religiosität, sondern das Wissen benotet wird, bleibt dies eine problematische Sache. Wir fänden es wünschenswert, wenn man in dieser Hinsicht im Religionsunterricht sozusagen eine Vorreiterfunktion wagte, aber faktisch sieht es diesbezüglich sehr schlecht aus!

Was nun die *Abmeldung vom Religionsunterricht* durch den Schüler, der das 14. Lebensjahr vollendet hat (bzw. durch dessen Eltern oder Erziehungsberechtigte bei jüngeren Schülern) betrifft, so bleibt es uns nicht erspart, eine sehr kritische Stellungnahme abzugeben. Der eine von uns hat selbst gehört, daß der leitende Jurist eines erzbischöflichen Schulamtes bei der Einführung der neuen Religionslehrer für Allgemeinbildende Höhere Schulen sagte: „Es gibt so blöde Religionslehrer, die es den Schülern sagen, daß sie sich vom Religionsunterricht abmelden können!" Und mit Erstaunen mußten wir in einem Wörterbuch der Religionspädagogik des Jahres 1978 diesbezüglich folgendes lesen: „Die Institution der Abmeldung und der Befreiung (vom Religionsunterricht) sollen abnormen individuellen Gegebenheiten Rechnung tragen!" Abgesehen davon, daß jeder Schüler das Recht auf Information über seine Rechte hat, und daß der oben zitierte Ausspruch eher in eine Diktatur paßt als in einen demokratischen Staat, dürfte es doch zumindest befremden, daß man Schüler, die von diesem Recht Gebrauch machen, als „abnorm" bezeichnet! Es ist wohl unnötig, darauf hinzuweisen, daß eine religiöse Zwangsbeglückung eigentlich einen Widerspruch in sich darstellt. Wenn die Kirchenleitung mehr an den Geist und die Kraft der Botschaft Jesu glaubte und weniger auf gesetzlich geschützte Herrschaft baute, wäre sie jedenfalls glaubwürdiger! Wir treten – wie schon alle unsere bisherigen Überlegungen nahelegen – für größtmögliche Freiwilligkeit bezüglich des Besuchs des Religionsunterrichts ein, und wir kennen begabte und begeisterte Religionslehrer, die dies bereits mit bestem Erfolg vertreten.

2. Der Religionsunterricht als Beitrag zur ganzheitlichen Bildung in der Schule

Während theoretisch – in Festreden und auch in den Schulgesetzen – immer wieder betont wird, daß die Schule nicht nur Wissen und Können vermitteln soll, sondern auch die persönliche und soziale Entfaltung, also die charakterliche, weltanschauliche und politische Bildung fördern soll, läßt die Praxis oft sehr zu wünschen übrig. Das hat zweifellos viele Gründe, auf die wir nur zum Teil eingehen werden. Wir vertreten die Ansicht, daß ein guter Religionsunterricht einen wichtigen Beitrag zu dieser Aufgabe leisten, ja daß er auch andere Lehrer anregen könnte, sich zu solidarisieren, um bessere Bedingungen für diese eminent wichtige ethische und humane Bildung zu erreichen.

Die Lehrer stehen vor der großen Aufgabe, an der Bildung von Menschen entscheidend mitzuwirken. Aber die Schulen in ihrer heutigen Form haben weithin darauf vergessen, die Aufgabe der Charakterbildung wirklich wahrzunehmen.

Wir verstehen uns als Vertreter der adlerianischen Richtung der Tiefenpsychologie, die in der Tradition der Schulrefom der zwanziger Jahre steht. Damals wurden Schulen geschaffen, die auf die Bildung des ganzen Menschen ausgerichtet waren. Alfred Adler und manche seiner Mitarbeiter in Wien setzten sich für Schulen ein, die den Schüler allseitig zu unterstützen und zu bilden beanspruchten. Sie legten größten Wert darauf, den Schülern nicht nur das zivilisatorische Rüstzeug mitzugeben, sondern auch die emotionale und soziale Bildung intensiv zu fördern. *Soziales Lernen* war eines der wichtigsten Anliegen dieser Bewegung. Denn jede Art von Unterricht hat bekanntlich nicht nur eine rationale, sondern auch eine emotionale und soziale Komponente. Heute ist der rationale Aspekt in erschreckendem Ausmaß auf Kosten der emotionalen und sozialen Bildung überentwickelt. Alfred Polgar drückte diese Diskrepanz so aus: „In einem ungemeinen Geist steckt oft eine ganz gemeine Seele." Dieser Feststellung wird von führenden Schulpersonen oft mit der typischen Ja-aber-Tendenz zugestimmt, wobei das Ja durch das Aber wieder aufgehoben wird.

Wir sind uns dessen bewußt, daß sich die Lehrer diesbezüglich in einem großen Dilemma befinden, denn sie werden nicht dahingehend beurteilt, ob sie bei ihren Schülern soziale und emotionale Reife fördern, sondern dahingehend, wie gut sie ihren Schülern den sogenannten Wissensstoff beigebracht haben. Deshalb ist es so wichtig, daß auch die in der Bildungsbürokratie Verantwortlichen für die Bedeutung eines umfassenden Bildungsprozesses mehr Verständnis bekommen, daß Reformen in Zusammenarbeit mit allen Betroffenen durchgeführt werden. Ein guter Lehrer sollte auch wissen, was seine Schüler psychisch und sozial bewegt. Das setzt aber voraus, daß eine Klasse maximal aus 20 Schülern bestehen dürfte. Es müßten die strukturellen und organisatorischen Bedingungen des Schulwesens so geändert werden, daß eine persönliche Beziehung zu den Schülern, daß soziales Lernen und ein bestimmtes Maß an echter Selbsterfahrung ermöglicht werden. Wir wollen mit diesen Hinweisen die Lehrer keineswegs überfordern, sondern vielmehr auffordern und ermutigen, das zu fordern, auch von oben zu fordern, was für eine menschenwürdige Schule notwendig ist! So könnten Klassen gebildet werden, die noch echte Gruppen sind, in denen Gruppenarbeit und Einüben von Solidarität möglich wären. Von Schulgemeinschaft, von Klassenkameradschaft wird zwar oft gesprochen, doch die faktische Schulwirklichkeit läßt dies kaum zu.

Aus adlerianischer Sicht wird also besonders die *Gemeinschaftsfähigkeit* als Ziel angestrebt. A. Adler hat sinngemäß gesagt: „Wo Ich war, soll Wir werden." Aber wie kann man diese solidarischen Erfahrungen heute machen, wenn ein Wettbewerbsgeist herrscht, wenn Vereinzelung gefördert wird und ein Hineinwachsen in eine Gemeinschaft geradezu verhindert wird? In der Schule sollte man aus der eigenen Enge und Ichbezogenheit hinauswachsen lernen, soziales Verhalten trainieren, soziale Einfühlung und Verständnis für andere Menschen und Weltanschauungen einüben und familiäre Vorurteile überwinden lernen. Man sollte zu echter Toleranz, zu Engagement für mehr Gerechtigkeit ermutigt werden. Dazu gehört, daß man gemeinsam Konflikte angehen, lösen oder aushalten lernt, daß soziale und emotionale Probleme durchgespielt und nicht übergangen und unter den Teppich gekehrt werden. Dafür muß die nötige Zeit vorhanden sein und vor allem die Möglichkeit des Gesprächs, der Basis aller Kultur und Bildung. Entweder sind wir „Gespräch", wie das M. Heidegger treffend nannte, oder wir gehen in Sprachlosigkeit, Isolation und Destruktivität unter.

Eine solche humane Bildung setzt ein wirklich gutes und partnerschaftliches Verhältnis zwischen Lehrern und Schülern voraus. Das heißt natürlich nicht, daß die Lehrer ihre Rolle verlassen sollen, sondern daß sie mit den Schülern wirklich ins Gespräch kommen. Die Schüler sollten fragen können, alles soll zur Diskussion gestellt, soll einer kritischen Auseinandersetzung unterzogen werden und zur Einübung von Toleranz und Offenheit für alle Andersdenkenden, Anderslebenden dienen. Die Schule sollte insbesondere ein Ort der Friedens- und Konfliktlösungspädagogik sein und nicht ein Ort der Verdrängung und Gleichschaltung. Alle Schüler müßten das Recht haben, die Ansichten der Lehrer in Frage zu stellen, damit sie durch dialogische Auseinandersetzung zu eigenständigen Ansichten gelangen können. Der sogenannte Objektivismuswahn, der unser gesamtes Bildungs- und Wissenschaftssystem beherrscht, erschwert allerdings eine solche echte Bildung enorm.

Insbesondere sollte die Schule auch ein Ort für *ethische Besinnung* und Orientierung sein und nicht eine Brutstätte für paramilitärische Anpassung, wie das Haim Ginott im Epilog seines Buches „Takt und Taktik im Klassenzimmer" so betroffen äußert:

„Am ersten Tag des neuen Schuljahres erhielten alle Lehrer einer Privatschule von ihrem Schulleiter folgenden Brief: Liebe Lehrer! Ich habe ein Konzentrationslager überlebt. Meine Augen haben Dinge gesehen, die kein

197

menschliches Auge je erblicken sollte: Gaskammern, erbaut von gebildeten Ingenieuren; Kinder, vergiftet von wissenschaftlich ausgebildeten Ärzten; Säuglinge, getötet von erfahrenen Kinderschwestern; Frauen und Kinder, erschossen und verbrannt von ehemaligen Oberschülern und Akademikern. Deswegen traue ich der Bildung nicht mehr. Mein Anliegen ist: Helfen Sie Ihren Schülern, menschlich zu werden. Ihr Unterricht und Ihr Einsatz sollten keine gelehrten Ungeheuer hervorbringen, keine befähigten Psychopathen, keine gebildeten Eichmanns. Lesen, Schreiben und Arithmetik sind nur wichtig, wenn sie dazu beitragen, unsere Kinder menschlich zu machen."

Die Aufgabe der ethischen und weltanschaulichen Bildung durch die Schule wird deshalb noch dringlicher, weil immer weniger Eltern diese Aufgabe erfüllen. Während diese Funktion früher von den Eltern viel stärker übernommen wurde, wenngleich nicht selten in eher autoritärer Weise, besteht heute diesbezüglich ein großes Defizit, das sich in Orientierungslosigkeit und Mangel an Lebensperspektiven äußert. Durch vielfältige Verunsicherungen in den letzten Jahrzehnten hat sich die Tendenz der Eltern oft geradezu umgekehrt: sie fühlen sich außerstande, diese Wertvermittlung zu übernehmen. Und die bloße Vermittlung der herrschenden materiellen Werte kann schwerlich ein perspektivenreiches, sinnvolles Leben eröffnen. Viele junge Menschen protestieren zu Recht dagegen, verweigern sich, suchen andere Werte und verlieren sich nicht selten in diesem Kampf. Dieser Protest ist in allen seinen erfreulichen und problematischen Formen ernst zu nehmen. Er bedeutet aber auch eine große Herausforderung für die betroffenen Eltern, Lehrer und Politiker. Eine fundierte, das heißt auch lebendige und überzeugende Vermittlung von Werten, eine wahrhaft weltanschauliche Bildung ist unendlich wichtig für das Gelingen des Lebens. Wir sprachen bereits im 4. Kapitel darüber (vgl. S. 78).

Erich Kästners „Ansprache zum Schulbeginn" sollten alle Lehrer immer wieder vor sich haben und seine Ratschläge für diesen Weg gemeinsam mit den Schülern beherzigen lernen:

„Liebe Kinder, da sitzt ihr nun, alphabetisch oder nach der Größe sortiert. . . .
Der Klassenkampf und die Jahre der Prüfung stehen bevor.
Früchtchen seid ihr, und Spalierobst müßt ihr werden!
Aufgeweckt wart ihr bis heute, und einwecken wird man euch ab morgen. . . .
Vom Baum des Lebens in die Konservenfabrik der Zivilisation – das ist der Weg, der vor euch liegt. Kein Wunder, daß eure Verlegenheit größer ist als eure Neugierde. . . .
Laßt euch die Kindheit nicht austreiben! Nur wer erwachsen wird und Kind bleibt, ist ein Mensch. . . .
Haltet das Katheder weder für einen Thron, noch für eine Kanzel! Der Lehrer ist kein Schulwebel und kein lieber Gott. Er weiß nicht alles und er kann nicht alles wissen.
Nehmt auf diejenigen Rücksicht, die auf euch Rücksicht nehmen! . . . es gelingt nicht immer. Doch man muß es stets von neuem versuchen.
Seid nicht zu fleißig! Bei diesem Ratschlag müssen die Faulen weghören. . . . Der Mensch soll lernen, nur die Ochsen büffeln. . . .
Der Kopf ist nicht der einzige Körperteil. Wer das Gegenteil behauptet, lügt. . . .
Man muß nämlich auch springen, turnen, tanzen und singen können, sonst ist man, mit seinem Wasserkopf voller Wissen, ein Krüppel und nichts weiter. . . .
Lacht die Dummen nicht aus! Sie sind nicht aus freien Stücken dumm und nicht zu eurem Vergnügen. Und prügelt keinen, der kleiner und schwächer ist als ihr! . . .
MISSTRAUT GELEGENTLICH EUREN SCHULBÜCHERN!

Sie sind nicht auf dem Berge Sinai entstanden, meistens nicht einmal auf verständige Art und Weise, sondern aus alten Schulbüchern,
die aus alten Schulbüchern entstanden sind,
die aus alten Schulbüchern entstanden sind,
die aus alten Schulbüchern entstanden sind.
Man nennt das Tradition. Aber es ist ganz etwas anderes."

Die Auseinandersetzung mit den Religionen nimmt im Rahmen der Lebensorientierung und Wertbildung einen besonderen Platz ein. Wir werden auf zwei Tendenzen, auf eine erfreuliche und eine bedauernswerte, hinweisen. Es gibt heute bei vielen Menschen eine starke religiöse Sehnsucht, d. h. ein ausgeprägtes Bedürfnis nach allseits entfaltetem, sinnvollem Leben. Das wachsende Bedürfnis, ein fast ausschließlich materialistisch und rationalistisch orientiertes Leben zu überwinden, zu transzendieren, nimmt stark zu. Wir haben bereits davon gesprochen, daß das Religiöse zum Menschlichen gehört, allerdings nicht in einem ideologisch bzw. konfessionalistisch verengten Sinn. Wir haben festgestellt, daß echte religiöse Sehnsucht in unserer Zivilisation weithin verschüttet ist, daß Gott, als „Leben in Fülle" verstanden, vielfach verdrängt wird. Ebenso wie viele andere menschliche Bedürfnisse heute unterdrückt und verdrängt werden, wird auch echte Religiosität ins Unbewußte abgeschoben. Aber all das Verdrängte steigt aus dem Unbewußten wieder hoch, es schafft sich direkt oder indirekt sein Recht. Die Unterdrücker werden vom Unterdrückten nicht in Ruhe gelassen – zumindest in Traumbildern werden sie mit dem konfrontiert, was sie nicht wahrhaben und zulassen wollen. Insofern besteht eine deutliche Analogie zwischen dem Psychischen und dem Politischen. Auch politische Unterdrücker werden hoffentlich nicht von den Unterdrückten in Ruhe gelassen! Es gibt also heute mehr denn je den „unbewußten Gott" (V. Frankl), und es sollte alles unternommen werden, um Menschen wieder ein „Gottesbewußtsein" zu ermöglichen, nach dem sie sich „im Grunde" sehnen.

Doch diese positive Tendenz ist auch von einer bedauernswerten begleitet, nämlich von einem oft unermeßlichen Unverständnis der Amtskirche bzw. kirchlicher Vertreter und Berufstheologen für die nichtentfremdeten religiösen Sehnsüchte und Bedürfnisse der Menschen. Wir erfahren z. B. als Psychotherapeuten sehr oft, daß religiöse Probleme in Therapien zum Vorschein kommen, doch der Hinweis, daß ein Gespräch mit einem religiösen bzw. theologischen Fachmann angebracht wäre, wird meistens mit der Begründung abgelehnt, daß man diesbezüglich nur schlechte Erfahrungen gemacht hätte, daß man auf totales Unverständnis gestoßen wäre. Wir sagen das aus vielfacher Betroffenheit! Es ist zum Teil wirklich skandalös, wie herrschende religiöse Institutionen und ihre maßgeblichen Vertreter mit Menschen überhaupt und besonders mit Menschen in Krisen umgehen! Viele Priester und Religionsvertreter stehen deshalb im Ruf völliger Verständnislosigkeit.

Dieser Sachverhalt hängt nicht selten auch damit zusammen, daß nicht das hohe Ethos des christlichen Glaubens, sondern eine verengte Moral als Maßstab für die Wissens- und Gewissensbildung genommen wird. A. Mitscherlich hat dazu etwas für uns sehr Wichtiges gesagt:

„Soll Moral im Zeitalter perfekter Vernichtungsmittel nicht zur privaten Kuriosität absinken, . . . dann kann die Funktion der Moral nur darin bestehen, uns sanft, aber beharrlich zur *Erweiterung unserer Selbstwahrnehmung* anzuhalten. Wo sie sinnlos Tugenden fordert, die nicht ohne Schaden erreichbar sind, arbeitet sie im Dienst der Zerstörung: die verwüsteten Landschaften, die ermordeten namenlosen Scharen der Geschichte beweisen es. Sie wurden immer im Namen einer Tugend vernichtet. . . . Auf Vorbilder wird es auch weiterhin in jeder menschlichen Gesellschaft ankommen; die, nach denen wir suchen, müssen Ähnlichkeit mit uns selber haben. Sie müssen die Spuren unserer Sorgen und Nöte verraten."

In der Kirche selbst wird also echte Religiosität oft ebenso verdrängt wie in atheistischen Milieus – und selbst die Auseinandersetzung mit diesem Verdrängten wird oft noch mit allen Mitteln bekämpft. Denken Sie nur an jene Theologen, die sich den wirklichen Problemen stellen, sie werden nicht selten der Abweichung vom rechten Glauben bezichtigt, Verhören durch Glaubenswächter unterzogen und bekommen Lehrverbot. Auch davon war im vorhergehenden Kapitel (vgl. S. 180) bereits die Rede. Für den Religionslehrer ist es nun besonders wichtig, für all diese Prozesse sensibel zu sein.

3. Die Tiefenpsychologie als Hilfe für den Religionslehrer

Wir vertreten nun die Ansicht, daß eine tiefenpsychologische Grundausbildung und auch Begleitung der Religionslehrer ganz wesentlich zur Verbesserung des Religionsunterrichts, zur Persönlichkeitsentfaltung der Lehrer, zur Vertiefung ihrer Religiosität, zur Entfaltung ihrer Menschlichkeit und auch zur Neurosenprophylaxe beitragen könnte.

Bevor wir auf diese Bereiche genauer eingehen, möchten wir in komprimierter Form auf Grundaspekte der Tiefenpsychologie hinweisen, die sich mit den Forderungen des Christentums bestens vereinbaren lassen.

Ein wesentlicher Moment im Leben Jesu war zweifellos seine *Sensibilität* und *Betroffenheit* vom Elend des Volkes (Mt 15, 32: „Jesus rief seine Jünger zu sich und sprach: Mich erbarmt des Volkes . . .!"). Und in der sogenannten Aussendungsrede an seine Jünger (Mt 10, 7f.) werden diese ermutigt, sich für Heil und Heilung aller Menschen einzusetzen. Es heißt dort sinngemäß: Geht hin und tut kund, daß das Reich Gottes im Anbruch ist, heilt Kranke, erweckt Tote zu neuer Lebendigkeit, macht Aussätzige rein, treibt alle Formen von Besessenheit aus, helft den Kraftlosen wieder auf die Beine. (Im griechischen Text heißt dies: asthenountas therapeuete = sorgt euch um die

202

Kraftlosen.) Dies gibt angesichts des vielfältigen Leidens von Menschen an Perspektivenlosigkeit, an Sinn- und Kraftlosigkeit, an sozialer Unterdrücktheit und politischer Verfolgung wirklich zu denken, ja fordert betroffene Anteilnahme und veränderndes Engagement heraus.

Ist es nicht bezeichnend für die bei uns herrschende Lebensverdrängungs-Zivilisation, daß in den Humanwissenschaften und oft auch in der Theologie diese menschliche Problematik weithin übergangen wird, daß man sich mehr für Systeme und Ideologien interessiert als für den konkreten Menschen? Darum ist es so notwendig, daß man sich mit Kunst und Literatur befaßt, denn dort kommt all dies zur Sprache. Die Weltliteratur ist voll von dieser Auseinandersetzung mit Leiden, mit Unrecht, mit allzumenschlichen Leiden- und Freudenschaften. Sie handelt vom Ringen, vom Versagen des Menschen im Kampf um die Entfaltung des Lebens, von seinen vielfältigen Konflikten. Diese Einsichten in die Tiefen der menschlichen Seele werden also durch die herrschenden Wissenschaften kaum gewonnen.

Aber im Christentum geht es doch ausdrücklich um das Mysterium und die Realität der Mensch-Werdung, um Verständnis und Veränderung. Besonders tiefenpsychologische Einsichten in das vielschichtige Phänomen Religion machen deutlich, wie sehr sich in religiösen Symbolen und Ritualen menschliches Elend, menschliche Sehnsucht, Unheils- und Heilserfahrungen manifestieren. Es gibt zu denken, daß der Theologe J. B. Metz der gängigen Dogmatik vorwirft, daß sie manchmal „wie zum System gewordene Berührungsangst vor dem unbegriffenen Leben" wirkt. In wesenhafter Religion und Theologie geht es um Sinn des Lebens und um Kraft für dieses Leben, geht es um zwei Grundbereiche unseres Lebens, um Trost, der nicht zu Vertröstung und Realitätsflucht entarten darf, und um Verbote und Gebote, die nicht zum Gesetz erstarren dürfen.

Und ein genuines Christentum hat Sinn für Leidenschaft und Akzeptierung. Recht verstandenes Christentum hat zu menschlichem Leiden und menschlicher Leidenschaft, zu Schuld- und Versagenserfahrungen eine akzeptierende, eine verständige, ermutigende, aufrichtige und aufrichtende, Möglichkeiten und Chancen zur Veränderung anregende Grundeinstellung. Der Psychoanalytiker Paul Matussek meint diesbezüglich anspruchsvoll, aber zu Recht, daß Seelsorger keine „Funktionäre abstrakter Wahrheit" und „Ordnungspolizisten" sein sollten, sondern „Menschen, die sich und ihr Heil gefunden haben" und so fähig sind, anderen dazu zu verhelfen.

Eine vom Geist Jesu erfüllte Theologie beachtet also sowohl die Einsicht des Psalmisten, daß „wir Menschen wunderbar geschaffen" wurden, als auch die Tatsache, daß wir sehr verwundbar sind! Aufgrund dieses „Bescheid-Wissens" kann man dann auch bescheiden sein. *Verständnis, Akzeptierung* und *Veränderung* – diese drei Grundaspekte gestalteter, aus starrer Fremdbestimmung und psychischer Enteignung und Resignation befreiender Mensch-Werdung sind nicht nur christlich-theologisch, sondern auch tiefenpsychologisch gesehen Schlüsselaspekte für die kreative und verantwortungsvolle Gestaltung des menschlichen Zusammenlebens.

Wir sind davon überzeugt, daß wir, durch tiefenpsychologische Einsichten und Erfahrungen geläutert und bereichert, besser leben, das heißt lieben, arbeiten und leiden l e r n e n können. Eine sich selbst nicht dogmatisch mißverstehende Tiefenpsychologie ist eine äußerst hilfreiche „Befreiungswissenschaft". Tiefenpsychologie als umfassende Kultur- und Persönlichkeitstheorie, als Konflikt- und Beziehungstheorie, als Psychologie des Unbewußten, der oft verborgenen, verleugneten, verdrängten und unterdrückten Wünsche und Interessen, relativiert alle bewußten Manifestationen des Lebens und bringt so zwar unangenehme, aber befreiende Einsichten zum Durchbruch. Die Unfähigkeit zur Trauer und so auch zu kreativer Veränderung wird aufgebrochen. „Stirb und Werde" heißt dieser Prozeß schon lange in der besten – aber leider nicht herrschenden – abendländischen Tradition!

Die Tiefenpsychologie hilft also bei der Aufdeckung der Bedingungen und Prozesse von Unheils- und Heilserfahrungen.

Sie regt an, von infantilisierender Fremdbestimmung zu mehr Selbstbestimmung und sozialer Mitbestimmung zu gelangen, indem sie Ablösungsprozesse vorantreiben und bewältigen hilft. Ziel aller genuinen Tiefenpsychologie – trotz vieler kleinlicher Streitereien der verschiedenen Schulrichtungen – ist es, durch das Ernstnehmen konkreter Menschen und ihrer Schicksale, Bewältigungs- und Vermeidungsstrategien, die eigenverantwortliche Entfaltung von Liebes-, Arbeits-, Leidens- und Gemeinschaftsfähigkeit zu verbessern.

Allzu selten sind Menschen in ihren konkreten Verhältnissen, Verhaltensweisen und Beziehungen mit solcher Sorgfalt, Aufmerksamkeit und Liebe studiert und wahrgenommen worden wie durch engagierte Tiefenpsychologen. Und weil diese Psychologie aufdeckt, was Ideologien zudecken und vertuschen, was eine einseitig leistungs- und konsumorientierte Gesellschaft „kostet", was diesen Betrieb stört – unangeordnete Lust gleichermaßen wie Leid, Trauer und Kränkung –, deshalb wird sie immer noch mehr oder weniger bewußt abgelehnt oder aber immunisiert.

Zusammengefaßt: Tiefenpsychologische Einsichten und Erfahrungen ermöglichen sowohl Verständnis im umfassenden Sinn, Verständnis für Werdendes, für Liebe und Leiden, für die Mühsal der Veränderung; Verständnis auch für die Widerstände gegen Not-wendige Veränderungen, Aggression, Angst und Apathie.

Wir hoffen, daß unser „Hymnus auf die Tiefenpsychologie" dazu beiträgt, daß sich mehr Menschen mit ihr auseinandersetzen. Sie bringt zweifellos nicht das Heil – und diesbezüglich müssen wir manche allzugroßen Versprechungen in der heutigen Psycho-Szene sehr kritisch beurteilen! –, aber sie kann enorm viel anregen und helfen, damit wir das Leben besser *verstehen, gestalten* und *bestehen lernen*.

Doch jetzt wenden wir uns wieder dem Religionsunterricht zu und versuchen, einige konkrete Anregungen für die Bildung und Ausbildung der Religionslehrer zu geben.

a) Alle Religionslehrer müßten eine *tiefenpsychologische Grundausbildung* erhalten, die sowohl theoretische Information als auch Selbsterfahrung und ein Training in Gruppenarbeit umfaßt. Dazu gehört selbstverständlich nicht nur eine fundierte Entwicklungs- und Sozialpsychologie, sondern auch ein gediegenes Grundwissen über Störungen der psychosozialen Entwicklung, insbesondere eine entsprechende Neurosenlehre und eine ausreichende Information über Prävention und Psychotherapie.

Es ist erfreulich, daß es auch im deutschen Sprachraum Hochschulen gibt, die eine derartige Ausbildung ermöglichen. Aber es bleibt noch viel zu tun! Als wir vor mehr als zehn Jahren an der Wiener katholisch-theologischen Fakultät, angeregt vom bereits erwähnten bedeutenden Konzilstheologen Ferdinand Klostermann (der das dortige Institut für Pastoraltheologie leitete), versuchten, eine solche Ausbildungsmöglichkeit aufzubauen, scheiterte dies an der Engstirnigkeit einiger Professoren und Herren im Erzbischöflichen Ordinariat. Bedauerlicherweise gibt es in dieser Hinsicht eine oft unfaßbar große Psychologiefeindlichkeit.

Übrigens ergab eine repräsentative Untersuchung von österreichischen Theologiestudenten, die einer von uns 1979 durchführte, daß der Wunsch nach einer solchen Ausbildung sehr ausgeprägt ist. Folgende Studienschwerpunkte wurden von mehr als 50 Prozent aller Befragten vorrangig genannt: Einübung in Menschenführung und Gruppenarbeit, Pädagogische Ausbildung, mehr praktische Theologie sowie Sozial- und Tiefenpsychologie!

Das im Rahmen dieser Erhebung mittels psychologischer Tests durchgeführte durchschnittliche „Psychogramm" der Theologiestudenten ergab, daß die Befragten vor allem an großer Verschlossenheit und Depressivität leiden. Nicht zufällig nannten sie als Kritik am Studium mit großem Abstand am häufigsten folgendes: „*mangelnder Praxisbezug*" und „*zu wenig Raum für offene Auseinandersetzung*"! Unsere Überlegungen zur neurotischen Lebenshemmung und -einschränkung werden durch die Ergebnisse dieser Studie leider bestätigt.

Hier müssen wir auf sehr bedenkliche Entwicklungen hinweisen. Wenn nämlich die Persönlichkeit des Religionslehrers die größte Bedeutung für den Unterricht hat – und das ist erwiesen –, dann führen persönliche Verengungen, Verängstigungen, Hemmungen der Lebensfreude und des Kampfgeistes zu oft katastrophalen Folgen. Entweder klammern sich solche Lehrer an die kirchliche Lehre und die römische Autorität und werden selber im Unterricht autoritär und zwanghaft, wodurch Lebendigkeit, Offenheit und Dialogfähigkeit verkümmern. Oder aber sie liegen im Clinch mit der amtskirchlichen Autorität und agieren ihren „antikirchlichen Affekt" im Unterricht aus, was auch nicht der reifen und anregenden Auseinandersetzung dienen kann. Zwischen diesen Extremen gibt es leider sehr viele Religionslehrer, denen christliche Mündigkeit unerreichbar blieb und die daher auf den wahrlich gegebenen Widerspruch zwischen dem Geist der Botschaft Jesu und den amtskirchlichen Direktiven mit Resignation antworten.

Wenn also ein Religionslehrer aufgrund der zu großen Enge der Amtskirche, die er auch noch im Studium erfährt, neurotisch verengt, verängstigt, gehemmt und befangen ist, wie soll er dann die befreiende Botschaft Jesu kundtun können? Es gilt dann offensichtlich, was F. Nietzsche dem Christentum vorwarf: „Bessere Lieder müßten sie mir singen, daß ich an ihren Erlöser glauben lerne: erlöster müßten mir seine Jünger aussehen!"

Wir hoffen, daß die verantwortlichen kirchlichen und schulischen Stellen – sicher nicht ohne Druck von unten! – doch allmählich diese wichtigen Anliegen ernst zu nehmen beginnen. Dies wird allerdings schwerlich möglich sein, wenn die Vertreter der einzelnen Disziplinen die oft gegebene Fach-Horizont-Verengung nicht aufbrechen; S. Leacocks karikiert das treffend: „Die Unwissenheit in ihren hölzernen Schuhen schlürft in der Vorhalle des Tempels der Gelehrsamkeit herum und stolpert über die angehäufte Terminologie. Das weite Feld menschlichen Wissens ist in eine Vielzahl kleiner professioneller Kaninchengehege aufgeteilt. In jedem gräbt ein Spezialist in die Tiefe und produziert einen Schwall von Terminologie, den Kopf nach unten in einer eher unschönen Haltung, die den Gesprächspartner in der Kommunikation grotesk benachteiligt."

Wir möchten nochmals auf die zwei zentralen Wünsche der Theologiestudenten an das Studium bzw. seine Veränderung hinweisen. Offene Auseinandersetzung und echte Geistesgegenwärtigkeit bzw. Anteilnahme am wirklichen Leben wirklicher Menschen wird nur dann möglich werden, wenn der übliche Kult von Fachmännern und eine entsprechende Trägheit des Geistes überwunden werden. Theologen, die *nur* Theologen sind, oder Lehrer, die *nur* Lehrer sind, kommen aus den eingefahrenen Geleisen schwerlich heraus. Charles Péguy hat dieses Problem treffend zur Sprache gebracht:

„Es gibt überall Intellektuelle und es gibt in allem Intellektuelle. Das heißt: Es gibt eine ungeheure Menge von Menschen, die mit fertigen Gefühlen fühlen, im gleichen Maße, wie es eine ungeheure Menge von Menschen gibt, die mit fertigen Gedanken denken, und im gleichen Maße, wie es eine ungeheure Menge von Menschen gibt, die mit einem fertigen Willen wollen, im gleichen Maße, wie es eine Unmenge ‚Christen‘ gibt, die die Worte des Gebetes mechanisch herunterleiern. . . . Maler, die hinsehen, sind ebenso selten wie Philosophen, die denken. . . . In Wirklichkeit ist dieses ganze große Bedürfnis, den Geist festzulegen, ein Bedürfnis der Trägheit und der eigentliche Ausdruck der intellektuellen Trägheit. Sie wollen vor allem ihre Ruhe haben. Sie wollen vor allem eine sitzende Lebensweise führen. Diese gleiche Versuchung der Trägheit, diese gleiche Müdigkeit, dieses gleiche Bedürfnis nach Ruhe für morgen, das sie alle zu Funktionären macht, macht sie auch alle zu Intellektuellen. Ebenso wie sie alle hinter den Lehrstühlen her sind, nicht weil man dort lehrt, sondern weil man darauf sitzt, ebenso wollen sie vor allem eine Philosophie, ein Denksystem, ein Erkenntnissystem, wobei man behaglich sitzt. ... Sie sind beamtet und geruhsam und seßhaft und sie haben eine feste Philosophie, eine Philosophie für Sesselhocker, Geruhsame und Beamte."

b) Selbsterfahrung und Balint-Gruppen für Lehrer fördern

Bekanntlich kann niemand in einer der tiefenpsychologischen Organisationen Psychotherapeut werden, wenn er nicht eine sogenannte Lehranalyse gemacht, wenn er nicht ein Stück Selbstanalyse und Selbsterfahrung durchstanden hat. Ohne diese Selbsterfahrung ist man nicht fähig, anderen Menschen zu einer besseren Selbsterkenntnis zu verhelfen, insbesondere auch deshalb nicht, weil die eigene Persönlichkeit das wichtigste Instrument der Psychotherapie darstellt. Das gilt im Prinzip auch für die Lehrer, weil sie für Kinder und Jugendliche von größerer Bedeutung sind, als man oft annimmt, weil ihnen Menschen anvertraut sind, für die sie eine bedeutsame Bildungs- und Vorbildfunktion haben. (Selbstverständlich gilt das für jeden Beruf, in welchem Menschen mit Menschen umgehen, insbesondere für alle helfenden Berufe, wie z. B. Lehrer, Pflegepersonal, Psychologen, Ärzte und Menschen, die im kirchlichen Heilsdienst arbeiten.)

Der Psychotherapeut Wolfgang Schmidbauer hat die psychische Problematik von Menschen in helfenden Berufen untersucht und das sogenannte „Helfer-Syndrom" entdeckt. Er macht besonders auf die Gefahr aufmerksam, daß „Helfer" unbewußt Macht über „Hilflose" ausüben wollen und nicht selten ihre eigenen Probleme am anderen Menschen behandeln. Solche Helfer speisen ihr mangelndes Selbstwertgefühl auf Kosten der anderen, der Hilfesuchenden. Deshalb sind sie im Grunde oft hilflose Helfer, schlechte Helfer, auch wenn sie die besten Absichten haben. Helfen ist immer ein Prozeß, an dem altruistische und egoistische Motive beteiligt sind. Das gilt auch für Lehrer, die, weithin unbewußt, ihre Konflikte, ihre Wünsche und Ängste, ihre Machtbedürfnisse, aber auch ihre Hilflosigkeit über die Schüler austragen. Und je weniger ein Mensch sich selbst kennt, unzufrieden und frustriert ist, desto mehr muß er bekanntlich versuchen, sein gestörtes Gleichgewicht auf Kosten der anderen, der Untergebenen, der Hilfesuchenden, zu erlangen. Wenn Sie das Buch „Der Schüler Gerber" von Friedrich Torberg lesen, sehen Sie, an welch tiefem Minderwertigkeitsgefühl der dort beschriebene Lehrer „Gott Kupfer" leidet und wie sich dieses als schrecklicher Sadismus gegen Schüler äußert. Das tiefe Minderwertigkeitsgefühl wird durch ein grenzenloses Macht- und Geltungsstreben überkompensiert und kommt als Sadismus zum Ausdruck. Torberg beschreibt in seinem Roman, wie sich dieser Lehrer vor den Ferien fürchtet, weil er dann niemanden zur Aufrechterhaltung seines gestörten Selbstwertgefühls hat, und wie er sich auf den Schulbeginn freut.

Viktor Frankl hat mit der Formulierung, daß wir uns von uns selber nicht alles gefallen lassen müssen, eine wichtige Aussage gemacht. Wir haben kein Recht, uns einfach gehen zu lassen, uns von unseren Gefühlen und Wünschen in unserem Verhalten einfach bestimmen zu lassen. Wir haben die Pflicht, an uns selber zu arbeiten, uns selber besser kennenzulernen und uns nicht fraglos einfach anderen zuzumuten. Es heißt treffend im Don Carlos: „Ihr beherrscht ein großes Reich, nur einen beherrscht ihr schlecht, das seid ihr selbst!"

Eine Möglichkeit, den Prozeß der Selbsterkenntnis zu fördern, besteht in der schon angesprochenen verbesserten Ausbildung, die auch Aspekte der Selbsterfahrung umfassen müßte; weiters im Angebot von Selbsterfahrungsgruppen, wie sie der Arzt Michael Balint für Ärzte eingeführt hat. Solche Selbsterfahrungsgruppen wären auch für die Psychohygiene von Lehrern höchst wichtig! Leider werden die Lehrer diesbezüglich von der Obrigkeit im Stich gelassen, und die vielberedete Schulreform wird mehr von politischen und juridischen Fragen als von pädagogischen und psychologischen Faktoren bestimmt. Eine humane Schule setzt vor allem Lehrer voraus, die zu sich selber gefunden haben, die mehr Zeit für sich und die Schüler haben.

In diesen Balint-Gruppen kommen mehrere Ärzte zusammen und sprechen über ihre Problempatienten, und zwar in der Form, daß sie sich selber, ihre Gefühle dem Patienten gegenüber, beachten und einander auf wichtige Bereiche der Kommunikation aufmerksam machen. Diese Gruppen werden von einem Trainer bzw. Psychotherapeuten begleitet und erstrecken sich über mehrere Jahre. Es wird sowohl der Umgang des Arztes mit schwierigen Patienten als auch die Selbsterfahrung beachtet und außerdem der offene und ehrliche Umgang untereinander gefördert. Es gibt auch schon derartige Gruppen für Lehrer und in der Pastoral tätige Menschen, aber noch viel zu wenige. In diesen Gruppen stellt sich z. B. heraus, daß nicht sosehr die Patienten das Problem sind, sondern die Ärzte, die ihre unbewußten Konflikte mit bestimmten Patienten austragen. Und in Lehrergruppen entpuppen sich Probleme mit Schülern oft als Lehrerprobleme. Es ist eine ebenso wichtige wie schwer durchschaubare Tatsache, daß wir unsere lebensgeschichtlich erworbenen Erfahrungen, Einstellungen und Verhaltensweisen unbesehen Partnern aller Art an den Kopf werfen. In gutgeführten Selbsterfahrungsgruppen kann man diese Prozesse wahrnehmen, bearbeiten und verändern lernen.

S. Freuds geniale Entdeckung der sogenannten *Übertragung* kann nicht hoch genug bewertet werden. Wir übertragen nämlich alle Gefühle und Einstellungen, die wir den Eltern gegenüber entwickelt haben, weithin unbewußt auf andere wichtige Bezugspersonen. Besonders ein stark neurotischer Mensch steht unter dem unbewußten „Wiederholungszwang", das heißt, daß er auf alle wichtigen Menschen, z. B. auf Partner, Freunde und Lehrer, seine frühen emotionalen Erfahrungen, Erwartungen und Enttäuschungen fast zwanghaft überträgt. Dadurch werden diese Beziehungen oft schwer belastet.

Für den Lehrer ist es in einer solchen Situation wichtig, daß er weiß, daß dieses Verhalten der Schüler, wie es in neurotischer Übertragung zum Ausdruck kommt, nicht ihm selbst gilt, nicht eigentlich gegen ihn selbst gerichtet ist, sondern gegen die Elternfiguren. Und aufgrund dieser durch Einsicht ermöglichten Distanz kann der Lehrer dann richtig mit diesen Übertragungen umgehen, er muß sie nicht auf sich beziehen und überwertig abwehren. So kann er sich z. B. als der „geliebte" oder „gehaßte" Vater „benützen" lassen, ohne daß er total in diese Gefühle hineingezogen wird und mitspielt. Wenn aber ein Lehrer davon nichts weiß und sich selber nicht genug kennenlernen konnte, wird er sich in das neurotische Spiel hineinreißen lassen. So werden seine eigenen ambivalenten Gefühle geweckt, und der Teufelskreis ist geschlossen. Für einen solchen Schüler kann der Lehrer nur dann hilfreich sein, wenn er diesen Prozeß durchschaut, wenn er nicht aus eigener Unsicherheit heraus aggressiv und enttäuscht reagiert oder aufgrund eigener Neurotisierung nur darauf wartet, seine eigenen verdrängten Aggressionen dem Schüler an den Kopf werfen zu können. Das Wissen und Umgehenlernen mit solchen Übertragungsprozessen ist für alle menschlichen Beziehungen von größter Bedeutung, ganz besonders für den so persönlichen Bereich der Religiosität und einer ehrlichen Auseinandersetzung mit allen positiven und negativen Erfahrungen mit Religion und Kirche.

4. Förderung einer konkreten und allseits aufgeschlossenen Religiosität

Wenn Religion unter dem Anspruch des Heiles und der Heilung alle menschlichen und sozialen Beziehungen umfaßt, wenn sie also alle menschlichen Verhältnisse betrifft: die Beziehung des Menschen zu sich selbst, zu den Mitmenschen, zur gesamten Kultur und Natur, zu Vergangenheit, Gegenwart und Zukunft und natürlich zur Dimension der Transzendenz, also zu Gott, der sich in all diesen Verhältnissen irgendwie mitteilt und zu heilsamer und schöpferischer Gestaltung aufruft, dann kann eine solche Auffassung von Religion nicht als geschlossenes, sondern nur als „offenes System" verstanden werden.

Wenn wir uns nun fragen, was im Religionsunterricht primär geschehen müßte, um die religiöse Sehnsucht vieler Menschen nicht verkümmern zu lassen, um echte Zugänge zu gesunder Religiosität ermöglichen zu können, dann ist es die Gestaltung des Natürlichen und die ehrliche, offene Auseinandersetzung mit allen Fragen, Bedürfnissen und Problemen unserer Zeit. Da die Gnade bekanntlich auf der Natur des Menschen aufbaut, besteht die Grundaufgabe des Religionsunterrichts in der Pflege der natürlichen Kräfte des Menschen. Es ist entscheidend, welches Selbstbild, Weltbild und Gottesbild die Lehrer vermitteln: ob sie autoritär verengt oder aufgeschlossen sind – und vor allem auch, wie sie das vermitteln. Grundlegend ist immer die emotionale und menschliche Beziehung, die zwischen dem „Glaubensvermittler" und dem Schüler besteht, wir müssen das hier nochmals betonen. Wenn die verschiedenen Aspekte einer solchen Beziehung nicht stimmig sind, wird das ganze ein Krampf, auch wenn von Erlösung die Rede ist!

Der österreichische Kulturpolitiker Viktor Matejka hat eine schöne Passage aus seinem autoritären Religionsunterricht festgehalten:

„Einmal kam er (der Religionslehrer Deimel) im Unterricht auf das Problem der Weltanschauung zu sprechen. Es kommt immer darauf an, die richtige, die einzig richtige zu haben. Da stürzten Krczmar und ich uns auf die Begriffe Welt und Anschauung. Wie könne man die unendliche Welt mit den beschränkten Augen anschauen? Das sei doch unmöglich, auch in geistiger Hinsicht, und die Bildersprache führe in diesem Fall zu nichts. Nach einem längeren Disput wurde Deimel ungeduldig und fragte: ‚Und was machst du dann, wenn du keine Weltanschauung hast?' Da fiel mir nichts anderes ein als: ‚Ich schau mir halt die Leut an.' Da hatte ich auch schon links und rechts je eine Watschen."

In diesen erfrischenden Worten von V. Matejka kommt klar zum Ausdruck, worum es gehen müßte: Schauen lernen, wahrnehmen lernen, die vielfach durch Werbung und Verschulung „verblödeten Sinne" (F. Heer) wieder gebrauchen lernen, mitfühlen und sich auch sozial engagieren zu lernen! Nicht brav und überangepaßt zu funktionieren, sondern gegen Unrecht auch zu rebellieren, am Leben, am ganzen Leben mit Leib und Seele teilzunehmen. Ein solcher Religionsunterricht ist weniger lehr-haft, dagegen aber umso mehr leb-haft. Er wird sich mehr auf das Gemeinwesen, die ganz konkreten Lebensbedingungen konzentrieren und viel weniger auf die „Sakristei". So verstanden, wird man unter einem „praktizierenden Katholiken" nicht einen Menschen verstehen, der die vorgeschriebenen geistlichen Übungen absolviert, sondern einen, der sich handfest inmitten einer von Unrecht gezeichneten Welt in der sehr konkreten Geschichte des Heiles an seinem Ort in seiner Weise engagiert, wie wir im Zusammenhang mit der Theologie der Befreiung im vorigen Kapitel bereits anführten.

Für einen solchen Unterricht gilt das kritische Wort von Martin Walser – und es zeigt zugleich die schwierige Lage eines solchen Unternehmens –: „Wir sind in schlechte Schulen gegangen, deshalb sind wir noch immer mit dem Verlernen beschäftigt", nämlich dem Verlernen von bloßer Wohlanständigkeit, von Interesselosigkeit und Stumpfsinnigkeit. Zu sehr kann einem bei allzuviel „Erziehung" „Hören und Sehen vergehen" und somit die Basis des Lebendig- und Aufmerksamwerdens angeschlagen oder gar zerstört werden!

Wir dürfen nicht vergessen, daß sich das Wort Schule vom griechischen schola (= Muße, Ruhe) herleitet. Und wir glauben, daß im Religionsunterricht etwas von dieser Muße, von dieser Be-sinn-lichkeit spürbar werden könnte. Die Pflege aller unserer Sinne ist besonders heute von größter Bedeutung.

Der Theologe Dietrich Bonhoeffer weist in seiner Schrift „Widerstand und Ergebung" auf den Zusammenhang zwischen Machtentfaltung und Dummheit hin:

„Bei genauerem Zusehen zeigt sich, daß jede starke äußere Machtentfaltung, sei sie politischer oder religiöser Art, einen großen Teil der Menschen mit Dummheit schlägt. Ja, es hat den Anschein, als sei das geradezu ein soziologisch-psychologisches Gesetz. Die Macht der einen braucht die Dummheit der anderen. Der Vorgang ist dabei nicht der, daß bestimmte – also etwa intellektuelle – Anlagen des Menschen plötzlich verkümmern oder ausfallen, sondern daß unter dem überwältigenden Eindruck der Machtentfaltung dem Menschen seine innere Selbständigkeit geraubt wird und daß dieser nun – mehr oder weniger bewußt – darauf verzichtet, zu den sich ergebenden Lebenslagen ein eigenes Verhalten zu finden.... Man spürt es geradezu im Gespräch mit ihm, daß man es gar nicht mit ihm selbst, mit ihm persönlich, sondern mit über ihn mächtig gewordenen Schlagworten, Parolen etc. zu tun hat. Er ist in einem Banne, er ist verblendet, er ist in seinem eigenen Wesen mißbraucht, mißhandelt. So zum willenlosen Instrument geworden, wird der Dumme auch zu allem Bösen fähig sein und zugleich unfähig, dies als Böses zu erkennen. Hier liegt die Gefahr eines diabolischen Mißbrauchs. Dadurch werden Menschen für immer zugrunde gerichtet werden können."

Es ist leider immer noch aktuell, was F. Dostojewski in „Die Brüder Karamasow" den Großinquisitor zum wiedergekommenen Christus sagen ließ:

„Warum bist Du gekommen, uns zu stören? Denn Du bist gekommen, uns zu stören, und Du weißt das selbst ... doch morgen noch werde ich dich richten und als den schlimmsten aller Ketzer auf dem Scheiterhaufen verbrennen lassen. ... Nichts ist jemals unerträglicher für den Menschen und die menschliche Gesellschaft als Freiheit. ... Du hast die in Freiheit geschenkte Liebe des Menschen gewollt und daß er Dir in Freiheit folge. ... Wir haben Dein Werk korrigiert."

Es geht, kurz gesagt, darum, „das Weite zu suchen": nämlich Verengungen, autoritäre Glaubensgefängnisse und materialistische Spießerei zu überwinden, das weite Land der positiven menschlichen Möglichkeiten zu suchen und soweit als möglich zu verwirklichen.

Bevor wir unsere Anregungen für den Religionsunterricht thesenhaft zusammenfassen, möchten wir die kritischen und ermutigenden Worte des Religionspädagogen A. Exeler, der für einen Glauben eintritt, der uns allen wirklich guttut, anführen:

„Besonders schlimm werden die Dinge dort, wo aus einem schiefen Glaubensbewußtsein heraus in der religiösen Erziehung große Bereiche der Wirklichkeit ausgelassen, ausdrücklich ausgeklammert oder gar verneint werden: die grundlegende Sehnsucht des Menschen nach Freude, Bestätigung, Leben, Beanspruchung und Erfüllung. Es ist bedenklich, wenn der Zusammenhang von Glaube, Freiheit und Unternehmungsgeist sowie der Zusammenhang der kreativen Fähigkeiten mit dem Glauben an den Schöpfergeist überhaupt nicht mehr ins Bewußtsein tritt. . . . Dies wird z. B. dort deutlich, wo heute immer noch religiöse Erziehung verstanden wird als Mittel der Beschwichtigung. . . . Ein Glaube, der den Menschen guttut, das darf nicht oberflächlich verstanden werden. Es geht nicht um angenehme Wohligkeit, sondern um erfülltes Leben, um Heilung, Ganzheit und Identität aus der Kraft des Glaubens. . . . Ein Glaube, der den Menschen guttut, das ist ein Glaube, der Ängste mindert und der Freude weckt, der Verengungen aufsprengt und das Herz weit macht, der aus Gleichgültigkeit und Apathie aufrüttelt und große, lohnende Ziele zeigt, der Mickrigkeit abwirft und einen weiten Horizont erschließt."

Wir hoffen, daß wir durch unsere Überlegungen zum Nachdenken über eigene Erfahrungen und zur Veränderung – besonders des Religionsunterrichts und der Aus- und Weiterbildung der Religionslehrer – etwas beitragen können. Zum Schluß möchten wir in thesenhafter Form einige entscheidende Momente zusammenfassen:

(1) Religion als Unterrichtsfach hat zweifellos einen *spezifischen Status* im schulischen Fächerkanon, wenngleich es auch darum geht, Wissen zu vermitteln und zur Auseinandersetzung mit der Wirklichkeit anzuregen und beizutragen. Denn Religion kann kaum wie ein anderer Gegenstand unterrichtet werden, wohl aber kann der Weg für die besondere Beziehung des Schülers zu Gott bereitet werden.

(2) Im Vordergrund des Religionsunterrichts sollte also nicht die Wissensvermittlung stehen – das ist nur ein wichtiger Moment –, sondern etwas, das man als *Heilssorge* bzw. *Seelsorge* bezeichnet. Denn dieser Unterricht sollte dazu beitragen, daß die jungen Menschen in einem ganzheitlichen Sinn „informiert" werden, daß sie also zu ihrer Lebensform, wenn möglich auch zu ihrer ganz persönlichen Religiosität finden können.

(3) Daraus ergibt sich, daß der Religionsunterricht insbesondere zur allseitigen – und nicht zu einer einseitigen – *Entfaltung der Persönlichkeit* beitragen soll. Deshalb ist ja eine gediegene psychologische und pädagogische Ausbildung für die Religionslehrer von größter Bedeutung.

(4) Die *persönliche Beziehung* zwischen Religionslehrer und Schüler ist ohne Zweifel die Grundlage eines guten Religionsunterrichts. Und die Voraussetzung dafür ist eine entsprechende emotionale Basis. Es ist ganz entscheidend, daß zwischen dem Lehrer und den Schülern ein guter gefühlsmäßiger Kontakt zustande kommt, daß sie sich wechselseitig für ihre Lebenswelten interessieren und Anteil nehmen, daß sie voneinander lernen. Nur so kann der Religionslehrer für den Schüler anregend sein, Perspektiven eröffnen, zu denken geben und so überzeugend für die religiöse Dimension des Lebens sensibel und aufgeschlossen machen. Hier gilt besonders der Ausspruch von Martin Buber: „Am Anfang ist die Beziehung."

(5) Die bisher erwähnten vier Aspekte zeigen in aller Deutlichkeit, daß der Religionslehrer diese Aufgaben nur dann wahrnehmen und erfüllen kann, wenn er sowohl eine *tiefenpsychologische Grundausbildung* als auch eine entsprechende *Selbsterfahrung* durchgemacht hat. Denn die Selbsterkenntnis, die Einsicht in die eigenen Stärken und Schwächen, ist Voraussetzung dafür, daß man anderen Menschen helfen kann, sich selbst besser kennen, kritisieren und akzeptieren zu lernen. Für diese zentrale Aufgabe im Prozeß der Mensch-Werdung ist auch die Weiterbildung, besonders durch sogenannte Balint-Gruppen, von großer Bedeutung.

(6) Der Religionsunterricht darf niemals zu ideologischer und konfessionalistischer Verengung und Verängstigung der Schüler mißbraucht werden, sondern er soll ein Angebot für die *persönliche Entscheidung* der Schüler darstellen. Wir müssen nochmals mit größtem Nachdruck darauf hinweisen, daß Absolutheitsansprüche unchristlich und unmenschlich sind, weil „all unser Erkennen Stückwerk ist" (1 Kor 13, 12) und – prophetisch betrachtet – im allgemeinen das Gegenteil des Gewünschten bewirken.

(7) Daraus ergibt sich weiters, daß dem *Gespräch,* dem offenen, ehrlichen, kritischen *Dialog* zwischen Lehrer und Schüler und der Schüler untereinander im Religionsunterricht der größtmögliche Raum gegeben werden muß. Damit ein solches Gespräch fruchtbar wird, muß der Lehrer wirklich informiert und offen sein, muß er fähig sein, seinen Schülern zu helfen, ein Gespräch in einem Klima der Sympathie zu führen – etwas, das heutzutage keineswegs selbstverständlich ist! Besonders wichtig ist dabei auch, daß man sich ehrlich und kritisch mit der zum Teil so schrecklichen Geschichte des christlichen Abendlandes auseinandersetzt, daß echte Aufklärung über dunkle Bereiche kirchlichen Versagens geleistet wird. Jede Beschönigung, Beschwichtigung oder gar Verleugnung von Wirklichkeit sollte dabei absolut vermieden werden. In solchen Gesprächen könnte das gefördert werden, was Paulo Freire unter lebendigem

Lernen versteht: „Lernen ist nicht das ‚Fressen' von fremdem Wissen, sondern *Wahrnehmung* der eigenen Lebenssituation als Problem und die Lösung dieses Problems in Reflexion und Aktion. Lehren ist entsprechend nicht Programmieren, sondern Problematisieren, nicht das Abkündigen von Antworten, sondern das Aufwerfen von Fragen..., Provokation... zur Selbstbestimmung."

(8) Dieser dialogische und anregende Prozeß setzt allerdings voraus, daß der Lehrer in *partnerschaftlicher Weise seine Lehrerrolle* gestaltet, daß er sich weder „schülerhaft" (und so anbiedernd) verhält, noch in autoritäre Unangreifbarkeit flüchtet. Denn der Lehrer soll auch als Lernender, der er zweifellos auch ist, Autorität im echten Sinne sein.

(9) Wenn Religionsunterricht im angeführten Sinn verstanden wird, dann ist es keine Frage mehr, daß die *Benotung* eine sekundäre, wenn nicht gar eine „tertiäre" Sache wird. Denn wenn die Schüler spüren, daß es im Religionsunterricht nicht darum geht, sie zu indoktrinieren, sondern zur Auseinandersetzung mit elementaren Aspekten und Perspektiven des Lebens anzuregen, dann werden sie eher bereit sein, am Unterricht aktiv teilzunehmen. Zweifellos ist es sehr schwer, die in unserer Zivilisation so verbreitete Interesselosigkeit und Apathie entscheidenden Bereichen der Wirklichkeit gegenüber überwinden zu lernen. Aber wir sind davon überzeugt, daß ein Lehrer, der sich mit sich selbst konfrontiert, der selbst wirklich am Leben teilnimmt, der sich persönlich für die großen Fragen unserer Zeit interessiert und sich mit diesen Problemen auseinandersetzt (z. B. Umweltzerstörung, Friedensbedrohung, Rüstung und Hunger, Dritte Welt, psychosoziale Verelendung in den reichen Ländern usw.), auch seine Schüler allmählich aktivieren kann und Perspektiven für das Leben anregen kann – so, wie es der engagierte evangelische Theologe Georges Casalis so unübertrefflich formuliert hat: „Mein Zorn hat sich immer gegen diese giftigen Vorstellungen gerichtet, die einen nur lähmen, isolieren und lebensunfähig machen. Und ich möchte Ihnen sa-

gen: Laßt uns leben; das Leben ist schön und in jeder Hinsicht lebenswert, wenn man es nicht für sich allein behalten will, wenn man sich mit anderen für eine gerechte und friedliche Welt einsetzt.“

Achtes Kapitel
Konsequenzen für die Erneuerung des kirchlichen Lebens

„Christus hat nicht gesagt: ‚Ich bin die Gewohnheit', sondern: ‚Ich bin die Wahrheit!' Und eine Gewohnheit mag noch so alt und vertraut sein, sie muß der Wahrheit weichen."   *Papst Gregor VII.*

Ein Amsterdamer Junge fährt mit seinem Roller zwischen den Straßenbahnschienen entlang. Eine Straßenbahn kommt. Das Bürschchen rollert munter weiter. Der Fahrer fängt an zu klingeln. Das Bürschchen läßt sich nicht stören. Der Fahrer klingelt wie verrückt, muß anhalten und schreit das Bürschchen wütend an: „He, du! Kannst du nicht von den Schienen gehen?" Der Kleine antwortet: „Ich schon, aber du nicht."

Es wird uns wohl von manchen Seiten vorgeworfen werden, daß wir mit unseren Ausführungen insofern Eulen nach Athen trügen, als ja viele der Forderungen, die wir hier aufstellen, von der Kirche längst erfüllt seien. Wir wollen gar nicht bezweifeln, daß es sehr viele und anerkennenswerte Bemühungen in diese Richtung gibt, dennoch kann unsere Zustimmung zu diesem möglichen Vorwurf nur eine bedingte sein, und zwar aus drei Gründen:

1. Es handelt sich bei den Reformbestrebungen größtenteils nur um erste Ansätze, die dringend einer Erweiterung und Vertiefung bedürfen.

2. Die Erneuerungen wachsen weithin nur von unten nach oben, und von dort sind, zumindest in Europa, sehr wenig komplementäre Bestrebungen zu registrieren. Zwar hat Oskar Spiel einmal betont, daß auf lange Sicht nur Einrichtun-

gen Bestand haben, die vom „Unterbau" getragen werden und nicht von oben „verordnet sind", aber dennoch: Wenn man, wie es ein Pfarrer treffend sagte, zwischen einer Grabes- und einer Auferstehungskirche unterscheiden muß, so wird es auf die Dauer nicht angehen, daß in völliger Umkehr der Topographie bei uns die Grabeskirche oben, in der Hierarchie, und die Auferstehungskirche unten, an der Basis, zu finden ist. Auf lange Sicht werden alle Neuerungen ohne Unterstützung von oben sich doch nicht im nötigen Ausmaß durchsetzen können. Außerdem muß man bedenken, daß ja oft genug die Reformbestrebungen von oben nicht nur keine Unterstützung, sondern ganz im Gegenteil eine massive Behinderung erfahren.

3. Diese Einschränkung erscheint umso berechtigter, als wir gerade jetzt, wie schon mehrmals angeführt, in einer Zeit leben, da von der Kirchenleitung eindeutig eine Tendenz ausgeht, das durch den Aufbruch des Zweiten Vatikanischen Konzils mühsam Erreichte soweit wie möglich wieder rückgängig zu machen. Umso mehr fühlen wir uns verpflichtet, zusammenfassend nochmals anzuführen, was unserer Meinung nach geschehen muß, um die Kirche von ihrer „Krankheit" und Krise zu befreien.

Als Psychotherapeuten geben wir uns bezüglich der Schnelligkeit von Veränderungen keinen Illusionen hin, weil wir Einblick in die Mühsal menschlicher Veränderungsarbeit gewonnen haben und um die Widerstände, die einer solchen Veränderung entgegengebracht werden, Bescheid wissen. Wir bilden uns also keineswegs ein, daß die nun folgenden Anregungen rasch Wirklichkeit werden könnten. Deshalb plädieren wir auch hier für eine Strategie der kleinen, aber energischen Schritte in die Richtung der Veränderung. Dazu sind viel Geduld nötig, ein langer Atem, die Überwindung eines Schwarzweiß-Denkens, das Erkennen des Guten neben allen Defekten, die Aufwendung aller unserer Kräfte und Bescheidenheit, welches Wort nicht zufällig etwas mit „Bescheid wissen" zu tun hat.

1. Die natürliche menschliche Entfaltung als Basis des religiösen Lebens pflegen lernen

Die alte theologische These, daß die Gnade Gottes auf der Natur aufbaut und sie vollendet, muß in der kirchlichen Religionsvermittlung endlich wieder spürbar werden. Denn ohne Entfaltung der natürlichen Kräfte des Menschen bleibt auch das religiöse Leben ohne Echtheit, Natürlichkeit und Ausstrahlungskraft. Daher muß jede Form von Supranaturalismus radikal überwunden werden. Denn dieser verbreitete Kult des Übernatürlichen steht in engstem Zusammenhang damit, daß der Mensch nicht in seiner Ganzheit ernst genommen wird, daß er in Leib und Seele zerteilt wird – wobei alles Leibliche eher entwertet und alles Geistige überbewertet wird –, daß Geistigkeit und Sinnlichkeit gegeneinander ausgespielt werden – zum Schaden für die Mensch-Werdung. Gegen eine derart falsch verstandene Seel-Sorge wendet sich z. B. der brasilianische Erzbischof Dom Helder Camara fast ein wenig ironisch, wenn er auf den Vorwurf, daß er sich zu sehr um die irdische Wirklichkeit und zu wenig um das jenseitige Heil der Menschen bemühe, sagt:

„Ich bin kein Bischof von Seelen ohne Fleisch und Blut. . . . Vielmehr halte ich mich für einen Bischof von Menschen, die ihre konkreten Probleme haben. Ich habe auch noch nie eine Seele ohne Fleisch und Blut gesehen. Es geht mir immer um Menschen. Das heißt also, daß ich nicht gleichgültig bleiben kann angesichts der Probleme, die Menschen bewegen.“

Zur natürlichen menschlichen Entfaltung gehört auch die gesunde Entwicklung der Sexualität. Aus einer befangenen Haltung ihr gegenüber resultiert enormes menschliches Leid und entstehen unnötigerweise sehr viele Konflikte mit der Religion. Verbale Beteuerungen der Kirche, diese Befangenheit überwunden zu haben, bleiben unter anderem deshalb unwirksam, weil infolge des „Pflichtzölibats“ der Priester die Frau von der Kirche als eine besondere Gefahr erlebt wird. Dies führt auch dazu, daß die menschliche Entfaltung der Frau von der Kirche geradezu verhindert wird. Wenn diese Haltung nicht geändert wird, droht ein Konflikt zwischen Kirche und Frauen auszubrechen, der dem zwischen Kirche und Arbeitern im vorigen Jahrhundert durchaus vergleichbar sein dürfte.

*2. Ohne betroffene Anteilnahme am vielfältigen
„Elend des Volkes" gibt es keine Bekehrung der Kirche*

Die Bekehrung der Kirche – individuell und kollektiv – als Hinkehr zum Menschen und zum wahrhaft menschenfreundlichen Gott Jesu Christi setzt voraus, daß sie aus betroffener Einsicht in eigene Fehler und Verirrungen auch öffentlich ihre Schuld eingesteht. So hat das Zweite Vatikanische Konzil freimütig die Mitverantwortung aller Gläubigen für den heutigen Atheismus bekannt, dadurch nämlich, „daß sie durch Vernachlässigung der Glaubenserziehung, durch mißverständliche Darlegung ihrer Lehre oder auch durch die Mängel ihres religiösen, sittlichen und gesellschaftlichen Lebens das wahre Antlitz Gottes und der Religion eher verhüllen als offenbaren". Wir glauben, daß dies insbesondere für die Kirchenleitung zutrifft, aber auch für das „Fußvolk"!

Bekehrung ist allerdings ein mehrfach belastetes Wort, denn es wurde auch für die blutige politische Unterwerfung ganzer Völker verwendet. Außerdem hat das Wort nicht selten einen spiritualistischen Beigeschmack im Sinne einer Abkehr von der Welt. Richtig verstanden, ist aber Bekehrung ein lebenslanger und auch lebensverändernder Prozeß der zunehmenden Mensch-Werdung, persönlich und gesellschaftlich verstanden.

Wir möchten hier auf eine höchst aktuelle Bekehrungsgeschichte hinweisen. Von Erzbischof Dom Helder Camara gibt es ein autobiographisches Buch mit dem bezeichnenden Titel: „Die Bekehrungen eines Bischofs". Camara berichtet sehr ehrlich, daß er wiederholt Bekehrungen nötig hatte, um ein Glaubensbewußtsein zu erreichen, das für die konkreten Menschen in ihrer jeweiligen Lebenssituation offen und hilfreich ist. Er sagt: „Es hat Zeit gekostet, sogar viel Zeit, bis meine Augen sich geöffnet haben, wenn ich überhaupt davon ausgehen kann, daß sie heute wirklich offen sind." Bis zu seinem 47. Lebensjahr vertrat er ein Christentum, das die Menschen eher klein hielt:

> „Wir waren da, um Geduld, Gehorsam und Akzeptierung des Leids in Vereinigung mit dem leidenden Christus zu predigen. Fraglos große Tugenden. Aber wir arbeiteten unter diesen Umständen den Beherrschern in die Hände. . . . Es ist schrecklich zu sehen, wie inmitten so vieler Leiden die Sorge um die Erhaltung von Autorität und . . . Ordnung uns daran hinderte, Ungerechtigkeit zu entdecken und bloßzustellen."

Er nennt zwei Faktoren, die ihm zunehmend die Augen geöffnet haben, nämlich die brutale Wirklichkeit des Elends des brasilianischen Volkes und die christliche Soziallehre der Päpste. Und so entdeckte er sowohl die soziale Dimension als auch die humanisierende Kraft des christlichen Glaubens. Heute ist Dom Helder Camara wegen seines prophetisch-konkreten Einsatzes für die Armen und Bedrängten weltweit bekannt.

Im Sinne christlicher Umkehr ist jeder von uns aufgerufen, den verschiedenen Formen des Elends gegenüber aufgeschlossen zu werden und aufgrund der Betroffenheit – und der Hoffnung, die von der befreienden Botschaft Jesu ausgeht – zu lernen, sich in seiner Weise und an seinem Ort für die Geschichte des Heiles ganz konkret einzusetzen.

Zu dieser Bekehrung muß auch die barmherzige Zuwendung zu all jenen gerechnet werden, die hinsichtlich der Erfüllung von kirchlichen Forderungen in Schwierigkeiten geraten sind. Wir denken hier insbesondere an die Frage der Laisierung von Priestern und an den kirchlichen Umgang mit jenen Menschen, deren Ehe gescheitert ist. Wir stellen nicht in Abrede, daß Christus extrem hohe Forderungen an den Menschen gestellt hat, müssen aber gleichzeitig darauf verweisen, daß er sich niemandem gegenüber als unbarmherzig erwiesen hat. Wir sind daher überzeugt, daß jede unbarmherzige Haltung dem Geiste Jesu radikal widerspricht.

3. Eine emotionale Kultur und Selbsterfahrung fördern statt einer rationalistischen Religionsvermittlung

Aus den tiefenpsychologischen Einsichten in die menschliche Entwicklung und in das Elend der Neurose, der neurotisch entstellten Religiosität und dem damit oft im Zusammenhang stehenden Religionsverlust ergibt sich eine ganz besonders wichtige These: Die Vermittlung und Entfaltung des religiösen Lebens ist primär ein emotionaler Vorgang! Die gefühlsmäßigen Beziehungen z. B. zum Religionslehrer, zum Seelsorger, zu den Eltern, die dem Kind ihre Religion mitgeben wollen, sind viel wichtiger als die Theorien, Ansichten und Normen, die sozusagen rational vermittelt werden.

Im heute bei uns herrschenden Rationalismus auch in der Theologie liegt einer der entscheidenden Gründe für den Verlust des Zugangs zur christlichen Religion für viele Menschen. Und eine neurotisch deformierte Religion, die ungelöste gefühlsmäßige Konflikte, vor allem verdrängte elementare Gefühle, in sich birgt, wird schwerlich glaubwürdig und überzeugend sein können. Die vielfach geförderte Angst vor Emotionen, die auf der Verdrängung grundmenschlicher emotionaler Beziehungen und Wünsche beruht, führt nämlich nicht nur zu rationalistischer Abwehr, sondern auch zu einem einseitigen Kult des bloß Emotionalen als Gegenreaktion. Der Zugang zu den Gefühlen wird allerdings nicht durch rationales Wissen, sondern vor allem durch *Selbsterfahrung* ermöglicht. Daher sollten verschiedene Formen der Selbsterfahrung für Eltern, Seelsorger und Lehrer verstärkt angeboten und gefördert werden. Sie könnten zur Reinigung des Glaubens von neurotischen Ängsten, Verklemmungen und Schuldgefühlen wesentlich beitragen und die Ausstrahlungskraft des Christentums ganz entscheidend verstärken. Leider müssen wir feststellen, daß die kirchliche Obrigkeit dafür wenig Sinn hat.

4. Eine grundlegend neue Einstellung zur Tiefenpsychologie erarbeiten und eine entsprechende Ausbildung für alle Seelsorger und Religionslehrer einführen

Zur Erfassung des ganzen Menschen gehört unbedingt auch die unbewußte Dimension. Es ist erschütternd zu sehen, wie sich die kirchliche Lehre und Pastoral weithin so darstellt, als hätte es die Erkenntnisse Freuds und anderer Tiefenpsychologen nie gegeben. Dementsprechend richtet sich die Religionspädagogik vor allem einseitig an das Bewußte im Menschen, während die unbewußte Dimension ausgespart bleibt. Bekanntlich bleiben aber bloße Appelle an das Bewußte vielfach wirkungslos. Hier würde die Berücksichtigung des Unbewußten ganz neue Zugänge zur menschlichen Seele eröffnen. Denn die Tiefenpsychologie hilft z. B. mit zu erklären, warum ein Mensch auf bestimmten Gebieten versagt, und eröffnet damit eine Chance, durch Verständnis und Erklärung der Zusammenhänge das Verhalten eines Menschen zu ändern.

Die Entdeckung des Unbewußten hat also nicht nur tiefe und befreiende Einsichten in die konflikthaften Sphären der menschlichen Seele gebracht, sondern auch ganz entscheidende therapeutische Hilfen für neurotisierte Menschen möglich gemacht. Aber noch wichtiger als die therapeutischen Möglichkeiten sind die vielfältigen Hilfen für Prävention und Förderung einer psychisch gesunden Entwicklung. Weiters haben diese Erkenntnisse einen neuen Zugang zur Religion, insbesondere zu den verdrängten religiösen Sehnsüchten des Menschen, eröffnet. Sie können daher zu einem ganzheitlichen Verständnis der Religiosität wesentlich beitragen, zur Reinigung des Glaubens von infantilen Entstellungen und zur vollen Erkenntnis der Frohbotschaft Jesu und ihrer allseitig befreienden Wirkung.

Wenn man etwa die Bibel mit „tiefenpsychologischer Brille" liest, erhält man erstaunliche Einblicke in die große Weisheit dieses Buches. Es gehen einem ganz neue Perspektiven auf, die eine bloß bewußtseinsorientierte, rationalistische Theologie gar nicht wahrnehmen konnte.

Deshalb erachten wir es als unbedingt notwendig, daß möglichst alle Menschen, die als Priester, Lehrer, Erzieher und Verkünder des Evangeliums tätig sind, eine tiefenpsychologische Grundausbildung bekommen! Diese Bildung könnte sie vor rationalistischen Verkürzungen bewahren, könnte ihnen Einblikke in die wahre Not von Menschen und Sinn für die Konflikte des Lebens geben. So könnten sowohl das religiöse Leben als auch die psychische Gesundheit vorangetrieben werden. So könnte besser das in Angriff genommen werden, was der Jesuit Alfred Delp angesichts seines Todes im KZ 1943 über die wahre Aufgabe der Kirche prophetisch schrieb:

„Das Schicksal der Kirche wird in der kommenden Zeit nicht von dem abhängen, was ihre Prälaten und führenden Instanzen an Klugheit, Gescheitheit, politischen Fähigkeiten usw. aufbringen. Auch nicht von den Positionen, die sich Menschen aus ihrer Mitte erringen konnten. Das alles ist überholt. (. . . was nottut, ist) die Rückkehr der Kirche in die Diakonie . . ., und zwar in einen Dienst, den die Not der Menschheit bestimmt, nicht unser Geschmack oder das Consuetudinarium einer noch so bewährten kirchlichen Gemeinschaft. . . . Es wird kein Mensch an die Botschaft von Heil und vom Heiland glauben, solange wir uns nicht blutig geschunden haben im Dienste des physisch, psychisch, wirtschaftlich, sittlich oder sonstwie kranken Menschen!"

Es ist sehr interessant, die ambivalente Haltung der Kirche zur Tiefenpsychologie zu beobachten: Auf der einen Seite fühlt sie genau, daß sie eine tiefenpsychologische Ergänzung des Menschenbildes nötig hätte, auf der anderen Seite hat sie gerade davor eine besonders große Angst – wahrscheinlich wegen ihrer eigenen zahlreichen Verdrängungen, die damit in Frage gestellt würden. Daraus ergibt sich in ihrem praktischen Verhalten der Schluß, daß sie nach „Tiefenpsychologien" Ausschau hält und solche fördert, die in Wirklichkeit „Oberflächenpsychologien" sind, weil sie das Unbewußte nicht adäquat berücksichtigen.

5. Die Würde der Kinder und „Kleinen" achten lernen

Im Matthäusevangelium findet sich nicht zufällig im Zusammenhang mit dem *Rangstreit* der Jünger die folgende Feststellung Jesu: „Wenn ihr nicht umkehrt und wie die Kinder werdet, könnt ihr nicht in das Himmelreich kommen . . . Hütet euch davor, einen von diesen Kleinen zu verachten!" (Mt 18. 1ff.). Aus tiefenpsychologischer Sicht kann die enorme Bedeutung dieser Aussage nicht hoch genug bewertet werden! Wir sind alle aufgerufen, endlich die Partei der Kinder zu ergreifen. In unserer Zivilisation herrscht ja leider eine völlig irrationale Bewunderung alles Großen vor und eine unmenschliche und unchristliche Verachtung alles Kleinen, Niedrigen.

A. Holl schreibt dazu in seinem großartigen Buch „Mystik für Anfänger":

„Der bewundernde Blick in die Höhe, zu den Geistesriesen, Kapazitäten, Pyramiden, Domspitzen, Wolkenkratzern usw. muß ‚umgebrochen‘ werden. Dieser Ausdruck stammt von Ernst Bloch, und ich darf die entsprechende Stelle (aus dem ‚Prinzip Hoffnung‘) zitieren: ‚Zu einem Kind, das im Stalle geboren, wird gebetet. Näher, niedriger, heimlicher kann kein Blick in die Höhe umgebrochen werden.‘ . . . Vom zarten Kindesalter an gibt es in unserem Leben die belehrenden Zeigefinger. Sie weisen auf allerlei Bedeutendes, Großartiges, Gewaltiges. Sie wollen in uns Respekt, Ehrfurcht, Bewunderung erzeugen, in jedem einzelnen Fachgebiet, von der Religion bis zur Mathematik. Nach acht oder zwölf Schuljahren ist dann die Kategorie der Bedeutsamkeit fest verankert: Ein Millionär ist bedeutender als ein Altersrentner. Ein Fußballstar wichtiger als ein Postbote. Eine Schlagersängerin faszinierender als eine Friseuse. Und so weiter."

Diese „verrückte" Bewertung stellt Jesus auf den Kopf, wenn er auf die Frage der Jünger: „Wer ist der Größte im Himmelreich?" mit dem Hinweis auf die Kinder antwortet! Wir haben durch die Einsichten in die Entstehung der Neurose sehen können, wie katastrophal sich diese Werthaltung auf die Kinder und so auf die gesamte Gemeinschaft auswirkt. Kinder sind kein Eigentum der Eltern oder anderer Vorgesetzter und dürfen nicht weiter dem Machtmißbrauch ausgeliefert werden! Vielmehr sollten sie im rechten Sinn Respektspersonen für uns werden. Der immer noch verbreitete Mißbrauch des Gehorsamsgebotes, des vierten Gebotes, sollte gründlich revidiert werden!

Wann immer die Kirche sich auf die Seite der Mächtigen gestellt und die „Kleinen", Gedemütigten und Benachteiligten aller Art im Stich gelassen hat, ist dies nicht nur zum Schaden der Unterprivilegierten, sondern zumindest auf lange Sicht auch zum Schaden der Kirche ausgefallen. Denn es ist eine Frage der Zeit, bis all diese Unterdrückten ihre Erbitterung und Verzweiflung durch eine Ablehnung der herrschaftlich mißbrauchten Religion ausdrücken.

6. Förderung einer personalen Gewissensbildung

Ein weiterer entscheidender Faktor für die gesunde oder neurotische Entwicklung des Menschen ist die Bildung des Gewissens. Besonders die Analyse der „Gottesvergiftung" und unsere Überlegungen zur Kriegsbereitschaft und Friedensfähigkeit haben die Unterdrückung des Lebens, ja die Vernichtung von Menschen durch eine autoritäre und somit überfordernde, Verdrängung fördernde Gewissensbildung anschaulich gemacht. Ein Gewissen, das nicht die Auseinandersetzung mit allen Triebwünschen und Bedürfnissen auf der bewußten Ebene erlaubt, sondern zur Verdrängung zwingt, kann nicht zur Kultivierung des Menschen beitragen! Wir müssen energisch damit beginnen, eine Gewissensbildung zu fördern, die der allseitigen Entfaltung des Lebens dient. Nur ein personales Gewissen kann christliche Mündigkeit und Reife ermöglichen. So hart es klingen mag: Ein autoritäres Gewissen mag in einer Sklavenhalter-gesellschaft angebracht sein, in einer christlichen Gemeinschaft sollte es nichts verloren haben! Das auch im kirchlichen Raum vielfach gegebene gestörte Verhältnis zur Autorität spielt dabei eine wesentliche Rolle. Wir brauchen für die gesunde Entfaltung natürlich Leitlinien, die immer wieder neu ausgehandelt werden müssen, und zwar in dem Sinn, wie es ein altes Kirchenlied so treffend sagt: „Denn Leben regt und reget sich und Ordnung tritt hervor . . .!" – eine Ordnung, die von unten hervorwächst und nicht von oben autoritär verfügt wird! Und auch für die maßgebenden Richtlinien gilt der biblische Satz: „Der Sabbat ist für den Menschen da, nicht der Mensch für den Sabbat!" (Mk 2, 27).

Wir möchten die Behauptung aufstellen, daß ein Mensch, der zeit seines Lebens bei dem anerzogenen Gewissen verharrt, eigentlich nicht im vollen Sinne lebt, weil echtes Leben eine Entwicklung vom anerzogenen zum personalen Gewissen voraussetzt.

In diesem Zusammenhang muß auch die Frage gestellt werden, inwiefern die kirchliche Hierarchie nicht wesentlich stärker durch echte Kollegialität, Brüderlichkeit und Schwesterlichkeit (!) ergänzt werden müßte! Eine personale Gewissensbildung setzt also voraus, daß alles immer wieder in Frage gestellt werden darf, daß Absolutheitsansprüche relativiert werden, daß es keine angemaßte Autorität geben darf und daß wir nur gemeinsam lernen können, wie wir unser Leben am besten gestalten. Ein solches Gewissen wird dann auch echte Verantwortlichkeit, Solidarität und Partnerschaftlichkeit fördern und nicht eine Untertanenmentalität bzw. Machtgier!

7. Von der „Freiheit eines Christenmenschen" Gebrauch machen lernen!

Es ist nicht leicht, neurotische Abhängigkeiten durchzuarbeiten und sich davon freizumachen. Doch es ist angesichts der Krise der Kirche und der zum Teil problematischen kirchenamtlichen

Versuche, diese Krise zu bewältigen, enorm wichtig, daß man sich zur christlichen Mündigkeit hin entwickelt und das tut, wovon man überzeugt ist, daß es aus christlicher Gesinnung getan werden muß! Im Grunde kann hinter der Haltung: „Die Obrigkeit erlaubt dies und jenes nicht, also trete ich aus der Kirche aus", ebenso eine ungelöste neurotische Abhängigkeit verborgen sein, wie wenn man blind gehorchend nach dem Motto lebt: „Rom hat gesprochen, und damit ist die Sache erledigt!" Es ist heute besonders wichtig, daß man lernt, sich nach seinem eigenen Gewissen zu orientieren und von der Freiheit eines Christenmenschen mutig Gebrauch zu machen. Denn die Gefahr der Resignation in der Kirche ist unübersehbar geworden.

In diesem Sinn gilt für uns die unlängst geäußerte Maxime eines der bedeutendsten Dogmatiker der katholischen Weltkirche, nämlich des belgischen Theologieprofessors Edward Schillebeeckx, der mit der römischen Glaubenskongregation selbst schlimme Erfahrungen machen mußte:

„Ich sehe die Zukunft der Kirche in Lateinamerika und in Afrika, das heißt in der Dritten Welt, und nicht in Europa. Der jungen Generation hier bei uns kann ich nur raten: Schaut nicht zuviel nach oben, zur Spitze, zur Hierarchie der Kirche. Die Kirche seid ihr selbst. Das Volk, die Jugend, die selbst vom Evangelium beseelt ist, muß die Zukunft der Kirche aufbauen und die Zukunft der Kirche sein. Sie dürfen nichts von der Obrigkeit der Kirche erwarten."

8. Trauerarbeit leisten statt Kritikabwehr und Verdrängung der Schattenseiten!

S. Freud hat den genialen Begriff der „Trauerarbeit" geprägt. Er bezeichnet damit die harte psychische Arbeit, die mit allen Trennungs- und Ablösungsprozessen verbunden ist, mit der Bewältigung von Verlusterfahrungen aller Art. Dazu gehören auch die Bewältigung von Fehlern, die man begangen hat, das volle Eingeständnis von oft folgenreichen Irrtümern und die Fähigkeit, aus diesen wirklich zu lernen. Die Konfrontation mit den eigenen Schattenseiten ist ein besonders kränkender Prozeß. Wir sprachen z. B. davon, daß die schrecklichen Verbrechen des Hitlerfaschismus nicht verdrängt, sondern durch Trauerarbeit bewältigt werden sollen, damit wir in Zukunft nicht wieder in ein derart unmenschliches Verhalten zurückfallen müssen!

Die Kirche muß auch als ganze, soll sie glaubwürdig und wahrhaft christlich werden – entsprechend dem alten dogmatischen Satz, daß sie dauernder Reform bedarf (Ecclesia semper reformanda!) –, immer wieder Trauerarbeit leisten. Der Prozeß der nüchternen Selbstkonfrontation, der im Zweiten Vatikanischen Konzil so mutig eingeleitet wurde, darf nicht rückgängig gemacht werden! Nur durch diese Arbeit wird die Fähigkeit, mit Konflikten und Kritik kreativ umzugehen, gefördert. Dieser Prozeß ist aber bei vielen von Ängsten begleitet, für die wir auch Verständnis entwickeln sollen.

Die evangelische Theologin Dorothee Sölle hat in ihrem anregenden Buch „Phantasie und Gehorsam" zu Recht von der Spannung zwischen dem Festhalten am Alten und dem Loslassen und der damit verbundenen Angst gesprochen:

„Wir leben in einer Zeit, da der Glaube an Christus am meisten gefährdet wird durch die, die ihn besorgt bewahren wollen. Sie haben Angst vor Veränderungen eingerichteter Denk- und Lebensgewohnheiten, sie halten Reformen für Zerstörung und würden Christus am liebsten in einem goldenen Schrein verbergen – unantastbar und darum auch niemanden berührend, unwandelbar und darum niemanden verändernd, ewig gültig und darum möglichst weit entfernt von unserer Wirklichkeit. Aber Gott ist nicht Mensch geworden, um, bildlich gesprochen, in seinen Himmeln zu bleiben, und die Veränderungen des Glaubens gehören in die Geschichte der Inkarnation

Gottes hinein. Inkarnation (das heißt Fleischwerdung, Menschwerdung Gottes) bedeutet gerade, daß der Glaube eine Geschichte hat, eine unabgeschlossene, unsere Möglichkeiten freisetzende Geschichte mit einem offenen Horizont."

Es bleibt uns nicht erspart, daß wir uns mit den z. T. schrecklichen Schattenseiten und Verirrungen des christlichen Abendlandes auseinandersetzen, wie es der Religionspädagoge Hubertus Halbfas energisch von uns verlangt:

"Im Namen der Religion sind in allen Jahrhunderten unseres Geschichtsraumes ... oft kleinhaltende und menschenunwürdige Verhältnisse wie Erziehungsmethoden gutgeheißen worden. Die Religion hat anerkannt und gesegnet, was immer an Herrschaft aufstand und Menschen unterjochte, ausbeutete, entmündigte. Nur allzu selten schlug das prophetische Element in den Religionen durch, um zu richten, zu verändern und die Rechte des einfachen Menschen zu verteidigen. ,Religiöse Erziehung' wurde so für viele Menschen eine Kennmarke rückschrittlicher Gesinnung. Daraus folgt: Solange Religion sich nicht selbst richtet und jeder kritischen Überprüfung stellt, bleibt sie den inhumanen Wirkungen ihrer Tradition verhaftet."

Wir müssen uns dem stellen, was A. Delp im KZ feststellte:

"Eine kommende, ehrliche Kultur- und Geistesgeschichte wird bittere Kapitel zu schreiben haben über die Beiträge der Kirchen zur Entstehung des Massenmenschen, des Kollektivismus, der diktatorischen Herrschaftsformen."

Die Folgen solcher Trauerarbeit hat Heinrich Albertz treffend formuliert: "Wer je seinen Vater weinend Fehler eingestehen sah, der wird ihn ein Leben lang nicht verlassen."

Indem wir uns dieser zweifellos sehr kränkenden und schweren Aufgabe zuwenden, statt diese Vergangenheit, die ja auch heute noch ihre Auswirkungen hat, zu bagatellisieren, abzuleugnen oder zu verdrängen, werden wir wieder glaubwürdig. Nur dadurch kann die ursprüngliche Ausstrahlungskraft des Christentums, die heute so bitter nötig wäre, wieder zurückgewonnen werden. Denn nur die Konfrontation mit der vollen Wahrheit wird uns frei machen, alle unsere Kräfte für das Wohl der Menschen, christlich verstanden, einzusetzen!

9. Einen Glauben fördern, der wirklich gut tut

Der Religionspädagoge Adolf Exeler, der selbst ein Lernender war, der die Kirche der Dritten Welt erlebt hat, der verständnisvoll und energisch die europäische Kirche wegen ihrer mangelnden Sensibilität für das Menschliche kritisierte und sowohl das neurotische wie das soziale Elend angeprangert hat, tritt für einen gründlich erneuerten Glauben ein, der wirklich gut tut:

„Ein Glaube, der den Menschen gut tut, das darf nicht oberflächlich verstanden werden. Es geht nicht um angenehme Wohligkeit, sondern um erfülltes Leben, um Heilung, Ganzheit und Identität aus der Kraft des Glaubens. Dabei ist wichtig, dies mitzusehen: Ein Glaube, der mir gut tut, tut auch den anderen gut. Noch deutlicher: Erst ein Glaube, der anderen Gutes tut, besonders solchen, die in Not sind, tut mir auch gut; er befreit mich aus meinem Egoismus und aus der Verengung meines Horizontes und fordert mich heraus, meine Fähigkeiten, so gut ich kann, im Dienst meiner Mitmenschen einzusetzen und so zu meiner eigenen Entfaltung zu kommen. ... Ein Glaube, der den Menschen gut tut, das ist ein Glaube, der Ängste mindert und der Freude weckt, der Verengungen aufsprengt und das Herz weit macht, der aus Gleichgültigkeit und Apathie aufrüttelt und große, lohnende Ziele zeigt, der Mickrigkeit abwirft und einen weiten Horizont erschließt.“

10. Förderung einer „sympathischen Theologie"

Wir schließen unsere Überlegungen mit einer „kleinen" Utopie. Eine überzeugende, sympathische – das heißt eine mit allem Menschlichen vertraute, einfühlsame und nicht kalte, also apathische, erstarrte – Theologie, deren Aufgabe darin besteht, die im wahren Sinn christliche Einstellung dem Leben, allem Leben gegenüber zu fördern und Theorie der konkreten Praxis christlichen Lebens zu sein, wird erst durch die Konfrontation mit dem vielfältigen Leben wirklicher Menschen möglich. Eine Theologie, die sich heilsamer Kritik stellt, die Trauerarbeit leistet und aufhört, Herrschaft von Menschen über Menschen zu legitimieren, die nicht mehr das psychische, soziale und religiöse Leben durch Neurotisierung vergiftet, die nicht mehr zum Religionsverlust provoziert, wird eine befreiende, sympathische Theologie sein, die einen Glauben fördert, der allen gut tut.

Eine durch Einsichten der Tiefenpsychologie gereinigte und vom Elend des Volkes betroffene Theologie wird nicht weiter in den vergoldeten Hauspantoffeln theologischer Fachsprachen feierlich herumstolzieren. Sie wird nicht vom berühmten Elfenbeinturmzimmer aus goldbemäntelt große Worte machen, sondern sie wird durch die Begegnung mit dem wirklichen, alltäglichen Leben menschlicher und christlicher werden und Sinn für kleine Schritte der Veränderung fördern.

Eine solche Theologie wird weniger von „dem Menschen" sprechen, sie wird ungleich mehr Sinn für konkrete Menschen, Situationen und Schicksale haben, auch für Kunst und Literatur, für soziales und politisches Engagement, für Humor und Spiel, und sie wird viel weniger von systematischem Starrsinn und tierischem Ernst geprägt sein als vielfach bisher. Sie wird den Akzent auf „Verständnis-Haben" setzen und nicht auf „Recht-Haben". Sie wird ihren Männlichkeits-, Absolutheits- und Unfehlbarkeitswahn überwinden und bescheiden werden.

So könnte eine Theologie entstehen, die nicht aus ihren musealen Beständen immer wieder alte Ansichten reproduziert, sondern geistesgegenwärtig Neues hervorbringt; die nicht mit fertigen Gedanken, Gefühlen, mit angefertigten Gottes-, Menschen- und Weltbildern in konfessionalistischer Borniertheit umgeht, sondern mit Werdendem, mit Lebendigem. Dies würde eine Theologie der Kommunikation, des allseitigen Dialoges und nicht der Ex-Kommunikation und eines oft schon peinlichen Monologes sein; eine Theologie, die nicht Angst vor Veränderung, sondern den Mut zu Neuem und Ehrfurcht vor neuen Möglichkeiten des Menschseins hat; eine Theologie, die differenzieren wird, anstatt zu diffamieren, die die Sprache nicht als Verpackungs- und Beschwichtigungsmaterial benutzt, sondern als Medium für Erfahrung, Gestaltung, Begegnung und Kommunikation.

Eine Theologie, die den Menschen, die konkrete Menschen in ihrer Unterschiedlichkeit und Einmaligkeit, in ihrer konkreten Alltagswelt, ernst nehmen wird, eine leb-hafte, die uns Beine machen wird und weniger Kopfzerbrechen! Eine Theologie, die beseelen statt befehlen wird, die Sinn für Gestaltung, Sinn für Werdendes und Gewordenes, Sinn für Mysterium und echte Mystik haben wird und von allen schauerlichen Mystifikationen Abstand nehmen wird.

Eine Theologie, die Sinn für heiligen Zorn und verspielte Zärtlichkeit, für Geistigkeit und Sinnlichkeit kultivieren und anregen wird und die im Dienst christlich verstandener Menschwerdung aufgeht.

Es ist unsere Überzeugung, daß eine solche „Utopie" ohne wesentliche Revision der bisherigen Theologenausbildung nicht erreichbar ist. Dazu gehören unter anderem eine Konfrontation mit dem wirklichen Leben und den Nöten des Menschen anstelle von weltfremden Überlegungen, eine unbefangene und unverkrampfte Haltung gegenüber der Sexualität und eine gediegene tiefenpsychologische Information.

Schluß

Es liegt, wie wir gezeigt haben, im Wesen von Institutionen mit „neurotischen" Strukturen, daß sie sich selbst wegen ihrer

Ambivalenz und ihrer Selbstschädigungstendenz „im Wege stehen". Der Titel unseres Buches: „Religionsverlust durch religiöse Erziehung" versucht, diesen Widerspruch auch auszudrücken. In ähnlichem Sinne schreibt Wolfgang Broer über Johannes Paul II. als Symbolfigur der gegenwärtigen Kirche:

„Dieser Papst – so wie er ist – verhindert, was er (mit bestem Willen) herbeisehnt: den Menschen die Botschaft der katholischen Kirche als gültige und beseligende Lebensform zu präsentieren.

Er fordert andere zum Dialog auf, aber er pflegt ihn nicht. Er spricht mit erhobenem Zeigefinger, aber nicht mit der ausgestreckten Hand. Er fordert die Laien zur Mitverantwortung auf und betont gleichzeitig die unbedingte Vorherrschaft des Papstes. Er beklagt, daß Frauen unter Paternalismus und Diskriminierung leiden, aber er hat weibliche Ministranten verboten. Seine Unbeirrbarkeit in Fragen der Sexualmoral mutet nicht nur besorgt an, sie erscheint vielmehr lieblos und menschenfremd."

Wir möchten schließen mit einer Feststellung, deren Vieldeutigkeit wir uns auf Grund der letzten Bemerkungen voll bewußt sind: Auch wir haben dieses Buch mit viel gutem Willen und in der besten Absicht geschrieben ...

Literatur zum Thema

Argelander, H. (Hg.), Konkrete Seelsorge. Balintgruppen mit Theologen, Stuttgart 1973.

Bettelheim, B., Kinder brauchen Märchen, München 1980.

Camara, H., Die Wüste ist fruchtbar, Graz 1972.

Camara, H., Die Bekehrungen eines Bischofs, Wuppertal 1978.

Cardenal, E., Das Evangelium der Bauern von Solentiname, 4 Bände, Gütersloh 1980.

Der Papalagi. Die Reden des Südseehäuptlings Tuiavii aus Tiavea, Zürich 1980 .

Duhm, D., Aufbruch zur neuen Kultur, München 1982.

Erikson, E. H., Identität und Lebenszyklus, Frankfurt 1966.

Exeler, A., Religiöse Erziehung als Hilfe zur Menschwerdung, München 1982.

Freud, A., Psychoanalyse für Pädagogen. Eine Einführung, Bern 1971.

Fromm, E., Haben oder Sein. Die seelischen Grundlagen einer neuen Gesellschaft, Stuttgart 1976.

Goldstein, H. (Hg.), Befreiungstheologie als Herausforderung, Düsseldorf 1981.

Greinacher, N., Gelassene Leidenschaft, Zürich 1977.

Greinacher, N., Die Kirche der Armen. Zur Theologie der Befreiung, München 1980.

Heer, F., Aus-gesprochen, Wien 1983.

Holl, A., Mystik für Anfänger, Stuttgart 1977.

Kästner, E., „Was nicht in euren Lesebüchern steht", Frankfurt 1974.

Kirchmayr, A., Psychische Gesundheit und religiöse Sozialisation, in: A. Kehrer, P. Scheer (Hg.), Das weite Land der Individualpsychologie, Wien 1983.

Klostermann, F., Leiden an der Kirche, in: P. Pawlowsky, E. Schuster (Hg.), Woran wir leiden, Innsbruck 1979.

Klostermann, F., Der Papst aus dem Osten, Wien 1980.

Laing, R. D., Knoten, Reinbek 1982.

Lohmann, H., Krankheit oder Entfremdung? Psychische Probleme in der Überflußgesellschaft, Stuttgart 1978

Marti, K., Leichenreden, Neuwied 1971

Matejka, V., Widerstand ist Alles. Notizen eines Unorthodoxen, Wien 1984

Mitscherlich, A., Die Idee des Friedens und die menschliche Aggressivität, Frankfurt 1970

Moltmann, J., Die ersten Freigelassenen der Schöpfung, München 1971

Moser, T., Gottesvergiftung, Frankfurt 1976

Oates, W. E., Seelsorge und Psychiatrie. Neue Wege der Zusammenarbeit, Graz 1980

Pichler, W., Katholisches Religionsbüchlein, Wien 1940

Pfürtner, St., Moral – Was gilt heute noch? Erwägungen am Beispiel der Sexualmoral, Zürich 1972

Pöldinger, W., J. Lange, A. Kirchmayr (Hg.), Psychosoziales Elend, Wien 1981

Rahner, K., Strukturwandel der Kirche als Aufgabe und Chance, Freiburg 1972

Richter, H. E., Eltern, Kind und Neurose, Reinbek 1969

Richter, H. E., Patient Familie, Reinbek 1970

Richter, H. E., Der Gotteskomplex, Reinbek 1979

Riemann, F., Grundformen der Angst. Eine tiefenpsychologische Studie, München 1977

Ringel, E., Selbstschädigung durch Neurose, Wien 1973

Ringel, E., Religion und Neurose, in: G. Rombold (Hg.), Religion und Tiefenpsychologie, Linz 1975

Scharfenberg, J., Sigmund Freud und seine Religionskritik als Herausforderung für den christlichen Glauben, Göttingen 1976

Schmidbauer, W., Die hilflosen Helfer. Über die seelische Problematik der helfenden Berufe, Reinbek 1977

Scholl, N., Kleine Psychoanalyse christlicher Glaubenspraxis, München 1980

Sölle, D., Phantasie und Gehorsam. Überlegungen zu einer künftigen christlichen Ethik, Stuttgart 1970

Sölle, D., Leiden, Stuttgart 1976

Sommer, N. (Hg.), Zorn aus Liebe. Die zornigen alten Männer der Kirche, Stuttgart 1983

Stierlin, H., Die Christen in der Weltfamilie: Auserwählt zum Friedenstiften? Maintal 1982

Turrini, P., Ein paar Schritte zurück. Gedichte, München 1980.

Erwin Ringel

Selbstschädigung durch Neurose

Psychotherapeutische Wege zur Selbstverwirklichung

Erwin Ringel

Selbstschädigung durch Neurose

Psychotherapeutische Wege
zur Selbstverwirklichung   *Herder*

9. Auflage
268 Seiten
Paperback
ISBN 3-210-24.442

„Die Neurose wird häufig als die Krankheit unserer Zeit bezeichnet. Sie kennt so viele Arten und Nuancen und geht immer auf die
frühe Kindheit zurück. Der bekannte Wiener Psychotherapeut
bringt auch für den Laien etwas Licht in diese Zusammenhänge
und mag so der Früherkennung und Vorbeugung gute Dienste
tun. In den letzten zwei Kapiteln setzt er sich mit der Frage Psychotherapie und Religion auseinander und zeigt Kriterien eines
seelisch gesunden Glaubens auf." (Treffpunkt St. Florian, Wien)

VERLAG HERDER WIEN · FREIBURG · BASEL